Les Essentiels du SUP'

INTRODUCTION AU DROIT

Cédric Tahri
Directeur de l'Institut rochelais de formation juridique (IRFJ)

Vuibert

2019-2020

Achevé d'imprimer en août 2019
sur les presses de la Nouvelle Imprimerie Laballery
58500 Clamecy
Dépôt légal : août 2019
N° d'impression : 905391
N° d'édition : MAG027438 / 1

Imprimé en France

La Nouvelle Imprimerie Laballery est titulaire de la marque Imprim'Vert®

ISSN 2497-1758

ISBN 978-2-311-40628-3

Couverture : Hung Ho Thanh
Composition : Hervé Soulard et PCA

Sommaire

Introduction 5

Fiche 1. Méthodologie 7

PARTIE I • Le droit objectif

Fiche 2. Les systèmes juridiques 16
Fiche 3. Les caractères de la règle de droit 24
Fiche 4. Règles juridiques et règles non juridiques 34
Fiche 5. Les branches du droit 46
Fiche 6. La hiérarchie des normes 54
Fiche 7. L'application de la loi dans le temps 69
Fiche 8. L'application de la loi dans l'espace 77
Fiche 9. L'interprétation de la loi 86
Fiche 10. La jurisprudence 97
Fiche 11. La coutume 106
Fiche 12. La doctrine et la pratique 116

PARTIE II • Les droits subjectifs

Fiche 13. La notion de droit subjectif 125
Fiche 14. La classification des droits subjectifs 134
Fiche 15. Les titulaires des droits subjectifs : les personnes physiques 146
Fiche 16. Les titulaires des droits subjectifs : les personnes morales 157
Fiche 17. L'invocation des droits subjectifs : l'administration de la preuve 168
Fiche 18. L'invocation des droits subjectifs : l'admissibilité de la preuve 180
Fiche 19. L'organisation juridictionnelle 194

Fiche 20. Le personnel judiciaire 210

Fiche 21. Le procès 219

Fiche 22. Le contrôle des droits subjectifs 237

Étude de cas 249

Index 254

Introduction

Les ouvrages de la collection « Les Essentiels du Sup' » sont composés de fiches comportant systématiquement des rappels des notions clés, des questions à choix multiples commentées et des exercices intégralement corrigés.

Ces ouvrages sont conçus pour favoriser la remise à niveau, la mémorisation et la révision/préparation des épreuves. Ils proposent une **organisation synthétique** des connaissances et une application à la fois **immédiate** et **progressive**.

I. Objectifs de l'ouvrage

Comme son nom l'indique, cet ouvrage fait entrer le lecteur profane dans le monde du droit, lequel est une **matière vivante**, à la fois évolutive et complexe. Destiné à un public qui découvre cette discipline, il ne suppose pas de prérequis particulier et s'adresse donc aussi bien à des étudiants (juristes ou non) qu'à des personnes voulant s'initier au droit privé.

Ce faisant, l'ouvrage essaye d'être aussi simple que possible, alors que le droit ne l'est pas, du moins pas toujours. Il en montre les richesses mais aussi les insuffisances, son enracinement dans le passé mais aussi sa perpétuelle actualisation.

L'enjeu est de taille, car l'introduction au droit est sans doute le cours le plus important du cursus d'un étudiant amené à étudier la matière juridique. En effet, en exposant les principaux problèmes de base et les **notions fondamentales du droit privé** (règle de droit, sources du droit, personnalité juridique, nature et preuve des droits, etc.), il pose la pierre angulaire de tout ce qui viendra par la suite, à savoir des disciplines plus techniques comme le droit des obligations ou le droit de l'entreprise.

L'ouvrage a également pour ambition de **rappeler les exigences méthodologiques**. En introduction, le lecteur découvrira la méthodologie de la dissertation, du cas pratique et du commentaire d'arrêt, qui sont les exercices les plus répandus dans le supérieur. La maîtrise de la méthodologie est primordiale et se présente comme une condition *sine qua non* pour réussir aux examens.

II. Organisation de l'ouvrage

Le terme « droit » est **polysémique**. Tantôt il désigne le droit objectif, c'est-à-dire l'ensemble des règles régissant la vie en société et sanctionnées par la puissance publique (droit civil, droit pénal, droit public, etc.). Ce droit objectif est distinct du droit positif, notion proche mais qui n'est pas vraiment synonyme. Le droit positif est un sous-ensemble du droit objectif, dès lors qu'il se définit comme le droit objectif dans une société donnée à une période donnée (par exemple : le droit de la famille en France au XIXe siècle). Tantôt le mot « droit » vise les droits subjectifs définis comme des prérogatives individuelles reconnues aux sujets de droit (particuliers) par le droit objectif (droit de propriété, droit à l'image, droit au respect de la vie privée, etc.).

Le présent ouvrage est précisément construit sous ce double rapport.

S'agissant du **droit objectif** (partie I), il s'intéresse avant tout à la spécificité de la norme juridique, qui n'exclut pas une certaine diversité. Il s'agit de distinguer la règle de droit d'autres règles de conduite sociale (règle morale, règle religieuse, règle de convenance). Une fois identifiée, la règle de droit est envisagée sous l'angle de son application spatiotemporelle et de ses sources (écrites et non écrites).

S'agissant des **droits subjectifs** (partie II), l'ouvrage met l'accent sur le concept lui-même, en l'opposant à des prérogatives voisines, définit les contours et attributs de la personnalité juridique, offre une classification des droits d'après leur contenu (par exemple les droits personnels par opposition aux droits réels) et d'après leur objet (par exemple la distinction meubles-immeubles). La mise en œuvre des droits subjectifs est également exposée sous l'angle de leur preuve et de leur sanction, avec entre autres la présentation du système judiciaire français.

L'étude de cas en conclusion de l'ouvrage a pour ambition de montrer aux étudiants ce que l'on est en droit d'attendre d'eux lors des examens universitaires (épreuve de 3 h).

L'index permet de retrouver rapidement les notions incontournables abordées dans les rappels de cours.

III. Pour aller plus loin

Pour réussir, l'étudiant doit avant tout maîtriser la **terminologie juridique**, qui est pour le moins foisonnante. En la matière, l'ouvrage de référence est le *Vocabulaire juridique* du professeur Gérard Cornu publié par l'Association Henri Capitant aux Presses universitaires de France (PUF).

Pour approfondir certaines questions juridiques relativement complexes, l'étudiant peut aussi consulter à profit d'autres manuels plus volumineux et complets, en particulier *Introduction au droit* d'Astrid Marais publié chez Vuibert. Le droit évoluant à un rythme effréné, l'étudiant doit privilégier les éditions les plus récentes.

Méthodologie

FICHE 1

NOTIONS CLÉS

- ✓ Dissertation
- ✓ Commentaire d'arrêt
- ✓ Cas pratique

I. La méthodologie de la dissertation juridique

Pour réussir une dissertation juridique, il faut d'abord comprendre la nature de l'exercice, qui commande de respecter une méthodologie relativement stricte.

A La nature de l'exercice

La **dissertation juridique** n'est pas un devoir de récitation de cours mais une **démonstration** : les connaissances doivent être utilisées au service du traitement du sujet.

Tout au long du devoir, il faut **suivre « le fil rouge » de sa démonstration** et se demander si ce que l'on écrit a ou non une véritable utilité pour cette démonstration (on est sinon dans le hors-sujet ou plus simplement dans ce que les correcteurs appellent le « délayage ou récitation sans intérêt »).

Par ailleurs, **tout développement doit être justifié** par rapport à la problématique et bien sûr argumenté juridiquement (en utilisant le droit positif : textes, jurisprudences, etc.).

Il s'agit donc d'un exercice difficile, qui impose le respect d'une méthode adaptée.

B Les conseils méthodologiques

La construction d'une dissertation juridique se décompose en trois étapes : la déconstruction du sujet, l'élaboration du plan et la rédaction.

La déconstruction du sujet

La première étape consiste à **définir** et **analyser chacun des termes du sujet**, puis à **les confronter**, c'est-à-dire examiner les relations qu'ils entretiennent. Ce travail sur le ou les terme(s) du sujet doit permettre de déterminer les différents éléments qui seront puisés dans le cours, et ainsi d'élaborer une **idée générale** (ou **problématique**) qui, dans la mesure du possible, est le produit d'une réflexion personnelle.

ATTENTION

Contrairement à une idée reçue, la problématique n'est **pas une question ni le sujet reformulé sous forme de question ; elle est au contraire la réponse à cette question.** Cette réponse correspond à une idée sur le sujet qui va être démontrée tout au long de la dissertation (idée générale du devoir).

Il n'y a jamais une et une seule idée générale : la dissertation n'est pas un exercice dogmatique.

EXEMPLE

Si vous avez comme sujet « La jurisprudence est-elle une source de droit ? », vous pouvez soutenir que la jurisprudence est une source de droit ou, au contraire, qu'elle ne l'est pas. Ce qui importe vraiment, c'est la solidité de votre argumentation juridique. Ainsi, si vous décidez que la jurisprudence n'est pas une source de droit, vous devrez analyser les arguments en faveur de la jurisprudence, source de droit, et développer ensuite des contre-arguments.

À RETENIR

L'**idée générale** retenue constitue le **fil directeur** (le socle) de la démonstration qui sera menée dans les développements. Sans idée générale, il n'y a pas de démonstration, et donc pas de dissertation.

L'élaboration du plan

Avec l'élaboration du plan, nous abordons la phase de reconstruction du sujet.

Tout d'abord, le plan doit permettre de défendre de manière rationnelle l'idée générale ; il en constitue l'**argumentation**. Autrement dit, un correcteur doit connaître votre position en lisant simplement le plan. Autant dire que le plan doit être logique et compréhensible.

Ce **plan apparent est binaire** (deux parties et deux sous-parties : I.A.B/II.A.B) pour que la démonstration soit plus claire et donc plus convaincante.

Le plan peut être **chronologique, de finalité, de comparaison** ou **technique**. Le plan chronologique est adapté lorsque le sujet proposé passe par des phases au cours desquelles son régime juridique évolue. Le plan de finalité traite le sujet en fonction des valeurs consacrées ou combattues par la norme juridique. Le plan de comparaison est indiqué pour les sujets dont le libellé juxtapose ou associe deux notions qui se recoupent tout en étant distinctes. Lorsque ces deux notions sont reliées entre elles par une conjonction de coordination « et/ou », il faut alors établir des relations entre celles-ci, et non les examiner séparément dans deux parties distinctes. Enfin, le plan technique aborde le sujet sous l'angle de la pure technique juridique.

EXEMPLE

Plan chronologique. Pour le sujet « Dol et contrat » : I. Le dol et la formation du contrat. II. Le dol et l'exécution du contrat.

Plan de finalité. Pour le sujet « Le Premier ministre sous la Vᵉ République » : I. Le Premier ministre en qualité de chef politique. II. Le Premier ministre en qualité de chef de gouvernement.

Plan de comparaison. Pour le sujet « Grâce et amnistie » : I. L'opposition classique entre les deux formes de pardon. II. La convergence nouvelle des deux formes de pardon.

Plan technique. Pour le sujet « La protection de la vie privée » : I. La protection préventive de la vie privée par le référé. II. La protection curative de la vie privée par l'allocation de dommages-intérêts.

Dans un plan cohérent, les **éléments les plus importants** de la démonstration sont placés en **I.B** et **II.A**.

Les sections 1) et 2) au sein des sous-parties sont recommandées mais **pas obligatoires**. Si vous décidez d'en mettre, il faut impérativement le faire pour chaque sous-partie.

Enfin, le plan doit être **clair** et doit permettre de faire le **tour complet du sujet** sans répétition :

- il faut privilégier les **intitulés cohérents et brefs** ;
- les titres des parties et sous-parties sont suivis de **chapeaux introductifs**. Ces derniers se composent de deux phrases. La première résume l'idée de votre partie ou sous-partie ; la seconde annonce le plan de manière formelle, comme à la fin de l'introduction.

EXEMPLE

I. Les conditions strictes de la légitime défense

Par principe hostile à la justice personnelle, le législateur n'admet la légitime défense que si deux conditions sont réunies. L'une tient à l'agression (A), l'autre à la riposte (B).

Aux chapeaux introductifs s'ajoutent les **transitions**, en particulier entre les points I et II. Quelques lignes suffisent pour éviter de « passer du coq à l'âne ». Cela étant, la transition ne doit pas être le prétexte pour développer des points qui n'ont pas trouvé leur place au sein de la partie considérée.

À noter qu'en principe, la dissertation juridique ne comporte **pas de conclusion**.

La rédaction

Cette étape ne doit en aucun cas être négligée, puisqu'elle conduit au « produit fini » que va juger et noter le correcteur. Il faut donc savoir gérer le temps imparti à l'épreuve pour pouvoir achever la rédaction du devoir.

L'**introduction** est la partie la plus importante du devoir, car elle cadre et présente le sujet que l'on a à traiter ; elle sert également à justifier l'idée générale que l'on a choisi de démontrer. Ces objectifs peuvent être traduits autour de trois questions essentielles : de quoi va-t-on parler ? pourquoi va-t-on en parler ? comment va-t-on en parler ?

En pratique, l'introduction de la dissertation comporte donc **cinq étapes distinctes** qu'il faut absolument respecter : la phrase d'accroche, la définition et délimitation du sujet, le problème soulevé par le sujet accompagné de ses enjeux, l'idée générale et l'annonce de plan. Au niveau rédactionnel, l'ensemble correspond à une feuille recto verso environ.

Pour conclure, **n'oubliez pas que vous écrivez pour être lu et surtout pour être compris** : la dissertation étant une démonstration, il faut que le lecteur puisse suivre continuellement le cheminement de votre pensée. À cette fin, l'orthographe, le style grammatical et l'expression écrite doivent être parfaitement maîtrisés. De même, il faut adopter une **présentation claire et soignée** : écrivez lisiblement, privilégiez le noir ou le bleu, évitez les ratures, rédigez des paragraphes correctement articulés entre eux grâce à des mots de liaison (un paragraphe = une idée majeure), proscrivez les abréviations.

La gestion du temps

Dans le cadre d'une épreuve de 3 h, il faut gérer son temps convenablement afin de ne pas rendre un devoir bâclé ou inachevé.

Lecture et compréhension du sujet	15 min.
Recherche de la matière et élaboration du plan	25 min.
Rédaction de l'introduction	30 min.
Rédaction de la première partie	50 min.
Rédaction de la seconde partie	50 min.
Relecture	10 min.

II. La méthodologie du commentaire d'arrêt

Le commentaire d'arrêt est sans doute l'exercice le plus redouté des étudiants. Pour le réussir, il faut d'abord en comprendre la nature, qui exige de respecter une méthodologie particulière.

A La nature de l'exercice

Le but du commentaire d'arrêt est, comme son nom l'indique, de commenter une décision de justice. Il s'agit d'**expliquer** et de **discuter** la solution dégagée par le juge.

Dès lors, deux écueils sont à éviter : la **dissertation déguisée** (l'arrêt ne doit pas être le prétexte pour traiter de généralités plus ou moins en relation avec le problème de droit) et **la paraphrase** (redire ce qui est dit dans l'arrêt sous une autre forme, sans apporter de connaissances personnelles). En définitive, il ne faut être ni trop proche ni trop loin de l'arrêt. Le plus simple est de toujours se demander si ce que l'on dit peut être raccroché à l'arrêt.

B Les conseils méthodologiques

Le commentaire d'arrêt est une épreuve très formaliste dont il convient de respecter toutes les règles de fond et de forme.

L'introduction du commentaire

L'introduction est la partie la plus importante du devoir, car elle permet de présenter l'arrêt qui va être analysé. Elle comporte plusieurs étapes qui doivent être scrupuleusement respectées.

- **Phrase d'accroche** (actualité, contexte juridique, adage, etc.).
- **Présentation de la décision**, objet du commentaire (date, juridiction).
- Rappel et qualification des **faits pertinents**.
- **Exposé de la procédure** (parcours de l'affaire).
- **Détermination des parties** (demandeur/défendeur, appelant/intimé, etc.).

- **Thèses des parties** si elles sont exposées (par exemple, les moyens du pourvoi).
- **Problème de droit soulevé par l'arrêt**.
- **Solution de l'arrêt** (motifs et dispositif). L'étudiant donne la solution au problème posé précédemment.

> *Définition*
>
> Il faut distinguer les **motifs** et le **dispositif** d'une décision de justice. Les motifs correspondent à la justification de la décision, aux raisons de fait et de droit données par le juge pour rendre sa décision. Le dispositif, quant à lui, correspond à la partie d'un jugement ou d'un arrêt situé après la locution « Par ces motifs » qui contient la solution, la décision proprement dite.

À ce stade, il convient de préciser la nature de l'arrêt (arrêt infirmatif ou confirmatif pour la cour d'appel, arrêt de rejet ou de cassation pour la haute juridiction), les moyens de cassation (violation de la loi, incompétence, excès de pouvoir, etc.) et la qualité de la motivation (précise, lapidaire, etc.). Si l'arrêt comporte un **visa**, c'est-à-dire une règle de droit (loi, règlement, etc.) sur laquelle s'appuie la juridiction pour rendre sa décision, il faudra le mentionner.

EXEMPLE

« La Cour de cassation répond par l'affirmative, en décidant au visa de 1240 du Code civil que [citation ou paraphrase de la motivation de l'arrêt]. Pour ces raisons, elle casse et annule l'arrêt rendu par la cour d'appel de Paris et renvoie l'affaire à la cour d'appel de Bordeaux. »

- **Sens du commentaire :** en quelques lignes, l'étudiant doit porter une première appréciation critique de la solution retenue et livrer les grandes idées qui seront développées.
- **Annonce des parties I et II.**

EXEMPLE

On peut annoncer les parties ainsi : « Cet arrêt du 13 mars 2007 réaffirme l'interdiction du mariage homosexuel (I) et montre par là même que les juges français sont attachés à une conception classique de l'institution matriarcale (II). »

Le plan du commentaire

Un plan de commentaire comporte deux parties (I/II), elles-mêmes subdivisées en deux sous-parties (A/B). Il n'y a pas de conclusion. En principe, ce plan **découle de**

la motivation de l'arrêt (il faut « **coller à l'arrêt** »). Ainsi, en présence de deux problèmes juridiques distincts, il est conseillé de consacrer une partie à chacun des problèmes.

Comme pour la dissertation, l'étudiant doit **soigner les intitulés, les chapeaux introductifs et les transitions**. Le titre d'une partie ou d'une sous-partie doit refléter clairement son contenu.

Les développements

Trois éléments essentiels constituent la substance du commentaire et témoignent de la réflexion personnelle de l'étudiant. On les retrouve sous l'expression « **SVP** » (sens, valeur, portée).

L'étudiant doit d'abord restituer le **sens de la décision** (explication de la solution) : il doit expliquer le raisonnement suivi par les juges. Pour ce faire, il doit identifier les concepts juridiques utilisés, et s'intéresser aux fondements textuels (visa) ainsi qu'aux règles juridiques sollicitées.

Ensuite, l'étudiant doit analyser la **valeur de la décision** (appréciation de la solution) : il doit critiquer l'arrêt qui lui est soumis au regard notamment des positions doctrinales (avantages et inconvénients de la solution). Partant, il doit mobiliser toutes ses connaissances pour apprécier la motivation des juges par rapport au droit positif, à la morale, aux impératifs économiques et sociaux, à l'équité juridique, etc.

Enfin, le commentaire doit préciser la **portée de la décision** (situation de l'arrêt) : l'étudiant doit déterminer l'impact de la solution sur le droit positif en replaçant l'arrêt dans son contexte juridique (exemples : la décision constitue-t-elle un revirement ou s'inscrit-elle au contraire dans une jurisprudence constante ? s'agit-il d'un arrêt d'espèce ou d'un arrêt de principe ?).

ATTENTION

L'agencement de ces trois éléments « SVP » est parfois source de difficultés. Dès lors, bien qu'il n'y ait pas de plan type, il est conseillé de consacrer une première partie à l'apport de la solution (contexte de la décision avec l'analyse des textes applicables et du problème d'interprétation en I.A, présentation et explication de la solution en I.B) et une seconde partie à la critique de la décision rendue (valeur en II.A et portée de la solution en II.B).

La gestion du temps

Dans le cadre d'une épreuve de 3 h, il faut gérer son temps convenablement afin de ne pas rendre un devoir bâclé ou inachevé.

Lecture et compréhension de l'arrêt	15 min.
Recherche de la matière et élaboration du plan	25 min.
Rédaction de l'introduction	30 min.
Rédaction de la première partie	50 min.
Rédaction de la seconde partie	50 min.
Relecture	10 min.

III. La méthodologie du cas pratique

L'exercice du cas pratique a pour objet d'apprécier l'aptitude du candidat à identifier et à appliquer la règle de droit la plus adaptée à la difficulté factuelle soumise à sa sagacité (méthode du **syllogisme judiciaire**). Le candidat ne doit donc pas réciter purement et simplement son cours ; il doit sélectionner les éléments de droit qui lui permettront d'apporter une réponse circonstanciée et argumentée aux questions posées.

A La démarche intellectuelle

Dans une première étape, il faut **bien lire l'énoncé** pour saisir les différents aspects du cas pratique. Chaque terme peut être déterminant dans la résolution du cas.

Dans une deuxième étape, il faut trier les faits pour ne retenir que les **faits pertinents** et les **qualifier juridiquement**.

EXEMPLE

Sommes-nous en présence d'un fait ou d'un acte juridique ? Quelle est la nature de l'acte en question ? S'agit-il d'un contrat ou d'un acte juridique unilatéral ?

Cette démarche de qualification permet de circonscrire le domaine de l'étude. Mais qui dit qualification dit aussi définition : **vous devez toujours définir le vocabulaire juridique employé**.

La phase suivante est la plus délicate : il s'agit d'identifier et d'énoncer le **problème juridique**. Un cas pratique peut donner lieu à un ou plusieurs problèmes juridiques, selon sa complexité. Selon les cas, les problèmes seront distincts ou étroitement liés.

Une fois que le problème est identifié, il faut s'efforcer de le **résoudre** en identifiant la règle de droit pertinente et en l'appliquant à l'espèce (faits). Cette règle doit être explicitée et développée de manière précise (définition, conditions d'application de la règle, exceptions, etc.).

La résolution du cas se termine par une **conclusion**, c'est-à-dire la réponse à la question posée.

B La présentation de la solution

La présentation de la solution se fait en **trois temps** : introduction, plan, conclusion.

L'**introduction** est assez courte. Elle comprend le **rappel des faits essentiels**, classés chronologiquement et qualifiés juridiquement. Elle pose ensuite le ou les **problèmes juridiques**.

Elle s'achève enfin par l'**annonce formelle des parties**, c'est-à-dire finalement des différents problèmes posés par le cas.

EXEMPLE

« Il convient d'examiner la situation pénale de Solange (I) avant celle de Sébastien (II). »

Le **plan** n'a pas un nombre prédéterminé de parties. Tout dépend de la complexité du cas pratique. En présence d'un seul problème juridique, il faut en étudier les différents aspects dans deux parties distinctes. En cas de pluralité de problèmes juridiques, chaque partie doit être consacrée à un problème particulier. Les titres doivent être soignés, la présentation irréprochable.

La **conclusion** présente la solution du cas à la fin du devoir. En cas de pluralité de problèmes juridiques, l'étudiant doit conclure partiellement à la fin de chaque partie et donner une conclusion générale à la fin du devoir.

FICHE 2

Les systèmes juridiques

NOTIONS CLÉS

- ✔ Common law
- ✔ Droit coutumier
- ✔ Droit religieux
- ✔ Droit romaniste

I. Les systèmes juridiques occidentaux

Parmi les systèmes juridiques occidentaux, on peut distinguer deux grandes familles de droits qui s'opposent fortement, non pas du point de vue de l'idéologie, mais sur le plan technique : les droits romanistes et les droits de *common law*.

A La famille romano-germanique

Cette famille rassemble les pays dans lesquels la science du droit s'est formée sur la base du **droit romain**.

ATTENTION

Certains auteurs préfèrent l'expression « droits romanistes » à celle de « droits romano-germaniques », car ils contestent l'influence des droits des peuples germaniques qui envahirent le continent européen il y a quinze siècles.

Dans ces pays, un **rôle prépondérant** est attribué au **droit écrit**, et plus particulièrement à la **Constitution** et à la **loi**, cette dernière étant généralement codifiée. La codification des lois est donc l'une des caractéristiques essentielles de cette grande famille du droit, étant précisé que l'emploi de notions abstraites (par exemple : ordre public, intérêt de l'enfant) et la formulation de règles générales de conduite y sont très répandus.

Parmi les autres traits communs aux pays de tradition romaniste, on peut citer : l'appréhension de la règle de droit en tant que règle de conduite, la séparation des pouvoirs (mais l'indépendance de la justice est moins forte qu'en common law), la distinction droit public *versus* droit privé, la séparation des règles de fond et des règles de procédure, l'existence d'un contrôle de constitutionnalité des lois et le rôle de la doctrine.

La famille de droit romano-germanique a son **berceau en Europe**. Elle s'est formée grâce aux efforts des universités européennes, qui ont développé depuis le XIIe siècle, sur la base des compilations de l'empereur Justinien, une science juridique commune à tous. Puis, par l'effet de la colonisation, la famille de droit romano-germanique a conquis de nouveaux territoires, où s'appliquent aujourd'hui des droits appartenant ou apparentés à cette famille. Un phénomène de réception volontaire a produit le même résultat dans d'autres pays qui n'ont pas été colonisés, mais où le besoin de modernisation et le désir d'occidentalisation ont amené la pénétration des idées européennes. Cependant, dans certains pays, la réception du droit romaniste n'a été que partielle, divers secteurs des relations juridiques demeurant régis par des principes traditionnels.

En définitive, on peut identifier quatre grands ensembles au sein de la famille romano-germanique :

– **les droits de l'Europe occidentale**, principalement ceux de la France, de l'Allemagne, mais aussi ceux de l'Italie, de l'Espagne, de la Belgique, des Pays-Bas, de la Suisse et de l'Autriche forment le noyau dur des droits romanistes ; ce sont eux qui ont les premiers développé une science du droit inspirée du droit romain et procédé à des codifications ;
– **les droits nordiques** (Danemark, Norvège, Suède, Finlande et Islande) ont subi une influence moins forte du droit romain ; cependant, les structures intellectuelles sont bien celles des autres droits romanistes ;
– **les droits russes** (Russie et États ayant appartenu à l'ancienne URSS) ont subi assez tardivement l'influence des droits romanistes, en raison de l'effet conjugué du marxisme et de la dictature communiste ; d'ailleurs, on les classait autrefois dans la famille des droits socialistes ; toutefois, depuis les années 1990, les droits russes utilisent de nouveau toutes les techniques des droits romanistes, même si l'effectivité du droit est compromise par la faiblesse des juridictions ;
– **les droits de l'Amérique latine** (notamment le Brésil et le Mexique) appartiennent généralement à la famille romano-germanique, exception faite de quelques pays à régime d'inspiration marxiste ; néanmoins, ils présentent quelques particularités, du fait qu'ils ont subi une certaine influence du droit américain, notamment en droit public et en procédure, et qu'ils ont longtemps souffert des coups d'État et des dictatures.

B La famille de la common law

> ***Définition***
>
> La **common law** est un système juridique où les règles principales émanent des tribunaux, qui appliquent la règle du « précédent », et qui oblige les juges à suivre les décisions prises antérieurement par les juridictions. Ce système laisse toutefois place à de nombreuses lois.

La famille de la common law (loi commune) réunit principalement les **droits des pays anglophones** tels que la Grande-Bretagne, l'Irlande, les États-Unis, le Canada, l'Australie et la Nouvelle-Zélande. Elle est donc constituée par le droit de Grande-Bretagne et les droits qui se sont modelés sur le droit anglais.

De même que les droits romano-germaniques, la common law a connu une expansion considérable dans le monde entier soit du fait de la colonisation, soit par un phénomène de réception (ou d'accueil) des États. Ainsi, la common law a pu être partiellement reçue dans certains pays musulmans ou en Inde. Il y a là coexistence avec des traditions de civilisations antérieures.

> ***Définition***
>
> De façon générale, la common law s'applique au sein du **Commonwealth**. Cette organisation intergouvernementale, avec à sa tête la reine d'Angleterre, est composée de 52 États membres qui, pour la plupart, sont d'anciens territoires de l'Empire britannique. Ces pays n'ont aucune obligation les uns envers les autres. Ils sont réunis par la langue, l'histoire, la culture et des valeurs décrites dans la Charte du Commonwealth, telles que la démocratie, les droits humains et l'état de droit.

Les caractéristiques traditionnelles de la common law sont tout autres que celles de la famille romano-germanique : place secondaire de la loi, prédominance de règles jurisprudentielles, imbrication des règles de fond et des règles de procédure. Ainsi, la règle de droit de la common law est moins abstraite que la règle de droit de la famille romano-germanique, car elle est destinée à donner sa solution à un procès et non à formuler une règle de conduite générale. Les concepts et le vocabulaire utilisés par les *common lawyers* sont également différents de ceux utilisés par les juristes de la famille de droit romano-germanique.

Toutefois, il existe des **disparités** entre les pays de common law. Par exemple, la Grande-Bretagne n'a pas de constitution écrite, contrairement aux États-Unis, mais seulement des règles constitutionnelles non codifiées issues essentiellement de la loi et de la jurisprudence.

En réalité, les règles communes à la Grande-Bretagne et aux autres pays anglophones concernent surtout les notions fondamentales (la plus célèbre étant celle de *trust*), le raisonnement juridique (notamment l'interprétation des règles existantes), et la façon méticuleuse de rédiger les lois, notamment en matière d'organisation judiciaire et de procédure.

II. Les systèmes juridiques non occidentaux

Parce qu'ils ont subi des influences diverses, les systèmes juridiques non occidentaux sont difficiles à classer. On peut toutefois distinguer les systèmes juridiques orientaux des systèmes juridiques africains.

A Les systèmes juridiques orientaux

Le **droit musulman** est un droit religieux qui s'applique dans plusieurs pays du Maghreb et du Moyen-Orient. Ses règles sont issues du Coran et des traditions relatives à la vie du Prophète, telles qu'elles ont été dégagées par les docteurs de l'Islam durant les trois premiers siècles de l'Hégire (du VIIe au Xe siècle de l'ère chrétienne). De ce fait, il a vocation à ne s'appliquer qu'aux musulmans ; il est formulé exclusivement par la doctrine islamique, échappant ainsi largement aux autorités politiques ; enfin, il se caractérise par un certain conservatisme (place de la femme dans la société, interdiction du prêt avec intérêts), car la doctrine islamique n'ose pas s'éloigner des conceptions qui prévalaient au Xe siècle.

Ce droit musulman ne doit pas être confondu avec le droit positif, qui peut aussi être en vigueur dans les États de tradition musulmane, dans la mesure où les règles de droit, qui diffèrent selon les pays, s'écartent souvent des préceptes de l'islam. Cela dit, la loi islamique (la *charia*) sert souvent de loi fondamentale, de norme suprême, dans les pays de tradition musulmane.

EXEMPLE

La Moudawana ou Code du statut personnel marocain est le droit de la famille marocain codifié en 1958 sous le règne du roi Mohammed V et révisé notamment en 2004 par son petit-fils, le roi Mohammed VI. Cette dernière révision améliore entre autres les droits des femmes.

Le **droit talmudique** est un droit religieux qui s'applique en Israël. Il est fondé sur la Halakha, c'est-à-dire la « Loi juive », qui regroupe un ensemble de prescriptions, coutumes et traditions. La Loi juive puise sa source dans la Torah, à savoir les cinq premiers livres de la Bible hébraïque (« loi écrite » transmise par Moïse), complétée par le Talmud (recueil d'interprétations constituant la « loi orale »).

Droit talmudique et droit israélien ne se confondent pas. Ce dernier a subi diverses influences et applique notamment certaines règles du droit musulman. Ainsi, en matière de statut personnel (mariage, divorce), la Halakha est réservée aux Juifs israéliens, tandis que le droit musulman s'impose aux Arabes israéliens musulmans.

Le **droit japonais** est le fruit de nombreuses influences. À l'époque médiévale, il s'inspire du droit chinois et du confucianisme, doctrine du sage chinois Confucius (551-479 av. J.-C.). Puis, dès la fin du XIXe siècle, il se modernise et s'occidentalise en s'inspirant des systèmes légaux d'Europe continentale. Le Code civil de 1896, proche du Code allemand malgré quelques emprunts au Code français, en est le meilleur symbole. Après la Seconde Guerre mondiale, le Japon est occupé par les États-Unis et subit son influence juridique. L'introduction du contrôle judiciaire de la constitutionnalité des lois et du principe d'égalité en droit de la famille en sont d'excellentes illustrations. Aujourd'hui, la réception du droit occidental, plus précisément des droits romanistes et du droit américain, est presque complète.

Le **droit chinois**, marqué lui aussi par le confucianisme, s'est occidentalisé à partir de la fin du XIXe siècle. Une organisation judiciaire à l'occidentale a été mise en place, et cinq codes, inspirés assez fortement par les droits français et allemand, ont été promulgués entre 1927 et 1937. Puis, après la révolution communiste de 1949, la Chine a souhaité se doter d'un droit moderne conforme au marxisme-léninisme et influencé, de ce fait, de façon plus ou moins directe, par le droit soviétique. Ensuite, avec l'arrivée au pouvoir de Deng Xiao Ping en 1978, la République populaire de Chine a commencé à faire des réformes économiques et politiques. Elle s'est convertie à l'économie de marché, tout en préservant le rôle dominant du parti communiste : on parle alors d'économie socialiste de marché. Pour ce faire, la Chine a développé un droit plus proche des droits d'Europe et d'Amérique. Par exemple, en droit des affaires, le droit chinois s'est beaucoup inspiré des droits français et allemand. Au final, des centaines de lois ont été adoptées au cours des décennies suivantes. Mais le poids des traditions et le manque de lisibilité entraînent des difficultés dans l'application du droit.

Le **droit indien** présente une structure dualiste dès lors qu'il fait coexister d'une part des droits traditionnels d'origine religieuse pour le droit de la famille et des biens et d'autre part un système juridique fortement imprégné par le droit britannique, en raison de son passé colonial. Précisément, les droits traditionnels dérivés de l'hindouisme sont applicables aux différentes communautés, hindoue et musulmane, tandis que le droit moderne s'applique à ceux qui n'appartiennent pas à ces communautés – ou appartiennent à plusieurs du fait d'un mariage intercommunautaire. Ce droit moderne national est constitué par une législation très largement inspirée par la common law britannique (par exemple, droit économique, procédure judiciaire) et parfois le droit américain (par exemple, fédéralisme, contrôle de la constitutionnalité des lois).

B Les systèmes juridiques africains

La plupart des systèmes juridiques africains (Afrique noire et Madagascar) ont aujourd'hui une **structure dualiste** : droits traditionnels et droits modernes coexistent en s'imbriquant et en s'influençant mutuellement. On parle alors de « bijuridisme ».

ATTENTION

Le bijuridisme désigne un système juridique mixte qui comprend deux systèmes juridiques appliqués simultanément. Ainsi, certains pays ont un système juridique à majorité civiliste, avec une forte minorité de droit coutumier (par exemple, Cameroun, Côte d'Ivoire, Burkina Faso, Éthiopie, Sénégal, Tchad, etc.). D'autres, en revanche, ont un système mêlant droits civiliste et de common law (par exemple, Afrique du Sud, Botswana, Namibie, etc.).

Pour schématiser, le droit traditionnel régit la famille et la propriété foncière, mais a souvent subi des altérations lors de sa codification (par exemple, codes de la famille du Burundi et du Rwanda) ; le droit moderne régit principalement la vie urbaine, l'économie et l'administration (avec quelques restrictions en matière d'administration locale et d'impôts locaux).

Le droit traditionnel est constitué principalement par le **droit coutumier** dont l'oralité est la caractéristique première.

Le **droit moderne** est constitué principalement par un droit d'inspiration occidentale - droit romaniste ou common law, selon que l'ancienne puissance colonisatrice était un État de droit romaniste ou la Grande-Bretagne. L'influence du droit soviétique a généralement été mineure, même dans les États qui sont réputés socialistes (tels que le Mozambique ou le Mali).

Tableau 2.1 Les systèmes juridiques

Les systèmes juridiques			
Les systèmes occidentaux		Les systèmes non occidentaux	
La famille romano-germanique	La famille de la common law	Les systèmes orientaux	Les systèmes africains
Les droits d'Europe occidentale Les droits nordiques Les droits russes Les droits de l'Amérique latine	Les droits des pays anglo-saxons (Grande-Bretagne, Irlande, États-Unis, Australie, etc.)	Le droit musulman Le droit talmudique Le droit japonais Le droit chinois Le droit indien	Pays d'Afrique marqués par le bijuridisme (droit coutumier/droit moderne ou droit civil/droit de common law).

ENTRAÎNEMENT

QCM

Choisissez, parmi les propositions suivantes, la ou les bonne(s) réponse(s).

1. Parmi les pays ci-dessous, lesquels appartiennent à la famille romano-germanique ?

a. La France.
b. L'Irlande.
c. L'Allemagne.

2. Parmi les pays ci-dessous, lesquels appartiennent à la famille de la common law ?

a. Les États-Unis.
b. L'Australie.
c. L'Islande.

3. À quelle famille appartient le droit russe ?

a. Les droits romano-germaniques.
b. Les droits de la common law.
c. Les droits orientaux.

4. À quelle famille appartient le droit chinois ?

a. Les droits romano-germaniques.
b. Les droits de la common law.
c. Les droits orientaux.

5. Parmi les droits ci-dessous, lesquels ont une structure dualiste ?

a. Le droit français.
b. Le droit indien.
c. Le droit africain.

EXERCICE

Question de cours. Selon vous, pourquoi existe-t-il une pluralité de systèmes juridiques dans le monde contemporain (en une vingtaine de lignes maximum) ?

CORRIGÉS DES QCM

1. a. c. L'Irlande appartient à la famille de la common law.

2. a. b. L'Islande appartient à la famille des pays nordiques, elle-même un sous-ensemble de la famille romano-germanique.

3. a. Autrefois, le droit russe appartenait à la famille des droits socialistes. Avec la chute du mur de Berlin en 1989 et l'écroulement du bloc soviétique, il a évolué et est désormais classé par les comparatistes parmi les droits romanistes, dont il emprunte certaines techniques.

4. c. Le droit chinois, même s'il est influencé par les droits romanistes, appartient à la famille des droits orientaux en raison de sa spécificité et de ses racines.

5. b. c. Les droits indien et africain ont une structure dualiste, parce qu'un droit traditionnel, religieux dans un cas, coutumier dans l'autre, coexiste avec un droit moderne introduit par un État colonisateur.

CORRIGÉ DE L'EXERCICE

Chaque État a un droit qui lui est propre et il arrive même que plusieurs droits soient appliqués concurremment au sein d'un même État, par exemple en Inde, où le droit hindou coexiste avec le droit moderne d'inspiration anglaise. Certaines communautés non étatiques de personnes ont également leur droit propre en raison de leur croyance religieuse : droit musulman, droit canonique, droit hébraïque (juif), droit hindou.

Cette diversité des droits se traduit bien entendu par une variété de règles, mais il ne faut pas oublier que le droit de chaque communauté, étatique ou non, apparaît comme un ensemble de règles venant constituer un système juridique. Les règles de droit peuvent être modifiées plus ou moins arbitrairement, mais les cadres dans lesquels elles sont ordonnancées ne peuvent, eux, être arbitrairement modifiés, car ils sont liés à une civilisation, à certains modes de pensée. Autrement dit, si les règles de droit peuvent être infiniment variées d'un pays à l'autre, les techniques servant à les énoncer, la manière de les classer, les modes de raisonnement employés pour les interpréter, se ramènent, en revanche, à certains types en nombre limité.

Partant, il est possible de grouper les différents droits en dépit des controverses doctrinales relatives aux critères de classification à retenir. Quatre familles principales ont ainsi pu être distinguées dans le monde contemporain : la famille romano-germanique, marquée par la prépondérance de la loi écrite et codifiée, la famille de la common law, dont les règles proviennent essentiellement des tribunaux, la famille des droits orientaux, influencée par la religion et/ou le droit des Européens et, enfin, la famille des droits africains, où le droit coutumier côtoie le droit moderne d'inspiration occidentale.

FICHE 3 Les caractères de la règle de droit

NOTIONS CLÉS

- ✔ Caractère général et abstrait
- ✔ Caractère extérieur
- ✔ Coercition étatique
- ✔ Finalité sociale

I. Les caractères généraux de la règle de droit

Ubi societas, ibi jus (pas de société sans droit). Cet adage montre que le droit est un outil indispensable de régulation sociale. En effet, la règle de droit est une **règle de conduite** sanctionnée par la puissance publique, qui est destinée à organiser dans une société donnée les rapports entre les hommes. En tant que règle de conduite, la règle de droit présente certains caractères dits « généraux » parce qu'ils ne lui sont pas spécifiques ; elle les partage avec d'autres règles de vie en société (règles morales, règles religieuses, règles de courtoisie ou de bienséance, etc.). On distingue la normativité de la finalité sociale de la règle de droit.

A La normativité de la règle de droit

La règle de droit est une règle générale, abstraite et extérieure.

Le caractère général de la règle de droit

La règle de droit présente un caractère général : elle s'applique en principe **à tous sur tout le territoire français et pour tous les faits qui s'y produisent**.

Ce caractère général est lié aux **impératifs d'égalité et de sécurité**. D'un côté, l'égalité consacrée aux articles 1 et 6 de la Déclaration des droits de l'homme et du citoyen du 26 août 1789 impose que le contenu de la règle soit indépendant de la condition sociale des individus. Il s'agit d'une égalité de traitement, d'une égalité de droit, à ne pas confondre avec l'égalité sociale, c'est-à-dire l'égalité de fait. Ainsi, les personnes se trouvant dans une situation identique doivent recevoir un traitement identique. D'un autre côté, la sécurité juridique, que la jurisprudence rattache au droit à la sûreté de l'article 2 de la Déclaration des droits de l'homme et du citoyen de 1789, explique que le contenu de la règle doit être indépendant des particularités individuelles. La règle ne fluctue pas en fonction des aptitudes ou insuffisances des personnes concernées. C'est pourquoi, par exemple, l'âge de la majorité est uniformément fixé à dix-huit ans, sans condition de discernement.

ATTENTION

La généralité de la règle de droit est dite « relative » car souvent, celle-ci ne concerne qu'une catégorie limitée de personnes (salariés, époux, etc.). En ce cas, la règle de droit s'applique à toutes les personnes de cette catégorie de manière uniforme, de sorte qu'elle conserve quand même son caractère général.

Quelle que soit la portée de la règle de droit (ensemble de la population ou catégorie limitée), ceux qui y sont assujettis ne peuvent y échapper en arguant de leur ignorance. En effet, la nécessité de l'application effective de la règle explique que celle-ci soit indépendante de la connaissance que l'on en a. Tel est le sens de l'adage « **nul n'est censé ignorer la loi** » (*nemo censetur ignorare legem*) : l'ignorance de la règle n'est pas un obstacle à son application.

ATTENTION

Le fondement de l'adage « nul n'est censé ignorer la loi » n'est pas une présomption de connaissance effective, qui serait totalement irréaliste. La masse des règles est telle que même les meilleurs juristes ne peuvent tout savoir. Il s'agit donc d'une **fiction juridique** destinée à assurer l'autorité de la règle de droit en interdisant d'échapper à son application sous prétexte d'ignorance. Néanmoins, ce principe demeure limité car, par exemple, l'article 122-3 du Code pénal range l'erreur de droit inévitable parmi les causes d'irresponsabilité pénale.

Le caractère abstrait de la règle de droit

La règle de droit présente un caractère abstrait (ou impersonnel) en ce qu'elle concerne des **personnes indéterminées et non pas tel ou tel individu nommément désigné**. De même, elle vise des **situations générales** et non pas la situation précise dans laquelle se trouve telle ou telle personne.

La règle de droit se distingue donc des mesures individuelles (exemple : nomination d'un préfet ou d'un général) et des décisions de justice qui s'appliquent uniquement aux parties au procès. En effet, s'agissant des décisions de justice, l'article 5 du Code civil interdit aux juges de rendre des arrêts de règlement qui auraient une portée générale et abstraite au même titre que la loi (fiche 10).

Mais il arrive que la mise en œuvre de la règle abstraite soit tempérée ou corrigée par la prise en compte d'éléments concrets propres à la situation considérée. Tel est le cas lorsque le juge statue en « amiable compositeur » en recourant à la notion d'équité dans les cas déterminés par la loi, par exemple en matière de prestation compensatoire.

EXEMPLE

La prestation compensatoire est une somme destinée à compenser, autant qu'il est possible, la disparité que le divorce crée dans les conditions de vie respectives des époux. Elle compense un déséquilibre économique entre ces derniers. Or, l'article 270, alinéa 2 du Code civil prévoit que le juge peut refuser d'accorder une telle prestation « si l'équité le commande, soit en considération des critères prévus à l'article 271, soit lorsque le divorce est prononcé aux torts exclusifs de l'époux qui demande le bénéfice de cette prestation, au regard des circonstances particulières de la rupture ». Ainsi, un époux dont la faute est à l'origine du divorce peut se voir refuser l'attribution de la prestation compensatoire par le juge au nom de l'équité.

Le caractère extérieur de la règle de droit

La règle de droit est **extérieure à la volonté individuelle** des personnes qui y sont soumises. Elle n'est pas une contrainte qui procède de la volonté de chacun. Ainsi, la loi est considérée comme l'expression de la volonté générale et non comme l'expression d'une volonté isolée.

En cela, la règle de droit se rapproche de la règle religieuse, qui est également extériorisée. Le croyant n'édicte pas lui-même les règles religieuses auxquelles il entend se soumettre. Ces règles proviennent de textes admis par les adeptes comme issus de la parole divine, ou des autorités religieuses.

En revanche, la règle de droit se distingue des règles morales, car celles-ci sont internes à la personne ; elles relèvent de sa conscience. En effet, il existe une « relativité des valeurs morales » : la morale des uns n'est pas nécessairement celle des autres.

EXEMPLE

Certains considéreront que la légalisation du mariage pour les couples de même sexe par la loi du 17 mai 2013 est une avancée sociale, alors que d'autres y seront farouchement opposés, en raison parfois de leurs convictions religieuses.

Le caractère interne de la règle morale est toutefois à relativiser dans l'hypothèse de la **morale sociale**, par opposition à la morale personnelle. Dans ce cas, le Bien est envisagé dans la perspective du groupe et non plus de l'individu. La règle morale fait alors l'objet d'une élaboration collective.

EXEMPLE

Les « bonnes mœurs » sont des règles de morale sociale considérées comme fondamentales pour l'ordre même de la société. Le contenu de la notion est assez flou et donc apprécié par le juge en cas de procès. On retrouve cette notion à l'article 6 du Code civil : « On ne peut déroger, par des conventions particulières, aux lois qui intéressent l'ordre public et les bonnes mœurs. »

B La finalité de la règle de droit

La règle de droit présente une finalité sociale incontestable, parfois en association avec d'autres règles de conduite.

La finalité sociale de la règle de droit

La règle de droit a pour objet d'organiser la vie en société, de régir les comportements des hommes entre eux de telle sorte que soit assurée la **paix sociale**. Ce faisant, elle est étroitement liée aux impératifs d'ordre et de justice.

Ainsi, la finalité immédiate réside dans l'ordre social. Tous les rapports entre les personnes privées et/ou publiques sont encadrés par des normes auxquelles tous sont soumis. Il est donc important que chacun soit en mesure de déterminer les règles de droit qui lui sont applicables, ce qui lui est permis ou défendu, conformément au principe de sécurité juridique.

La finalité médiate (ou indirecte) de la règle de droit réside dans la justice. Cette dernière fournit un but vers lequel doit tendre la règle juridique : le droit est « l'art du bon et du juste » (*ars boni et aequi*). Certaines règles juridiques sont fondées sur cet idéal (exemples : la progressivité de l'impôt sur le revenu, le principe interdisant de s'enrichir indûment au détriment d'autrui) ; d'autres y sont totalement étrangères (exemple : les règles du Code de la route).

Définition

Faire œuvre de justice, c'est attribuer à chacun son dû (*suum cuique tribuere*). Pour déterminer ce dû, on applique une distinction fondamentale développée par Aristote. La **justice commutative**, fondée sur une égalité arithmétique, signifie que chacun doit recevoir l'équivalent de ce qu'il donne (par exemple, en matière contractuelle, le principe de l'enrichissement injustifié est consacré aux articles 1303 à 1303-4 du Code civil). La **justice distributive** (ou géométrique), quant à elle, tend à faire assurer par la collectivité la meilleure répartition possible des richesses et des charges (exemple : progressivité de l'impôt sur le revenu).

Une finalité partagée par les autres règles de conduite

A priori, la règle de droit a une **finalité sociale distincte des règles morales et religieuses** qui ont pour fin la perfectibilité de l'individu (finalité individuelle). En effet, la règle morale tend au perfectionnement intérieur de l'individu, à l'épanouissement de sa conscience et la règle religieuse tend au salut de l'âme des croyants. Partant, une règle juridique peut être contraire à une règle morale ou religieuse. Par exemple, la possibilité de divorcer consacrée par le droit français contrevient au principe religieux de l'indissolubilité du lien matrimonial.

Toutefois, en ayant pour but l'amélioration de l'individu, les règles morales et religieuses participent indirectement à la paix sociale, à une certaine « harmonie sociale » (G. Cornu), car **ce qui profite à l'individu, en le rendant meilleur, profite nécessairement au groupe**. Par conséquent, il peut être défendu que la règle de droit n'est pas la seule règle de conduite présentant une finalité sociale. Seulement cette utilité sociale reste au second plan.

II. Le caractère spécifique de la règle de droit : la coercition étatique

La règle de droit est la seule règle de conduite assortie d'une contrainte émanant de l'État. En cela elle présente une utilité indéniable par rapport aux autres règles d'organisation sociale. Toutefois, l'exclusivité du caractère étatique de la sanction ne saurait masquer sa relativité.

A L'exclusivité du caractère étatique de la sanction

Le principe d'une sanction étatique

Il est de la nature des règles d'être sanctionnées ; c'est une condition de leur respect, voire de leur existence.

ATTENTION

On distingue le caractère coercitif du caractère obligatoire de la règle de droit. Toute règle de conduite est obligatoire par nature, car elle exprime un commandement et se veut d'être obéie. En revanche, toute règle n'est pas assortie d'une sanction. Dès lors, seules celles qui en sont pourvues ont un caractère coercitif. Mais la nature de cette sanction varie en fonction de la règle de conduite envisagée.

Dans le cas de la règle de droit, cette sanction est d'origine étatique et c'est ce qui fait sa spécificité et participe de son utilité. La règle de droit est la seule dont le respect est assuré par la puissance publique qui a le monopole de la contrainte légitime, la vengeance privée étant bannie de notre système juridique (« Nul ne peut se faire justice à soi-même »). En d'autres termes, **la nature étatique de la sanction identifie la règle de droit**. Mais une telle affirmation ne saurait occulter la fameuse controverse doctrinale opposant les positivistes, qui soutiennent qu'il n'y a pas d'obligation juridique sans sanction (P. Jestaz), et les naturalistes, qui prônent l'existence de règles de droit sans sanction coercitive (F. Gény).

S'agissant des règles morales ou religieuses, la sanction a une nature différente car, d'une part, elle n'émane pas de l'État et, d'autre part, elle est purement interne dans la mesure où elle relève de la conscience de chaque individu (sous réserve des sanctions émanant des autorités religieuses comme l'excommunication).

EXEMPLE

Le fait de ne pas aider son frère ou sa sœur dans le besoin est moralement répréhensible mais n'est pas sanctionné par l'État. Cela relève de la conscience de l'individu, qui pourra éprouver des remords par la suite.

Cependant, s'agissant de la règle de droit, ce caractère coercitif n'est pas uniforme, car des tempéraments (ou limites) apparaissent autour d'une distinction entre règles impératives et **règles supplétives**. Les règles supplétives (ou interprétatives) sont des règles facultatives qui peuvent être écartées par les particuliers. Elles ne s'appliquent que si les sujets de droit n'ont pas exprimé une volonté contraire ; elles suppléent l'absence de volonté particulière exprimée. Les règles impératives s'imposent en toutes circonstances, et on ne peut en écarter l'application par des conventions contraires. Elles expriment un ordre auquel chacun doit se soumettre, malgré certaines exceptions possibles.

À RETENIR

Les règles impératives et les règles d'ordre public ne constituent pas une seule et même catégorie, même si cela est discuté en doctrine. On admet généralement que toutes les règles d'ordre public sont impératives (on ne peut y déroger), mais toutes les règles impératives ne sont pas d'ordre public. En effet, la notion d'ordre public recouvre les règles qui visent la protection des intérêts généraux et collectifs de la société, alors que certaines règles impératives poursuivent un intérêt privé. À titre d'exemple, les règles de droit applicables aux majeurs placés sous un régime de protection (tutelle notamment) sont impératives, mais elles ne concernent que la protection des intérêts privés des majeurs dont les facultés mentales ou corporelles sont altérées.

Les formes de sanction étatique

Les sanctions étatiques peuvent prendre des formes variées selon leur objectif : l'exécution, la punition ou la réparation. Ces trois objectifs ne sont pas exclusifs et peuvent très bien être cumulatifs.

- Les sanctions peuvent consister en l'**exécution forcée** d'une obligation, d'un contrat, avec le concours de la force publique si besoin est. Par exemple, le créancier peut faire saisir les biens de son débiteur *via* un huissier et les faire vendre aux enchères pour se payer sur le produit de la vente.
- Les sanctions peuvent avoir un caractère de **punition**, principalement en droit pénal. Les peines sont très diverses dans leur nature, leur objectif (réprimer, punir, intimider ou réinsérer dans la société) et leur forme (peines d'amende, prison, travaux d'intérêt général, etc.).
- Les sanctions réparatrices visent à la **réparation** des conséquences dommageables du non-respect de la règle de droit. Elles se manifestent essentiellement par la nullité de l'acte conclu en violation d'une règle juridique et l'octroi de dommages-intérêts.

B La relativité du caractère étatique de la sanction

Le caractère étatique de la sanction n'est pas absolu : certaines règles de droit sont sanctionnées par des organes non étatiques ; d'autres n'ont pas de sanction.

L'intervention indirecte de l'État dans la sanction

Dans certains cas, la règle juridique n'est pas sanctionnée par une autorité étatique.

À titre d'illustration, les sanctions disciplinaires à l'encontre des membres de certaines professions organisées en corps ou en ordres, comme l'ordre des médecins ou celui des avocats, ne sont pas prononcées par les tribunaux étatiques mais par leurs pairs, qui sont investis d'un pouvoir disciplinaire attribué par l'État.

EXEMPLE

En cas de faute dans l'accomplissement de ses missions, l'avocat peut se voir infliger une sanction disciplinaire par le Conseil de l'Ordre qui est composé d'avocats élus et présidé par le Bâtonnier.

De même, en matière d'arbitrage, les parties ont la possibilité de se soustraire à la justice étatique en signant un compromis, c'est-à-dire une convention par laquelle elles soumettent tout litige postérieur à un arbitre, tierce personne privée qui a les prérogatives d'un juge. Les sentences arbitrales ressortent ainsi d'une justice privée non étatique, d'une justice contractuelle. Toutefois, pour pouvoir obtenir l'exécution d'une décision rendue par un arbitre, il faut en demander l'exequatur à une juridiction étatique, c'est-à-dire la reconnaissance et la permission d'en obtenir l'exécution forcée.

Dans tous ces cas, **la sanction n'est pas toujours étatique**, mais l'État reste présent.

L'absence de sanction étatique

Il existe certaines règles dépourvues de toute sanction étatique qui pourtant sont des règles juridiques. On parle alors de « droit mou ».

EXEMPLE

Le cas le plus connu est celui de **l'obligation naturelle**, qui se situe à la croisée de l'obligation morale et de l'obligation civile (ou juridique). Elle n'est pas contraignante et repose au contraire sur la volonté des individus. Ainsi, le devoir de verser une pension alimentaire à ses frères et sœurs qui sont dans le besoin est une obligation naturelle découlant d'un devoir moral, et non une obligation juridique comme celle existant entre parents et enfants (C. civ., art. 205 et 207). Ce n'est qu'en cas de paiement volontaire que cette obligation morale se transforme en obligation civile. Le débiteur charitable est alors lié par cette obligation et ne peut ni obtenir remboursement ni cesser les versements (C. civ., art. 1100). En somme, l'obligation naturelle est dépourvue de sanction, mais une fois muée en obligation civile, elle en aura toutes les caractéristiques, et notamment son inexécution sera sanctionnée par la contrainte étatique.

ENTRAÎNEMENT

QCM

Choisissez, parmi les propositions suivantes, la ou les bonne(s) réponse(s).

1. Quels sont les caractères de la règle de droit ?
- **a.** Elle est obligatoire, générale, abstraite, extérieure.
- **b.** Elle est générale, impersonnelle et sanctionnée par la puissance publique.
- **c.** Elle est obligatoire, générale, interne et impersonnelle.

2. En quoi la règle de droit est-elle spécifique ?
- **a.** C'est la seule règle obligatoire.
- **b.** C'est la seule règle ayant un caractère coercitif.
- **c.** C'est la seule règle sanctionnée par l'État.

3. L'adage « Nul n'est censé ignorer la loi » est fondé sur :
- **a.** une présomption simple de connaissance de la loi.
- **b.** une fiction juridique.
- **c.** une disposition constitutionnelle.

4. La règle de droit a pour finalité :
- **a.** l'organisation de la vie en société.
- **b.** le perfectionnement intérieur de l'individu.
- **c.** le salut de l'âme.

5. Aider son frère ou sa sœur dans le besoin constitue :
- **a.** une obligation naturelle à laquelle on est légalement tenu.
- **b.** une obligation naturelle dont le respect peut être demandé en justice.
- **c.** une obligation naturelle dont l'exécution est volontaire.

EXERCICE

Élaborez une problématique et un plan pour le sujet de dissertation suivant : « La finalité sociale de la règle de droit ».

CORRIGÉS DES QCM

1. a. b. La règle de droit est une règle de conduite obligatoire, générale, abstraite, extérieure et sanctionnée par l'État. Elle a une finalité sociale en ce qu'elle a pour objet d'organiser la vie en société et les relations entre les membres qui la composent.

2. c. Par essence, toutes les règles sont obligatoires et elles sont généralement assorties d'une sanction dont la nature varie. En revanche, seule la règle de droit est sanctionnée par l'État. La spécificité de la règle juridique réside donc dans la contrainte étatique.

3. b. Cette fiction juridique permet d'éviter que les sujets de droit excipent de leur ignorance pour se soustraire aux règles juridiques qui leur sont applicables.

4. a. La règle de droit poursuit une finalité sociale par opposition à la règle morale et à la règle religieuse qui, de façon générale, visent le perfectionnement de l'individu.

5. c. L'obligation naturelle, à la différence de l'obligation civile, n'est pas susceptible de faire l'objet d'une exécution forcée. Elle ne peut faire l'objet que d'une exécution volontaire.

L'obligation naturelle n'est donc pas contraignante : son exécution repose sur la seule volonté du débiteur. Ainsi, le créancier d'une obligation naturelle n'est-il pas fondé à introduire une action en justice pour en réclamer l'exécution.

CORRIGÉ DE L'EXERCICE

Problème juridique : la finalité sociale de la règle de droit fait-elle sa spécificité ?

Idée générale : non, la règle de droit a une finalité commune avec les autres règles de conduite (I) mais elle a l'avantage d'avoir une finalité soutenue par la coercition étatique (II).

I. Une finalité commune avec les autres règles de conduite

La règle de droit possède une finalité sociale (A) qui n'est pas totalement étrangère aux autres règles de conduite (B).

A - Une finalité sociale marquée pour la règle de droit

La règle de droit a pour but d'organiser la vie en société.

Distinction entre sa finalité immédiate (ordre social) et sa finalité médiate (justice).

B - Une finalité sociale masquée pour les autres règles de conduite

À première vue, les règles morales et religieuses poursuivent une finalité individuelle : le perfectionnement intérieur de l'individu pour la morale et le salut de l'âme du croyant pour la religion.

Cependant, indirectement, ces règles de conduite ont une finalité sociale, car elles participent à la paix sociale. Ce qui profite à l'individu, en le rendant meilleur, profite indéniablement au groupe social.

II. Une finalité soutenue par la coercition étatique

La règle de droit est la seule règle de conduite assortie d'une sanction étatique, ce qui lui confère une utilité sociale incomparable (A). Cependant, si l'on admet que la spécificité de la règle de droit réside dans la coercition étatique, il faut reconnaître aussi que ce critère n'est pas absolu (B).

A - L'exclusivité du caractère étatique de la sanction

Il faut examiner ici le principe et les formes de la sanction étatique.

B - La relativité du caractère étatique de la sanction

Il existe des règles juridiques sanctionnées par des organes non étatiques mais également des règles de droit non sanctionnées en cas de violation.

FICHE 4

Règles juridiques et règles non juridiques

NOTIONS CLÉS

- ✓ **Non-droit**
- ✓ **Règle de bienséance**
- ✓ **Règle morale**
- ✓ **Règle religieuse**

I. Le droit et la morale

Le droit se définit comme l'ensemble des règles destinées à régir la vie des hommes en société, tandis que la morale est considérée comme la science du bien et du mal, **un ensemble de règles de conduite qui se caractérisent par leur subjectivité et qui ont pour finalité le perfectionnement intérieur de l'individu**. On ne peut donc pas assimiler la règle de droit à la règle morale, mais il existe une indéniable interaction entre ces deux normes.

A L'impossible assimilation de la règle de droit à la règle morale

Mises en exergue par E. Kant, les divergences entre le droit et la morale se vérifient tant au niveau de leur domaine que de leur sanction.

Des domaines différents

En premier lieu, le droit et la morale ont un domaine différent parce qu'ils poursuivent des **objectifs différents**. La morale a une finalité individuelle, car elle recherche le perfectionnement intérieur de l'individu, l'élévation de sa conscience. Au contraire, le droit possède une finalité sociale : la recherche de la paix sociale. Cette opposition est toutefois à relativiser, car la morale a indirectement une finalité sociale : ce qui profite à l'individu, en le rendant meilleur, profite nécessairement au groupe, à la collectivité.

EXEMPLE

La prescription de l'action publique fait obstacle à l'exercice des poursuites pénales au terme d'un certain délai (20 ans pour les crimes, 6 ans pour les délits, 1 an pour les contraventions). En effet, la paix sociale commande d'oublier l'infraction, après un certain délai, et non d'en raviver le souvenir. Ce droit à l'oubli est contraire à la morale, qui impose de sanctionner les comportements répréhensibles, en particulier les crimes et les délits.

Cela étant, il ne faudrait pas en déduire que la morale a uniquement un caractère individuel, qu'elle a un caractère intime, propre à chacun. Car si, en principe, chaque individu s'impose et respecte certains préceptes moraux, il existe également une morale collective composée de principes à valeur quasi universelle auxquels tous se conforment : droit à la vie et à la dignité, solidarité et égalité des citoyens devant la loi, bonnes mœurs, etc. On parle alors de « **morale sociale** », car le bien est envisagé dans la perspective du groupe et non plus exclusivement de l'individu. Relèvent de cette morale sociale les droits de l'homme, la protection de l'environnement, ou même la création du Comité consultatif national d'éthique en 1983. Cet organe donne des avis sur les problèmes éthiques et les questions de société soulevés par les progrès scientifiques (exemple : statut de l'embryon en 1984, révision de la loi de bioéthique en 2018).

En second lieu, la règle juridique et la règle morale sont des règles de conduite ayant un **contenu différent**. La morale est composée de devoirs qui proviennent essentiellement de la religion.

EXEMPLE

Parmi ces devoirs, on peut citer : ne pas tuer, ne pas voler, ne pas faire de faux témoignages, etc.

En revanche, le droit a un contenu plus large en ce qu'il offre aussi des droits aux individus.

EXEMPLE

On peut citer le droit de propriété, le droit au respect de la vie privée, le droit de vote, la liberté d'expression ou de réunion, le droit à un procès équitable, etc.

Ainsi, le droit apparaît moins contraignant que la morale, d'autant que, dans une certaine mesure, il n'impose que des règles régissant les rapports avec les tiers et non des règles de conduite personnelle.

ATTENTION On relève souvent **la relativité des valeurs morales** qui, par nature, sont propres à chaque individu : ce qui est moral pour les uns ne l'est pas forcément pour les autres, car chacun se soumet volontairement ou non à certains commandements. Par exemple, certaines personnes estiment que la légalisation du mariage homosexuel (2013) est conforme à la morale dès lors qu'elle participe de l'égalité des droits entre les citoyens ; d'autres, en revanche, y voient la consécration d'une union immorale, l'homosexualité étant généralement réprouvée par la religion. Or, le droit se caractérise aussi par sa relativité, puisqu'il est composé des règles juridiques en vigueur dans un État donné et à un moment donné. Ainsi, la France a aboli la peine de mort en 1981 alors qu'elle est toujours appliquée dans de nombreux pays (Chine, États-Unis, Iran, Arabie Saoudite, Inde, Japon, etc.).

De plus, certaines règles juridiques sont étrangères à la morale.

EXEMPLE

Tel est le cas des règles d'inscription à l'état civil, des règles de publicité foncière, des règles fiscales, des règles de sécurité routière, etc.

À l'inverse, il existe parfois une confusion entre le droit et la morale, lorsque la règle juridique consacre un précepte moral.

EXEMPLE

Dans le Code civil, on retrouve plusieurs principes imprégnés de morale : l'obligation d'exécuter le contrat de bonne foi, l'obligation de réparer le dommage causé à autrui, la nullité du contrat en raison d'un consentement vicié pour dol, l'obligation de fidélité en matière matrimoniale, la prohibition de l'inceste ou de la polygamie, etc.

Des sanctions différentes

Pour atteindre leurs buts communs ou respectifs, le droit et la morale sont tous deux pourvus de sanctions, mais celles-ci sont de **natures différentes**.

En cas de violation d'une règle purement morale, l'individu éprouvera des remords, des regrets, qui s'ajouteront éventuellement à une réprobation sociale, voire une mise à l'écart. Il s'agit donc de sanctions purement internes, dont la limite est évidente : elles ne contraignent que ceux qui se soumettent à la morale.

À l'inverse, les sanctions juridiques sont extérieures à l'individu, car elles ne dépendent pas de sa propre volonté ; elles sont d'origine étatique et prennent la forme d'une exécution forcée, d'une punition ou d'une réparation.

Ainsi, E. Kant distingue le droit hétéronome (les actes sont jugés et sanctionnés par des tiers) de la morale autonome (chacun est juge de ses propres actes).

B L'indéniable interaction entre la règle de droit et la règle morale

Au-delà d'une simple opposition, il faut voir entre le droit et la morale une réelle **complémentarité** : la règle morale peut être une source d'inspiration pour la règle juridique, qui peut à son tour conduire la règle morale à évoluer.

La règle morale, source d'inspiration de la règle de droit

La morale est souvent une source d'inspiration du droit et le conduit à évoluer. Il y a alors **confusion entre le droit et la morale**, en particulier lorsque les règles juridiques consacrent des préceptes moraux. Par exemple, dans le Code civil, on retrouve plusieurs principes imprégnés de morale : l'obligation d'exécuter le contrat de bonne foi, l'obligation de réparer le dommage causé à autrui, la nullité du contrat en raison d'un consentement vicié pour dol, l'obligation de fidélité en matière matrimoniale, la prohibition de l'inceste ou de la polygamie, etc. Il en va de même du droit pénal qui, dans son ensemble, a une forte coloration morale (répression de l'homicide, du vol, de l'abus de confiance, de l'escroquerie, etc.).

Ainsi, la morale constitue à bien des égards la « *sève* » du droit, pour reprendre la fameuse expression du juriste Georges Ripert ; elle l'irrigue dans de nombreux domaines. Cependant, quand la morale pénètre le droit, ce n'est pas nécessairement la morale chrétienne, alors même que nous vivons dans un pays de tradition judéo-chrétienne.

EXEMPLE

La loi consacre l'**obligation morale alimentaire** entre ascendants-descendants et partenaires liés par mariage ou pacs, mais elle **ne prévoit rien** entre collatéraux, par exemple entre frères et sœurs, **contrairement à la morale chrétienne**, qui n'admet pas qu'une personne aisée n'aide pas un membre de sa famille.

La règle de droit, source d'évolution de la règle morale

Il arrive parfois que le législateur prenne les devants en imposant une réforme sociétale à laquelle l'opinion publique est majoritairement hostile.

EXEMPLE

Tel est le cas de l'abolition de la peine de mort en 1981, sous l'égide du garde des Sceaux de l'époque, Robert Badinter : les sondages d'alors montraient que la population y était majoritairement opposée. À cet égard, il faut savoir que les jurys avaient tendance à condamner plus facilement les auteurs de crimes à la peine de mort du fait qu'ils savaient que le président de la République avait la possibilité de les gracier. Or, il était délicat pour le chef de l'État de remettre en cause une décision de justice rendue au nom du peuple français…

De nombreuses réformes législatives ont ainsi vu le jour malgré une forte opposition des partisans d'une morale traditionnelle. Une fois appliquées, elles ont été progressivement admises ; elles sont « entrées dans les mœurs ».

EXEMPLE

Parmi les réformes législatives anticipant une évolution des mœurs, on peut citer l'instauration du divorce en 1884, la création du divorce par consentement mutuel et la dépénalisation de l'adultère en 1975, la légalisation de l'avortement en 1975, la promulgation en 1999 de la loi sur le PACS, qui consacre à la fois le concubinage homosexuel et une nouvelle forme de conjugalité, la légalisation du mariage entre personnes de même sexe en 2013.

Ce phénomène est parfois décrié, car dans une démocratie représentative, on attend du législateur qu'il édicte des normes juridiques conformes aux aspirations de la population. Du reste, certaines évolutions juridiques remettent en cause des préceptes moraux anciens et sont donc difficilement compréhensibles pour les non-juristes. Une illustration nous est fournie par le devoir de fidélité entre époux. Ce devoir a été progressivement affaibli par le législateur et la jurisprudence, de sorte qu'aujourd'hui toute infidélité, tout adultère, n'est plus automatiquement une cause de divorce.

II. Le droit et les autres règles de conduite

La vie en société suppose que les membres de cette société acceptent une certaine discipline et obéissent à certaines règles de conduite, règles qui énoncent ce qu'il est permis de faire et ce qui est défendu. Or, dans toute vie collective, on observe un **pluralisme normatif**, une multitude de règles ayant une nature différente. Parallèlement au droit et à la morale, certaines de ces règles ont un caractère religieux ; d'autres ne sont que des usages, des manières de vivre relevant simplement des mœurs.

A Règle de droit et règle religieuse

Diverses religions imposent à leurs fidèles des règles de vie. C'est notamment le cas de la religion prédominante en France, la **religion catholique romaine**, nonobstant la présence d'autres religions (judaïsme, protestantisme, bouddhisme) et la montée contemporaine de l'islam.

ATTENTION

Les règles que la religion catholique impose sont contenues dans le Code de droit canonique de 1983, dont les articles s'appellent des canons.

Ces règles religieuses n'ont pas la même finalité que les règles de droit : il ne s'agit pas de règles destinées à prévenir les désordres dans la société, mais de règles permettant au croyant de gagner le **salut de son âme**. Il suffit, pour mesurer la différence entre la règle religieuse et la règle de droit, de noter que chacune a une façon différente d'appréhender le même phénomène social, par exemple le mariage. Pour le droit canon, c'est un sacrement caractérisé par l'indissolubilité. Telle n'est pas la position de notre droit admettant le divorce depuis la Révolution (1792). Par ailleurs, le droit canon n'autorise que le mariage entre personnes de sexe différent, alors que la loi française admet le mariage entre personnes de même sexe depuis 2013.

EXEMPLE

Sous l'Ancien Régime, le divorce n'était pas admis, car le catholicisme était religion d'État depuis le concordat de Bologne signé en 1516 par François Ier. Cette indissolubilité du mariage était dénoncée par les philosophes des Lumières (Voltaire, Montesquieu). Puis, les révolutionnaires, anticléricaux par principe, adoptèrent une loi autorisant le divorce le 20 septembre 1792. Le divorce fut conservé par les rédacteurs du Code civil de 1804, dans certains cas, puis abrogé sous la Restauration par la loi de Bonald du 8 mai 1816. Il ne fut rétabli que sous la Troisième République, avec la loi Naquet du 27 juillet 1884. Admis restrictivement, il fut libéralisé en 1975, avec notamment la dépénalisation de l'adultère et l'élargissement des cas de divorce. C'est ainsi que le divorce par consentement mutuel fut réintroduit dans notre droit, après sa suppression en 1816. Par la suite, la loi du 26 mai 2004 simplifia la procédure, et celle du 18 novembre 2016 consacra, pour la première fois, un cas de divorce sans juge : le divorce par consentement mutuel par acte d'avocat enregistré par notaire.

Les différences de vues entre droit et morale religieuse se justifient pleinement par le principe de la **séparation des Églises et de l'État**, inscrit dans la loi du 1er décembre 1905, à l'initiative du député républicain-socialiste Aristide Briand. En outre, l'article 2 de la Constitution du 4 octobre 1958, laquelle fonde la Ve République, présente la France comme une république laïque. L'État édicte donc ses propres règles juridiques indépendamment des règles que peuvent édicter les Églises pour leurs fidèles. L'autorisation de la contraception ou de l'interruption volontaire de grossesse (IVG) en fournit la preuve. Mais il n'en est pas ainsi dans tous les pays. Il en est où il existe une religion d'État.

EXEMPLE

La plupart des pays musulmans érigent l'islam en religion d'État (Maroc, Algérie, Iran, Irak, Jordanie, Qatar, etc.).

> ***Définition***
> Dans une **théocratie**, le pays est essentiellement régi par des règles religieuses. La norme juridique se confond alors avec la loi religieuse. Tel est le cas de certains pays musulmans appliquant la *charia*, la loi islamique (exemples : Arabie Saoudite, Iran).

Si tel n'est pas le cas dans la France actuelle, il y a tout de même dans notre droit des signes d'influence de la religion catholique : c'est le cas du principe du mariage monogamique, ainsi que de l'institution de la séparation de corps, qui n'est qu'un relâchement du lien matrimonial et non une dissolution de celui-ci (on a d'ailleurs pu qualifier cette institution de « *divorce des catholiques* »). Pour autant, cette influence religieuse ne peut être que marginale dans un État, et donc un droit, laïcs.

En revanche, il n'y a pas incompatibilité entre laïcité d'un État et la prise en compte du fait religieux par le droit. L'article 2 de la Constitution du 4 octobre 1958 précise bien que la République respecte toutes les croyances. L'État français est donc **neutre à l'égard des religions.** Chacun est libre de croire ou ne pas croire (liberté de conscience) ; chacun est libre de choisir sa religion.

EXEMPLE

La jurisprudence est exigeante sur le principe de neutralité de l'État, notamment en interdisant à tout agent public de manifester ses croyances religieuses dans l'exercice de ses fonctions (CE Avis, 3 mai 2000, *Mlle Marteaux*, n° 217017). Néanmoins, les agents publics ont, comme tout citoyen, le droit d'avoir les opinions religieuses de leur choix, et ils ne peuvent faire l'objet d'une quelconque discrimination professionnelle en raison de leur adhésion à une croyance ou de leur incroyance.

Dans un registre différent, le Conseil d'État a jugé qu'en raison du principe de neutralité des personnes publiques, les crèches de Noël ne peuvent en principe être installées dans des bâtiments publics, sauf si le contexte local permet de leur reconnaître un caractère culturel, artistique ou festif, ou s'il existe des usages locaux. Dans les autres espaces publics – par exemple, les voies, places, jardins et marchés –, une crèche de Noël peut être installée durant les fêtes de fin d'année, à moins qu'elle ne constitue un acte de prosélytisme ou de revendication d'une opinion religieuse (CE ass., 9 novembre 2016, *Commune de Melun c. Fédération départementale des libres penseurs de Seine-et-Marne*, n° 395122 et CE ass., 9 novembre 2016, *Fédération de la libre pensée de Vendée*, n° 395223).

Toutefois, lorsque la foi religieuse se matérialise par un **comportement attentatoire aux droits d'autrui ou à l'ordre public**, le droit intervient pour l'encadrer ou l'interdire carrément.

EXEMPLE

La loi du 15 mars 2004 interdit dans les écoles, collèges et lycées publics le port de signes ou tenues par lesquels les élèves manifestent ostensiblement une appartenance religieuse (exemple : le voile islamique). Le Conseil d'État a ensuite fait application de cette loi dans sa jurisprudence, et la Cour européenne des droits de l'homme a jugé qu'elle était conforme à l'article 9 de la Convention qui consacre la liberté de conscience (CEDH, 4 décembre 2008, *Dogru c. France*, aff. n° 27058/05).

La loi n° 2010-1192 du 11 octobre 2010 interdisant la dissimulation du visage dans l'espace public a en fait été votée pour interdire le port de la burqa (voile intégral). Dans un arrêt *SAS c. France* du 1er juillet 2014, la Cour européenne des droits de l'homme l'a jugée conforme à l'article 9 de la convention qui garantit la liberté de pensée, de conscience et de religion.

Les tribunaux sont souvent saisis de litiges relatifs à **la gestion du fait religieux dans l'entreprise**. Certaines affaires ont d'ailleurs fait l'objet d'une forte médiatisation.

En effet, si la liberté religieuse du salarié est garantie, notamment par l'article 9 de la CEDH, elle est nécessairement limitée. Ainsi, par combinaison des articles L. 1121-1 et L. 1321-3 du Code du travail, les restrictions aux libertés individuelles du salarié peuvent être admises si elles sont justifiées par la nature de la tâche à accomplir et proportionnées au but recherché.

La jurisprudence a cependant créé une exception notable à ces principes en dégageant la notion d'entreprises dites de « tendance » ou de « conviction » dont l'objet essentiel de l'activité est la défense ou la promotion d'une doctrine ou d'une éthique (exemple : un établissement scolaire de confession catholique). Dans le cadre de ces entreprises, l'employeur peut exiger du salarié - correctement informé lors de son embauche - le respect des valeurs inhérentes à cet objet.

Cette jurisprudence a vu le jour lors des licenciements intervenus dans les années 1970. Dans un célèbre arrêt *Dame Roy*, l'assemblée plénière de la Cour de cassation a considéré que le remariage après divorce d'une femme institutrice dans un établissement privé d'enseignement catholique pouvait justifier son licenciement (Cass. ass. plén., 19 mai 1978, n° 76.41.211). En revanche, dans un arrêt *Painsecq* tout aussi remarqué, la chambre sociale de la Cour de cassation a considéré que le licenciement de l'aide-sacristain de la paroisse Saint-Nicolas-du-Chardonnet par l'association Fraternité Saint-Pie-X pour cause d'homosexualité n'était pas fondé dès lors que l'employeur s'était borné à mettre en cause les mœurs du salarié, sans avoir constaté d'agissements de ce dernier ayant causé un « trouble caractérisé » au sein de l'association (Cass. soc., 17 avr. 1991, n° 90-42.636).

Plus récemment, dans l'affaire *Baby Loup*, l'assemblée plénière de la Cour de cassation a confirmé le licenciement pour faute grave d'une salariée voilée de la crèche associative Baby Loup, considérant que « la restriction à la liberté de manifester sa religion édictée par le règlement intérieur ne présentait pas un caractère général, mais était suffisamment précise, justifiée par la nature des tâches accomplies par les salariés de l'association, et proportionnée au but recherché » (Cass. ass. plén., 25 juin 2014, n° 13-28369) ; solution critiquée par le Comité des droits de l'homme de l'ONU dans un avis non contraignant du 10 août 2018.

Enfin, il faut noter l'influence de la jurisprudence européenne, ce que révèlent quelques affaires récentes. D'une part, en réponse à deux questions préjudicielles, la CJUE a admis, le 14 mars 2017, que les entreprises privées puissent restreindre, par une règle interne, le port de signes religieux, politiques ou philosophiques par leurs salariés, afin d'afficher une politique de neutralité vis-à-vis de leurs clients. L'interdiction ne doit cibler aucune religion en particulier et respecter le principe de proportionnalité, pour éviter de tomber sous le coup d'une discrimination prohibée par la directive du 27 novembre 2000. D'autre part, le 11 septembre 2018, la CJUE a jugé que le licenciement d'un médecin-chef catholique par un hôpital catholique en raison de son remariage après un divorce pouvait constituer une discrimination interdite fondée sur la religion.

B Règle de droit et règle de convenance

Les règles de convenance rassemblent les règles de bienséance, de courtoisie, de politesse, de savoir-vivre et même les canons de la mode. Elles renvoient donc à des **usages** pratiqués par les individus dans leurs rapports.

En principe, ce ne sont pas là des règles de droit, car les règles de convenance ne sont pas assorties de sanctions étatiques. Jean Carbonnier parle à cet égard de « **non-droit** » dès lors que les relations en cause ne sont pas régies par le droit. Par exemple, une règle de courtoisie ou de savoir-vivre veut que l'on cède sa place dans un tramway ou dans le métro à une personne âgée, enceinte ou infirme, ou plus simplement à une femme. Est-ce là une règle de droit ? Pas toujours. Cependant, en raison de notre éducation, on s'y conforme en général spontanément de son plein gré. En cas de refus de laisser sa place, il n'y a pas de sanction officielle, seulement un sentiment de réprobation de la part des tiers, voire une mise à l'écart de certains cercles.

Il arrive néanmoins qu'il en soit autrement. Dans certains cas, la règle de convenance est assortie d'une véritable sanction et devient ainsi une règle de droit. L'État s'approprie ces règles de conduite et les élève au rang de normes juridiques.

EXEMPLE

La pratique du pourboire est à l'origine une règle de savoir-vivre, un simple usage : le client satisfait donne un peu d'argent au personnel et il en fixe librement le montant et les modalités. Puis cette pratique a été appréhendée par le droit qui l'a encadrée (voir notamment l'article L. 3244-1 du Code du travail, qui oblige les employeurs à reverser les pourboires et le pourcentage de service inclus dans la note à leurs salariés).

QCM

Choisissez, parmi les propositions suivantes, la ou les bonne(s) réponse(s).

1. En France, la religion catholique romaine est-elle religion d'État ?
a. Oui.
b. Non.

2. Un pays essentiellement régi par des règles religieuses est qualifié de :
a. ploutocratie.
b. bureaucratie.
c. théocratie.

3. Dans l'affaire Baby Loup (2014), la Cour de cassation :
a. a invalidé le licenciement de la salariée voilée.
b. a confirmé le licenciement de la salariée voilée.
c. a procédé à la fermeture de la crèche pour violation de l'article 9 de la CEDH.

4. La séparation des Églises et de l'État a pour fondement une loi de :
a. 1905.
b. 1958.
c. 2004.

EXERCICE

Rédigez une introduction de dissertation pour le sujet suivant : « Le droit et la morale ».

CORRIGÉS DES QCM

1. b. Historiquement et culturellement, la religion catholique romaine est prédominante dans notre pays. Mais, depuis la séparation des Églises et de l'État, elle n'est plus religion d'État, car la République consacre le principe de laïcité. L'État est neutre à l'égard des religions. Ainsi, contrairement à ce que dicterait une interprétation littérale de la Bible, la loi n° 2013-404 du 17 mai 2013, dite « loi Taubira », ouvre le mariage et l'adoption aux couples de même sexe.

2. c. La ploutocratie consiste en un système de gouvernement où la richesse constitue la base principale du pouvoir politique. La bureaucratie désigne une forme de régime politique dans lequel le pouvoir réel est détenu et transmis par l'administration, et donc les fonctionnaires.

3. b. Cette décision s'inscrit dans le sillage de la jurisprudence sur les entreprises privées de « conviction ». En l'espèce, il s'agissait d'une crèche associative relevant du secteur privé et non d'une entreprise publique. Dès lors, le principe de neutralité des agents publics ne pouvait s'appliquer.

4. a. La loi du 1er décembre 1905, critiquée à l'époque par le pape Pie X, brise unilatéralement les engagements français relatifs au concordat napoléonien de 1801, qui régissaient les rapports entre le gouvernement français et l'Église catholique. Cependant, le régime du concordat est toujours en vigueur en Alsace-Moselle pour des raisons historiques. En 2013, le Conseil constitutionnel a confirmé la validité constitutionnelle de cette exception lors de l'examen d'une question prioritaire de constitutionnalité (QPC).

CORRIGÉ DE L'EXERCICE

Phrase d'attaque	« La morale rôde autour du droit », disait P. Roubier, ce qui d'emblée laisse entrevoir l'existence d'un lien entre ces deux systèmes de valeurs normatives. Mais Chateaubriand écrivait aussi « La morale va au-devant de l'action, la loi l'attend », plaçant ainsi le droit et la morale dans des dimensions distinctes.
Annonce du sujet	Dès lors, s'interroger sur la règle de droit et la règle morale revient à rechercher quelle est la nature des rapports qu'elles entretiennent.
Définition des termes du sujet	En tant que règles normatives, la règle juridique et la règle morale ont chacune comme objectif de prescrire aux individus l'adoption de comportements particuliers. En effet, la première se définit comme une règle de conduite sociale sanctionnée par l'autorité étatique. La seconde, quant à elle, tend au perfectionnement de l'individu et se caractérise par sa subjectivité. Étroitement liée à la religion, elle dicte les comportements des individus, y compris en société et, ce faisant, contribue à l'encadrement de leurs rapports, tout comme le droit.
Problème juridique	Il convient alors de se demander si la règle de droit présente une nature autonome, indépendante de la règle morale. La norme juridique est-elle toujours imprégnée de considérations morales ?
Intérêts du sujet (deux intérêts seront ici retenus)	La question est intéressante à double titre. D'une part, la règle de droit doit être distinguée d'autres règles sociales qui ne présentent pas un caractère juridique, ce que Jean Carbonnier nommait « l'hypothèse du non-droit ». S'interroger sur les rapports entre la règle de droit et la règle morale contribue à mettre en lumière l'existence d'un « pluralisme normatif », trait caractéristique de notre système juridique.
Intérêts du sujet (deux intérêts seront ici retenus) ***(suite)***	D'autre part, si elle revient de manière lancinante depuis plusieurs siècles, en général lorsque les partisans d'une morale traditionnelle s'opposent à une réforme législative ambitieuse (instauration du divorce en 1884, légalisation de l'avortement en 1975, création du PACS en 1999, etc.), la question posée demeure d'actualité, comme en témoignent les vifs débats entourant le vote de la loi du 22 avril 2005 relative aux droits des malades et à la fin de vie, dite loi Léonetti, l'admission du mariage et de l'adoption homosexuels par la loi du 17 mai 2013, ou ceux, plus récents, liés à la révision de la troisième loi bioéthique du 7 juillet 2011 (2018-2019). À l'occasion de cette révision, le législateur devra aborder des sujets épineux : le maintien de la prohibition de la gestation pour autrui (GPA), l'ouverture de la procréation médicalement assistée (PMA) à toutes les femmes, la possibilité d'une PMA post mortem, la levée de l'anonymat des donneurs de sperme, l'assouplissement des recherches sur l'embryon, etc.

Droit comparé	Par ailleurs, il est important de souligner que la relation entre la règle de droit et la règle morale varie en fonction des civilisations et des époques, dans la mesure où elle est largement dépendante de conceptions philosophiques, politiques et religieuses. Dans les sociétés primitives et les théocraties, il existe une certaine confusion entre ces deux types de règles, la religion absorbant le droit tout entier (droit musulman, droit hindou). Au contraire, d'autres pays se sont efforcés de laïciser leurs institutions juridiques autrefois profondément marquées par les règles religieuses. Il en va ainsi de la Turquie qui, sous l'impulsion de Mustapha Kemal Atatürk, a adopté dans les années 1930 une législation laïque inspirée des codes fédéraux suisses.
Historique	Une telle distinction de la règle de droit et de la règle morale existait déjà sous Rome. Très tôt, les Romains séparèrent les règles inspirées par les dieux (*fas*) du droit humain (*jus*). En France, dès le XIIIe siècle, avant même la loi de séparation des Églises et de l'État du 9 décembre 1905, nombre d'auteurs s'interrogèrent sur le rapport entre la règle de droit et la règle morale. Car si ces deux normes présentent des caractères communs en ce qu'elles sont obligatoires, générales et abstraites, elles recèlent malgré tout des différences qui conduisent à se demander si elles peuvent être confondues. Deux grands courants ont alors marqué la réflexion suscitée par un tel sujet. Le premier, soutenu par C. Thomasius et E. Kant et s'appuyant sur la conception de la morale *stricto sensu*, sépare nettement droit et morale. Le second, apparu au début du XXe siècle notamment dans les travaux de Georges Ripert ou du doyen Louis Josserand, aboutit au contraire à identifier les deux concepts, la morale étant alors envisagée *lato sensu*. Il est vrai que les juristes ont du mal à décrire les rapports de la règle de droit et de la règle morale, en raison de l'ambiguïté du terme « morale ». D'une manière générale, la morale peut se définir comme l'art de diriger les comportements humains du point de vue de la conscience individuelle. Au sens plus étroit, elle s'entend de l'éthique transcendantale, immuable et universelle, sans souci de l'organisation sociale, révélation divine pour certains (St Thomas d'Aquin), ou principe d'équité, d'idéal de justice, de charité et de vertu. Ce principe
Historique ***(suite)***	supérieur de justice, imposé à l'homme et à la société, devient alors ce que l'on appelle le droit naturel (Aristote, H. Grotius, S. von Pufendorf). Dans un sens moins restrictif, on peut également l'envisager comme morale sociale, ou bonnes mœurs, en ce qu'elle détermine une action d'un individu dans sa relation au groupe social, pour son propre bien et pour le bien commun.
Idée générale et justification du plan	Dans un tel contexte, il faut se garder de toute approche manichéenne et opter pour une solution médiane susceptible de mieux embrasser la réalité. Car si la fusion entre la règle de droit et la règle morale ne paraît pas concevable, cela revenant à admettre l'inutilité des normes juridiques, on ne peut cependant pas rejeter de manière péremptoire la nécessité pour le droit de tendre vers la morale, pour le bien commun, de même qu'on ne peut lui enlever un rôle moralisateur, certes ténu, mais réel.
Annonce de plan	En conséquence, s'il convient d'affirmer l'impossible assimilation de la règle de droit à la règle morale (I), on peut admettre une indéniable interaction entre ces deux normes (II).

FICHE 5

Les branches du droit

NOTIONS CLÉS

- ✔ Droit interne
- ✔ Droit international
- ✔ Droit privé
- ✔ Droit public

I. La distinction traditionnelle

Le droit objectif, à savoir les règles juridiques régissant une société donnée, se divise en branches dont chacune se subdivise en rameaux. Dans un effort de systématisation, ces branches ont fait l'objet de plusieurs classifications doctrinales. Étudions tout d'abord la distinction fondamentale (*summa divisio*) entre le droit privé et le droit public.

A Distinction entre droit public et droit privé

Le droit privé régit les rapports des particuliers entre eux ou avec des groupements privés (sociétés, associations), tandis que le droit public concerne l'organisation de l'État et ses rapports avec les individus. Certaines disciplines relèvent du droit public, d'autres du droit privé. Ces différentes branches seront envisagées en fonction de la division droit national/droit international.

Le droit national

Le droit national régit les relations dans lesquelles n'intervient aucun élément étranger. On distingue le droit national public du droit national privé.

Le droit national public

Les branches fondamentales du droit national public sont le droit constitutionnel, le droit administratif, le droit des finances publiques et le droit fiscal.

Le **droit constitutionnel** rassemble les règles relatives à l'organisation de l'État, à la structure du gouvernement et des pouvoirs publics, ainsi qu'à la participation des citoyens à l'exercice de ces pouvoirs. Ces règles sont pour l'essentiel issues du bloc de constitutionnalité, avec au premier chef la Constitution française du 4 octobre 1958 qui fonde la Ve République.

Le **droit administratif**, d'origine jurisprudentielle, réunit les règles d'organisation et de fonctionnement des administrations publiques ainsi que les règles régissant leurs rapports avec les usagers.

Le **droit des finances publiques** se présente comme l'ensemble des règles concernant le budget de l'État, des collectivités territoriales et des autres personnes morales de droit public, ainsi que les règles qui s'appliquent à la comptabilité publique.

Le **droit fiscal** concerne les différents impôts qui alimentent les ressources de l'État et des collectivités locales ainsi que les rapports entre l'administration fiscale et les contribuables.

Le droit national privé

La branche fondamentale du droit privé français est le droit civil. S'y ajoutent deux autres disciplines très importantes : d'une part, le droit commercial et des affaires et, d'autre part, le droit du travail. Mais il faut bien savoir qu'avec les années, de très nombreuses matières se sont développées, marquant ainsi la spécialisation croissante de notre droit : droit des assurances, droit de la consommation, droit bancaire, droit de la propriété intellectuelle, etc.

> ***Définition***
>
> Le **droit civil** est la branche du droit privé qui régit les rapports des particuliers entre eux au plan individuel, familial et pécuniaire.

Le droit civil s'applique à **tous les citoyens** quels qu'ils soient : le droit des personnes et de la famille, le droit des contrats, de la responsabilité civile, des biens et des sûretés. L'essentiel des règles est contenu dans le Code civil de 1804. Les autres branches du droit privé sont d'application plus étroite, car elles régissent certains citoyens ou certaines activités professionnelles.

À RETENIR

Le Code civil a été promulgué sous le Consulat, le 21 mars 1804 (30 ventôse an XII). Il est né sous l'impulsion du premier consul Bonaparte qui chargea son général Cambacérès, devenu ministre de la Justice puis second consul, d'élaborer un projet en ce sens. Trois projets furent présentés entre 1793 et 1796 mais ne purent aboutir faute de consensus. En 1800, Bonaparte désigna alors une commission composée de quatre juristes illustres pour rédiger le projet de « Code civil des Français », sous la direction de Cambacérès. Ces juristes représentaient les deux grandes traditions de l'Ancien droit : Portalis (Provence) et Maleville (Bordeaux) sont des juristes représentant les pays du Midi, de droit écrit car d'inspiration romaine ; Tronchet (Paris) et Bigot de Préameneu (Rennes) sont, quant à eux, des juristes représentant les pays du Nord, de droit coutumier et oral car d'inspiration germanique.

Le Code civil avait donc pour but d'unifier les règles de droit civil sur le territoire français. Il n'est donc pas étonnant que Jean Carbonnier l'ait qualifié de « Constitution civile de la France ».

Le **droit commercial et des affaires** est la branche la plus importante du droit privé avec le droit civil. Parfois qualifié de « droit de l'entreprise », il rassemble deux séries de règles normalement contenues dans le Code du commerce, dont l'origine remonte à 1807. Les premières sont applicables soit aux actes de commerce, c'est-à-dire aux opérations commerciales, soit aux personnes qui les effectuent : les commerçants. Il s'agit du droit commercial. Les secondes concernent les sociétés, lesquelles sont soumises à des dispositions communes et spéciales.

EXEMPLE

Relèvent du droit commercial les règles relatives à la vente du fonds de commerce ou aux obligations statutaires du commerçant, comme l'inscription au RCS (registre du commerce et des sociétés).

Le droit des affaires régit les différentes formes de sociétés (SA, SARL, SAS, EIRL, EURL, etc.) et peut inclure certaines disciplines comme le droit des procédures collectives (redressement et liquidation judiciaires), le droit de la concurrence, le droit des instruments de paiement et de crédit, etc.

Le **droit du travail** réunit les règles relatives au travail reposant sur un lien de subordination. Ces règles gouvernent les rapports individuels ou collectifs entre les employeurs et leurs salariés (contrat de travail, conventions collectives, droit de grève, syndicats, etc.). Elles constituent un sous-ensemble d'une discipline plus large, le droit social, qui englobe aussi le droit de la sécurité sociale, qui régit les rapports entre les citoyens et les institutions en charge de la protection sociale (CPAM, par exemple). Ce droit social est également rattaché au droit privé.

Le droit international

Le droit national régit les relations dans lesquelles intervient un élément étranger. On distingue le droit international privé du droit international public.

Le droit international privé

Il s'agit de l'ensemble des règles relatives aux particuliers au plan international. La conception française du droit international privé (DIP) englobe quatre questions : la **nationalité** (ensemble des règles qui déterminent les sujets d'un État : ainsi, les conditions exigées pour être Français), la **condition des étrangers** (statut juridique : entrée, séjour, activité professionnelle, droits et obligations), les **conflits de lois** (loi applicable à une situation juridique qui intéresse plusieurs États, par exemple le mariage en France d'un Australien et d'une Française) et les **conflits de juridictions** (tribunal compétent pour statuer sur un litige présentant des attaches avec plusieurs pays, effet d'un jugement étranger dans notre pays, etc.).

Le droit international public

Il s'agit de l'ensemble des règles applicables dans les **rapports entre États**. On a d'ailleurs pu se demander s'il s'agissait d'un droit véritable. Le caractère de la règle de droit est d'être sanctionné par la contrainte étatique. Or, dans l'état actuel des relations internationales, il n'existe pas vraiment de force pouvant efficacement contraindre les États, au moins les plus puissants, à respecter les règles du droit international public.

B Une distinction remise en cause par l'existence de droits mixtes

La distinction droit public/droit privé n'est certes pas sans intérêt. D'abord, au plan procédural, elle explique la dispersion du contentieux et l'organisation des ordres de juridiction. Ainsi, la compétence des litiges où l'Administration est en cause appartient aux juridictions de l'ordre administratif (tribunal administratif, cour administrative d'appel, Conseil d'État). Quant au fond du droit, les particularités sont également sensibles : possibilité pour l'Administration de prendre des décisions unilatérales s'imposant aux administrés, régime particulier du domaine de l'État, responsabilité particulière de la puissance publique.

Il n'empêche que la distinction traditionnelle droit public/droit privé présente un caractère plutôt **artificiel**. En effet, il y a des branches du droit bien difficiles à classer au sein de cette distinction, car elles sont en réalité **mixtes** : peut-on estimer que le droit du travail est du pur droit privé ? Même chose pour le droit de la sécurité sociale, qui gouverne les rapports entre les assurés et les organismes chargés de distribuer les prestations sociales.

Le **droit pénal** est aussi une illustration typique du droit mixte : il s'apparente au droit public, car il s'établit un rapport entre l'auteur de l'infraction, le délinquant, et la société tout entière, qui a été lésée par l'infraction et qui est représentée au procès, dont l'objet est la poursuite et la condamnation du délinquant par le ministère public, lequel est un agent de l'État. Mais le droit pénal subit l'influence du droit privé, car la majorité des infractions, tout en lésant la société, lèsent un intérêt particulier, celui de la victime et/ou de ses proches.

De la même façon, le droit judiciaire privé (ou **procédure civile**) présente un caractère mixte, dans la mesure où même s'il s'agit de règles de procédure permettant de faire sanctionner en justice la méconnaissance de règles de fond de droit privé (méconnaissance d'une règle de droit civil, par exemple), elles impliquent l'intervention du service public de la justice. Les procédures pénale et administrative sont également appréhendées comme des droits mixtes.

Enfin, le **droit de l'Union européenne**, qui rassemble les traités fondateurs de l'UE et le droit dérivé (actes pris par les institutions européennes), est un droit mixte. Il est à la fois un droit privé, car il régit des relations privées entre ressortissants de l'Union européenne, et un droit public, car il régit le fonctionnement des institutions de l'Union européenne.

II. Les distinctions secondaires

Parmi les distinctions proposées par la doctrine, deux retiennent notre attention : l'opposition droit commun/droit spécial et l'opposition droit substantiel/droit sanctionnateur.

A Droit commun et droit spécial

Le droit commun recouvre les corps de règles générales par opposition aux règles spéciales. Or, en vertu de l'adage *Speciala generalibus derogant,* **les lois spéciales (droit d'exception) dérogent aux lois générales (droit commun)** et s'appliquent donc prioritairement.

Ainsi, il existe dans le Code civil le droit commun de la vente, du bail, de la société. Mais à l'intérieur même de chacun de ces contrats, des régimes spéciaux sont apparus, par exemple en fonction de la nature du bien, de l'objet du contrat ou de la personne du contractant. En conséquence, le droit commun du contrat de bail est en définitive réduit à peu de chose du fait des législations spéciales relatives aux baux d'habitation, aux baux commerciaux et aux baux ruraux.

EXEMPLE

Un automobiliste brûle un feu rouge par inattention et endommage le véhicule arrivant sur sa droite. Selon l'article 1241 du Code civil, siège du droit commun de la responsabilité quasi délictuelle, il doit réparer sa faute et réparer le dommage de la victime, car le texte indique que « chacun est responsable du dommage qu'il a causé non seulement par son fait, mais aussi par sa négligence ou par son imprudence ». Toutefois, le législateur soumet les accidents de la circulation à un régime particulier, un corps de règles spéciales : la loi du 5 juillet 1985. Toute action en indemnisation doit donc être fondée sur ces dispositions spéciales, qui sont considérées comme plus favorables aux victimes.

Il est à noter que le droit civil joue un rôle de droit commun dans l'ordre du droit privé. Cela signifie que lorsque, dans un domaine relevant normalement d'un droit spécialisé, naît un problème juridique et qu'il n'y a pas dans ce droit spécialisé de règle particulière permettant d'en trouver la solution, c'est vers le droit civil qu'il faudra se tourner pour résoudre ce problème. En effet, le droit civil recèle un véritable droit privé fondamental, des concepts et des notions juridiques essentiels, et certains auteurs y voient un fond de théorie générale.

B Droit substantiel et droit sanctionnateur

Cette division secondaire repose sur un critère finaliste. Certains droits sont dits substantiels (ou matériels) parce qu'ils se définissent par leur substance, la matière sur laquelle ils portent, sans référence à un autre droit. Tel est le cas du droit civil, du droit commercial, du droit du travail, etc. Au contraire, les droits sanctionnateurs (ou non substantiels) ont pour fonction de régler la sanction, la mise en œuvre, des droits substantiels. Ils sont établis au service de ces derniers.

Ainsi, la procédure civile (ou droit judiciaire privé) régit le déroulement du procès civil, de son déclenchement (action en justice) jusqu'à son dénouement (voies de recours). Elle est destinée à assurer la sanction judiciaire des droits privés, et c'est la raison pour laquelle la doctrine la qualifie volontiers de « servante du droit civil ».

De même, le droit international privé règle l'application dans l'espace du droit privé (droit civil, droit commercial) ; il a principalement pour objet de régler les conflits de lois et de juridictions en présence d'un élément d'extranéité (par exemple, un couple de Belges résidant en France doit-il divorcer en vertu de la loi française ou de la loi belge ?)

De son côté, le droit pénal est souvent appréhendé comme un droit sanctionnateur, car il réprime les atteintes à des intérêts primordiaux reconnus par les droits substantiels (vie, patrimoine, etc.).

ENTRAÎNEMENT

QCM

Choisissez, parmi les propositions suivantes, la ou les bonne(s) réponse(s).

1. Quelle branche du droit rassemble les règles relatives aux rapports entre États ?
- **a.** Le droit constitutionnel.
- **b.** Le droit international public.
- **c.** Le droit administratif.

2. Le Code civil a été promulgué en :
- **a.** 1804.
- **b.** 1807.
- **c.** 1904.

3. Quel célèbre juriste a qualifié le Code civil de « constitution civile de la France » ?
- **a.** Gérard Cornu.
- **b.** Robert Badinter.
- **c.** Jean Carbonnier.

4. Le droit pénal est :
- **a.** une branche du droit privé.
- **b.** une branche du droit public.
- **c.** un droit mixte.

5. Parmi ces disciplines, laquelle est considérée comme un droit sanctionnateur ?
- **a.** Le droit du travail.
- **b.** La procédure civile.
- **c.** Le droit civil.

EXERCICE

Pour chaque situation, déterminez la ou les branche(s) du droit concernée(s).

a. Jean a été hospitalisé à la suite d'un accident du travail, mais l'Assurance maladie ne lui a pas remboursé une partie de ses dépenses de santé.

b. Manuel est garagiste et il a un contentieux avec son fournisseur de pièces détachées.

c. Caissière de supermarché, Patricia a été licenciée par son employeur à la suite d'un vol dans la caisse.

d. Marc et Nathalie sont français et mariés depuis quinze ans, mais ils souhaitent désormais divorcer.

e. Aline et Patrick se sont mariés en Espagne puis installés en France où ils souhaitent divorcer.

f. Paul a brisé la vitre de son voisin en jouant au baseball dans son jardin.

g. Laurent a été placé en garde à vue après avoir agressé un voisin.

h. Le président de la République dissout l'Assemblée nationale pour avoir une majorité parlementaire plus forte.

i. Un État accepte ou refuse de reconnaître l'existence d'un État palestinien.

j. Bertrand conteste le montant de son impôt sur le revenu.

CORRIGÉS DES QCM

1. b. Le droit constitutionnel rassemble les règles relatives à l'organisation des pouvoirs publics d'un État. Le droit administratif, quant à lui, régit les rapports entre l'Administration (ou l'État) et les particuliers.

2. a. Le Code civil a été promulgué sous le Consulat, le 21 mars 1804 (30 ventôse an XII).

3. c. Jean Carbonnier est un éminent juriste du XXe siècle. Professeur de droit à Poitiers puis à Panthéon-Assas (Paris), il a apporté d'importantes contributions au droit civil et à la sociologie juridique : *Flexible droit* (1969), *Sociologie juridique* (1972). À l'origine de plusieurs grandes réformes en droit civil au cours du siècle passé, notamment celle du divorce en 1975, il sera qualifié par la suite de « jurislateur ».

4. c. Le droit pénal est rangé parmi les droits mixtes, car il protège à la fois l'intérêt général et des intérêts privés.

5. b. La procédure civile est un droit sanctionnateur, car elle permet d'assurer la protection judiciaire des droits privés reconnus aux individus.

CORRIGÉ DE L'EXERCICE

a. Droit de la sécurité sociale (droit substantiel) et procédure civile (droit sanctionnateur).

b. Droit commercial (droit substantiel) et procédure civile (droit sanctionnateur).

c. Droit du travail (licenciement), droit pénal (vol), procédure prud'homale (procédure de licenciement), procédure pénale (poursuites pour vol).

d. Droit civil (plus particulièrement droit de la famille) et procédure civile.

e. Droit international privé.

f. Droit civil (plus particulièrement droit de la responsabilité civile) et procédure civile en cas de procès.

g. Droit pénal (droit substantiel) et procédure pénale (droit sanctionnateur).

h. Droit constitutionnel.

i. Droit international public (relations entre États).

j. Droit fiscal.

FICHE 6

La hiérarchie des normes

NOTIONS CLÉS

- ✔ **Conflit de normes**
- ✔ **Contrôle de constitutionnalité**
- ✔ **Contrôle de conventionnalité**
- ✔ **Contrôle de légalité**

I. L'ordre de hiérarchie entre les normes

A Les normes supralégislatives

Pour éviter qu'elles se contredisent, les différentes règles de droit sont organisées sous la forme d'une hiérarchie que le juriste autrichien **Hans Kelsen** (1881-1973) présente sous la forme d'une **pyramide** (voir plus loin figure 6.1). Selon cette hiérarchie des normes, tout texte juridique tire sa validité de sa conformité à un texte supérieur. Le principe est donc qu'**une norme de catégorie inférieure est toujours subordonnée aux normes de la catégorie supérieure** et ne peut alors y déroger. La méconnaissance de ce principe constitue une faute de l'auteur du texte illégal, susceptible d'engager la responsabilité de la collectivité publique en cause devant les juridictions nationales et supranationales.

EXEMPLE

Un arrêté municipal doit être conforme à la Constitution, car le premier est situé à la base de la pyramide alors que la seconde en constitue le sommet.

Selon la hiérarchie des normes, **la Constitution est la norme suprême**. Cela s'explique par son mode d'élaboration (référendum populaire ou réunion du Parlement en Congrès) et son objet (organisation des pouvoirs publics).

Définition

La **Constitution** peut se définir comme « un ensemble de règles suprêmes fondant l'autorité étatique, organisant ses institutions, lui donnant ses pouvoirs, et souvent aussi lui imposant des limitations, en particulier en garantissant des libertés aux sujets ou citoyens » (vocabulaire Capitant ; voir l'introduction). Actuellement, c'est la Constitution du 4 octobre 1958 qui est en vigueur et fonde notre régime politique : la Ve République.

Mais, en réalité, il existe une multitude de normes constitutionnelles qui prévalent sur toutes les autres, y compris les engagements internationaux. Cet ensemble est appelé **bloc de constitutionnalité** et, depuis une célèbre décision du 16 juillet 1971 relative à la liberté d'association, le Conseil constitutionnel y a étendu son contrôle, de sorte qu'une loi est appréciée au regard des règles supérieures suivantes :

- la Constitution du 4 octobre 1958 et son préambule ;
- le préambule de la Constitution de 1946 ;
- la Déclaration des droits de l'homme et du citoyen de 1789 ;
- la charte de l'environnement ;
- les principes fondamentaux reconnus par les lois de la République ;
- les principes et objectifs de valeur constitutionnelle.

Au-dessous de ces normes constitutionnelles se trouvent les **normes internationales**, à savoir celles qui sont issues des traités et conventions internationaux (exemple : la Convention européenne des droits de l'homme). Au sein de cet ensemble, il existe un sous-ensemble constitué des normes européennes, soumises à un contrôle assez complexe.

Définition

On opposait traditionnellement le **droit européen**, fondé sur la Convention européenne des droits de l'homme, dont le respect est assuré par la CEDH basée à Strasbourg, au **droit communautaire**, fondé sur les traités constitutifs de l'Union européenne et le droit dérivé (règlements, directives, décisions), dont le respect est assuré par la CJUE, basée au Luxembourg. L'UE ayant remplacé la CEE en 1993, à la suite de l'entrée en vigueur du traité de Maastricht, l'expression « droit communautaire » a été remplacée par celle de « droit de l'Union européenne », mais la distinction précitée existe toujours, car nous avons affaire à deux systèmes juridiques parallèles : le droit de la CEDH d'un côté et le droit de l'UE de l'autre.

Il existe un débat non résolu sur la place des normes internationales dans la hiérarchie des normes. Si, depuis l'arrêt *Costa c. Enel* de 1964, la CJUE (ex-CJCE) proclame la primauté du droit européen sur toute norme interne, y compris la Constitution, les juridictions françaises considèrent que cette primauté ne vaut que dans l'ordre juridique européen et non dans l'ordre national. Elles soutiennent que la Constitution est au sommet de la hiérarchie des normes et qu'une norme européenne ne peut prévaloir face à un principe inhérent à l'identité constitutionnelle de la France, à moins que le constituant lui-même n'en décide autrement. Il y a donc une opposition entre une théorie moniste (fusion des ordres français et européen) et une théorie dualiste (juxtaposition des deux ordres juridiques).

B Les normes législatives et infralégislatives

Au-dessous des normes constitutionnelles et internationales, on retrouve les lois et les règlements nationaux.

Les lois

Le système juridique français est caractérisé par un certain légicentrisme, un culte voué à la loi, qui est considérée comme la voix du peuple (*vox populi, vox dei* : la voix du peuple est la voix de Dieu).

> ***Définition***
>
> La **loi** est un terme polysémique. Au sens matériel (ou large), la loi désigne toute règle de droit qui présente un caractère général, impersonnel et obligatoire, et émane d'une autorité publique compétente. En ce sens, le terme englobe la loi *stricto sensu* ainsi que d'autres normes, par exemple les règlements. Au sens formel (ou strict), la loi est le texte voté par le Parlement (Assemblée nationale et Sénat).

Il existe plusieurs sortes de lois qui n'ont pas la même place dans la hiérarchie des normes. Cette hétérogénéité s'explique par leur objet et leur procédure d'élaboration. On distingue :

– les **lois constitutionnelles**, qui mettent en place ou modifient la Constitution. Elles peuvent émaner d'un référendum ou du Parlement réuni en Congrès. Ayant valeur constitutionnelle, ces lois se situent au sommet de la pyramide des normes ;

– les **lois organiques**, qui ont pour objet de fixer les modalités d'organisation et de fonctionnement des pouvoirs publics. Jusqu'en 2016, on ne savait pas très bien où les ranger : en dessous ou au-dessus des normes internationales ? Cette question a été résolue par le Conseil d'État. Par la décision Blanc et autres du 6 avril 2016, il a reconnu que le juge administratif pouvait exercer un contrôle de la conventionnalité des dispositions d'une loi organique, sauf si ces dernières se bornent à tirer les conséquences nécessaires de dispositions constitutionnelles ; le principe est donc qu'une norme internationale prime sur une loi organique, laquelle prime à son tour sur une loi ordinaire ;

- les **lois ordinaires** sont celles qui sont prises dans le domaine de l'article 34 de la Constitution (exemples : loi de finances, loi relative à la nationalité, à l'état et à la capacité des personnes, régimes matrimoniaux, successions et libéralités, etc.). La loi peut être à l'initiative du gouvernement (***projet de loi***) ou des parlementaires (***proposition de loi***). Les textes de loi sont codifiés, c'est-à-dire réunis sous forme de codes (exemples : le Code civil ou le Code pénal) ;
- les **lois référendaires** sont adoptées par référendum et interviennent en toutes matières. Elles ont donc une autorité « à géométrie variable », dépendante de leur objet (exemple : si une loi révise la Constitution, elle a valeur constitutionnelle). Pour autant, en raison de leur origine, elles échappent au contrôle de constitutionnalité des lois.

Les principes généraux du droit

Développés par le Conseil d'État dès la fin de la Seconde Guerre mondiale (CE, 26 octobre 1945, *Aramu* : respect des droits de la défense), les principes généraux du droit (PGD) sont des **règles non écrites de portée générale, dégagées par la jurisprudence**, qui s'appliquent même en l'absence de texte et dont la violation est considérée comme une violation de la règle de droit.

EXEMPLE

Interdiction de licencier une salariée en état de grossesse : CE, 8 juin 1973, *Dame Peynet.*

Principe de continuité du service public : CE, 7 juillet 1950, *Dehaene.*

Principe de non-rétroactivité des actes administratifs : CE, 25 juin 1948, *Société du journal l'Aurore.*

La doctrine est divisée sur la place des PGD au sein de la hiérarchie des normes. Certains auteurs estiment qu'ils ont une valeur législative ; d'autres, au contraire, considèrent qu'ils ont la valeur du texte dont ils sont déduits. En vérité, la doctrine majoritaire adopte la thèse du publiciste René Chapus qui situe les PGD à un niveau intermédiaire entre la loi et le règlement, à un **niveau « infralégislatif et supradécrétal »**. Cette thèse s'appuie sur la source de ces principes : le juge administratif peut annuler les règlements administratifs mais ne peut annuler les lois.

Les règlements

Au-dessous des lois figurent les normes réglementaires, qui sont **édictées par le pouvoir exécutif et les autorités administratives**, étant précisé que le pouvoir réglementaire appartient en principe au Premier ministre (art. 21 de la Constitution). Leur domaine est fixé par l'article 37 de la Constitution : « Les matières autres que celles qui sont du domaine de la loi ont un caractère réglementaire. » Il existe une hiérarchie au sein des normes réglementaires qui découle de la position institutionnelle de leur auteur.

Au premier chef, il faut citer les **ordonnances**, qui ont un statut particulier, car elles autorisent le pouvoir exécutif à prendre des mesures dans un domaine relevant de la compétence du Parlement.

EXEMPLE

Les ordonnances de l'article 38 de la Constitution permettent la délégation temporaire de compétence du Parlement au Gouvernement, en attente de ratification finale par une loi d'habilitation.

Dans le cadre de cet article, le Gouvernement peut, pour l'exécution de son programme, demander au Parlement l'autorisation de prendre par ordonnances, pendant un délai limité, des mesures qui sont normalement du domaine de la loi. Ces ordonnances doivent ensuite être ratifiées par une loi pour ne pas être caduques.

Ainsi, par la loi n° 2015-177 du 16 février 2015, le législateur a autorisé le Gouvernement à réformer le droit des contrats. L'ordonnance n° 2016-131 du 10 février 2016 qui en a résulté a ensuite été ratifiée par la loi n° 2018-287 du 20 avril 2018.

Les ordonnances de l'article 16 accordent les pleins pouvoirs au président de la République en cas de circonstances exceptionnelles, comme en 1961, à la suite du putsch des généraux en Algérie.

Puis viennent toutes les mesures intervenant dans le domaine défini par l'article 37 de la Constitution, dans un ordre décroissant d'importance : les **décrets** en Conseil d'État (pris après son avis), les décrets en Conseil des ministres (signés par le président et contresignés par tous les ministres), les décrets simples (signés par le Premier ministre et les ministres concernés), les **arrêtés** ministériels ou interministériels, les arrêtés préfectoraux et les arrêtés municipaux. Un arrêté est donc hiérarchiquement subordonné à un décret.

Définition

Au sein des **décrets**, on distingue les décrets (ou règlements) autonomes des décrets d'application. Les premiers sont des textes pris à la seule initiative du pouvoir exécutif, alors que les seconds sont pris pour l'exécution d'une loi, pour préciser ses conditions de mise en œuvre.

De plus, les ministères produisent des **circulaires**, des instructions ministérielles, des réponses aux questions des parlementaires. Mais, en principe, ces productions n'ont pas de valeur juridique, car le juge n'est jamais lié par une interprétation administrative.

Figure 6.1. La pyramide des normes

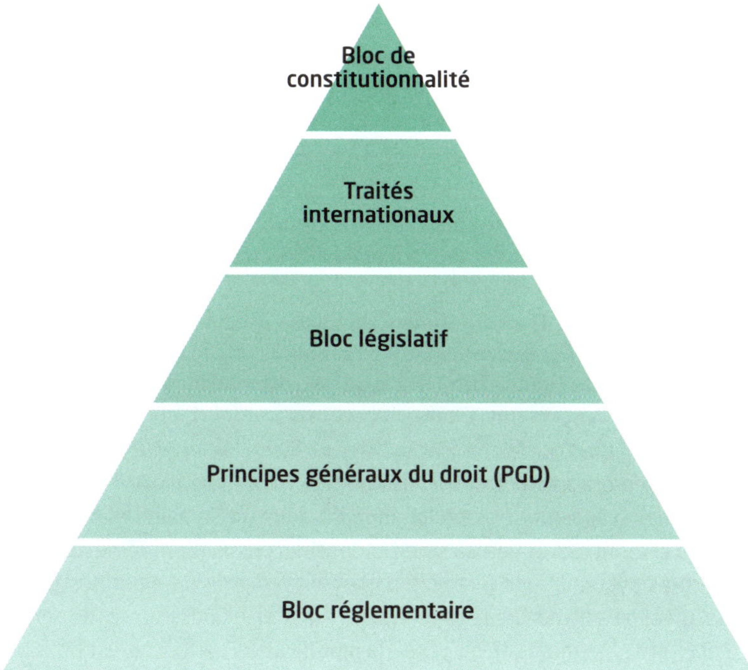

II. Le respect de la hiérarchie des normes

A La prévention du conflit de normes

Pour éviter le risque de contradiction des normes, une **répartition des compétences** est organisée en amont **entre la loi** (art. 34 de la Constitution) **et le règlement** (art. 37).

Cette répartition est une innovation de la Ve République, car auparavant, la loi n'avait pas de domaine limité. Elle n'était même pas soumise à un contrôle de constitutionnalité. Soucieux de corriger les errements du régime précédent, les constituants de 1958 ont voulu mettre un terme à l'universalisme de la loi, qui avait vocation à régir toutes les matières, afin de restaurer le pouvoir exécutif.

Veillant à la séparation des pouvoirs, le **Conseil constitutionnel** est principalement en charge de la répartition des compétences. C'est d'ailleurs sa mission première, avant même que le contrôle de constitutionnalité des lois acquière ses lettres de noblesse.

Deux dispositifs permettent d'assurer le respect des champs de compétence entre la loi et le règlement : **l'irrecevabilité** (article 41 de la Constitution) et **la délégalisation** (article 37, al. 2 de la Constitution).

La première procédure permet au Gouvernement ainsi que, depuis la révision constitutionnelle du 23 juillet 2008, au président de l'Assemblée nationale ou du Sénat, de déclarer irrecevables, pendant le déroulement de la procédure législative, les propositions de loi et les amendements qui ne relèvent pas du domaine de la loi. En cas de désaccord entre le Gouvernement et le président de l'assemblée saisie, le Conseil constitutionnel se prononce dans les huit jours.

EXEMPLE

M. Jean-Louis Debré, président de l'Assemblée nationale, a déclaré irrecevables, en janvier 2005, puis de nouveau au mois d'avril de la même année, à la demande du Gouvernement, au titre de l'article 41, des amendements au projet de loi relatifs aux activités postales (14 587 en première lecture et 101 en deuxième lecture).

La seconde procédure peut être mise en œuvre pour permettre au Gouvernement de modifier les dispositions d'une loi adoptée dans un domaine relevant du règlement. Bien qu'elle nécessite une saisine du Conseil constitutionnel, cette procédure évite un recours systématique à la voie parlementaire pour modifier des textes de forme législative mais de nature réglementaire. Ainsi, si le Conseil constitutionnel reconnaît le caractère réglementaire du texte, la modification par décret est possible.

B Le règlement du conflit de normes

Pour que la hiérarchie des normes soit bien respectée, il existe différents mécanismes de contrôle destinés à la rendre effective.

Le contrôle de conventionnalité des lois

Le contrôle de la conformité d'une loi française à un traité international **échoit aux juges ordinaires**, à savoir les juges administratifs (CE, 20 octobre 1989, *Nicolo*) et judiciaires (Cass. ch. mix., 24 mai 1975, *Société des cafés J. Vabre*) qui, par application de l'article 55 de la Constitution, veillent à la prééminence du droit international.

Texte de loi

Article 55 de la Constitution : « Les traités ou accords régulièrement ratifiés ou approuvés ont, dès leur publication, une autorité supérieure à celle des lois, sous réserve, pour chaque accord ou traité, de son application par l'autre partie. »

Cet article pose donc trois conditions pour qu'un traité prévale sur une loi française : ratification (par le président de la République), publication et réciprocité.

En particulier, les juges ordinaires reconnaissent la **primauté des règlements européens** (CE, 24 septembre 1990, *Boisdet*) et des **directives** (CE, 28 février 1992, *Rothmans et Philip Morris France*, deux arrêts).

En revanche, le Conseil constitutionnel s'estime incompétent dans ce cas (décision *IVG* du 15 janvier 1975), puisqu'il est chargé du contrôle de constitutionnalité des lois. Cependant, lorsqu'une loi qui a pour objet de transposer une directive lui est déférée avant sa promulgation, il se reconnaît le pouvoir, par application de l'article 88-1 de la Constitution, de vérifier qu'elle n'est pas manifestement incompatible avec cette directive, car les Sages estiment alors que la transposition d'une directive communautaire constitue, sous certaines réserves, une obligation non seulement communautaire, mais constitutionnelle (CC, n° 2006-543 DC du 30 novembre 2006). Lorsque la loi n'a pas pour objet de transposer une directive, le Conseil constitutionnel ne contrôle pas du tout sa conformité au droit de l'Union européenne.

Enfin, on notera que contrairement au contrôle de constitutionnalité des lois, le contrôle de conventionnalité n'entraîne pas *ipso facto* la disparition de la loi inconventionnelle : celle-ci n'est pas automatiquement supprimée de l'ordre juridique. Toutefois, depuis l'arrêt *Gardedieu* du Conseil d'État en date du 8 février 2007, la responsabilité de l'État du fait des lois pourra être engagée par un justiciable qui subit un préjudice.

Les contrôles de constitutionnalité

Il s'agit ici de contrôler la conformité d'un texte à la Constitution française, et plus largement au bloc de constitutionnalité. Plusieurs aspects sont à envisager.

Le **contrôle de constitutionnalité d'un règlement français** (décret ministériel, par exemple) relève du juge administratif en ce qu'il est juge de la légalité administrative (CE, 6 février 1936, *Arrighi*).

ATTENTION

La théorie de la « loi-écran » empêche le juge administratif d'exercer son contrôle lorsqu'il existe une loi intercalée entre la Constitution et le règlement attaqué, loi dont les dispositions traitent de la même matière. En effet, dans ce cas, les juges ne peuvent que contrôler la conformité du règlement à la loi qui fait alors « écran ». Ainsi, peu importe que le règlement soit non conforme à la Constitution s'il est conforme à la loi-écran. Cette particularité s'explique par le souci de ne pas permettre de manière indirecte un contrôle de la constitutionnalité des lois par les juges.

Le **contrôle de constitutionnalité des lois**, c'est-à-dire le contrôle de la conformité de la loi à la Constitution, relève du Conseil constitutionnel.

Définition

Institué en 1958, le **Conseil constitutionnel** est un organe chargé principalement d'assurer le respect de la Constitution. Considéré aujourd'hui comme une véritable cour constitutionnelle, il n'est pas pour autant une juridiction hiérarchiquement supérieure à la Cour de cassation et au Conseil d'État, car il ne contrôle pas leur application du droit.

Le Conseil comprend neuf membres nommés dont le mandat non renouvelable est de neuf ans. Parmi eux, trois sont désignés par le président de la République, trois par le président de l'Assemblée nationale et trois par le président du Sénat ; le président du Conseil est nommé par le président de la République et a voix prépondérante en cas de partage. Depuis mars 2016, il s'agit de Laurent Fabius. À cela s'ajoutent les anciens présidents de la République, qui sont membres de droit à vie (actuellement, seul Valéry Giscard d'Estaing siège), même si le projet de loi constitutionnelle pour une démocratie plus représentative, responsable et efficace (mai 2018), dont l'examen au Parlement a été reporté suite à l'affaire Benalla, prévoit de supprimer cette règle inscrite dans la Constitution.

Ce contrôle peut s'exercer *a priori* (avant la promulgation de la loi) ou *a posteriori* (après sa promulgation).

- Le **contrôle *a priori*** a été mis en place par la Constitution du 4 octobre 1958. Ainsi, le Conseil constitutionnel peut être saisi de façon préventive pour juger de la conformité d'une loi à la Constitution. La saisine peut être faite après le vote de la loi et avant sa promulgation - soit dans un délai de *15 jours* - par le président de la République, le Premier ministre ou le président de chacune des assemblées, mais également, depuis la réforme de 1974, par 60 députés ou 60 sénateurs. Elle ne peut être faite par toute autre personne. Si une disposition de la loi est déclarée inconstitutionnelle, elle ne peut être ni promulguée ni mise en application (art. 62 de la Constitution).

Ce type de contrôle est donc facultatif, exception faite des règlements des assemblées, des lois organiques et, depuis la révision constitutionnelle de juillet 2008, des propositions de loi prévues à l'article 11 (droit d'initiative citoyenne) avant qu'elles ne soient soumises à référendum : la saisine du Conseil est alors obligatoire. De fait, une loi pourrait très bien échapper au contrôle des Sages en l'absence de saisine ou en cas de saisine tardive. C'est la raison pour laquelle un contrôle *a posteriori* a été mis en place : la question prioritaire de constitutionnalité (QPC).

- Le **contrôle *a posteriori*** (ou QPC), innovation de la réforme constitutionnelle du 23 juillet 2008, confère le droit à toute personne qui est partie à un procès ou une instance de soutenir qu'une disposition législative porte atteinte aux droits et libertés que la Constitution garantit (art. 61-1 de la Constitution). Il s'agit donc de critiquer la conformité d'une loi à la Constitution à l'occasion d'un procès portant sur l'application de cette loi. La juridiction judiciaire ou administrative saisie de la demande procède sans délai à un premier examen et vérifie trois critères : si la disposition législative critiquée est bien applicable au litige qu'elle doit trancher, si cette disposition n'a pas déjà été déclarée conforme à la Constitution par le Conseil constitutionnel et si la question présente un caractère sérieux. Si la QPC est recevable, la juridiction saisie la transmet à la juridiction suprême de son ordre (Cour de cassation si c'est une juridiction judiciaire, ou Conseil d'État si c'est une juridiction administrative), laquelle a alors *trois mois* pour examiner la QPC et décider de saisir ou non le Conseil constitutionnel (rôle de filtre). S'il est saisi, le Conseil a lui aussi *trois mois* pour se prononcer. Il peut déclarer la disposition conforme - le procès reprend alors devant la juridiction saisie en premier lieu - ou contraire à la Constitution - la disposition concernée est alors abrogée à compter de la publication de la décision du Conseil constitutionnel ou d'une date ultérieure fixée par cette décision, et dans les éventuelles conditions et limites qu'il fixe (art. 62 de la Constitution).

ATTENTION

Il a été jugé que l'interprétation nouvelle par le Conseil d'État ou la Cour de cassation d'une disposition législative déjà soumise au contrôle du Conseil constitutionnel est susceptible de constituer une « circonstance nouvelle » rendant recevable une QPC (CE, 20 décembre 2018, req. n° 418637).

Le **contrôle de constitutionnalité des traités** est plus délicat. L'article 54 de la Constitution permet au président de la République, au Premier ministre, au président de chacune des assemblées ou à 60 parlementaires de saisir le Conseil constitutionnel avant la ratification d'un traité, pour vérifier si ses clauses sont conformes à la Constitution. À défaut, l'autorisation de ratification ne peut être donnée qu'après la révision de la Constitution, preuve que la Constitution prévaut sur le traité international. Mais ce contrôle *a priori* n'est pas systématique. Dès lors, il existe un risque de contrariété entre une norme constitutionnelle et le traité régulièrement ratifié. Dans ce cas, la doctrine est partagée sur la compétence juridictionnelle, mais la Cour de cassation (Cass. ass. plén., 2 juin 2000, *Mlle Fraisse*) et le Conseil d'État (CE, 30 oct. 1998, *M. Sarran, M. Levacher et autres*) ont admis la supériorité de la norme suprême sur le texte international. Le Conseil constitutionnel a suivi cette jurisprudence dans sa décision 2004-505 DC du 19 novembre 2004, traité établissant une constitution pour l'Europe.

Les contrôles de légalité des règlements

Deux procédures peuvent être utilisées pour dénoncer un règlement contraire à norme supérieure : le recours pour excès de pouvoir (REP) et l'exception d'illégalité.

Le recours pour excès de pouvoir (REP) est la voie de droit par laquelle un justiciable (requérant) demande directement au juge administratif d'annuler un règlement qui lui fait grief, dans les deux mois suivant sa publication (*recours par voie d'action*). Cette annulation vaut à l'égard de tous (on dit « *erga omnes* ») et profite donc aussi bien au requérant qu'aux autres justiciables.

L'exception d'illégalité est un moyen de défense soulevé à l'occasion d'un procès, par lequel le justiciable argue que le règlement invoqué contre lui est contraire à une norme supérieure (*recours par voie d'exception*). Autrement dit, on attaque le fondement de l'acte administratif litigieux.

EXEMPLE

Un étranger en situation irrégulière, souhaitant obtenir l'annulation d'un arrêté de reconduite à la frontière, invoque au cours du procès l'illégalité du refus de séjour qui fonde cette reconduite.

Si ce moyen est accueilli par le juge, le texte litigieux est non pas annulé mais privé d'effet uniquement à l'égard de la personne qui l'a invoqué. Dès lors, les autres justiciables devront continuer à en invoquer l'illégalité dans le cadre d'autres procédures, étant précisé que l'exception d'illégalité est perpétuelle (pas de délai pour agir).

Les juridictions administratives sont toujours compétentes pour statuer sur une exception d'illégalité alors que pour les juridictions judiciaires, il faut distinguer les juridictions répressives et civiles. Les juridictions répressives sont compétentes car elles peuvent apprécier la légalité d'un règlement (TC, 5 juillet 1951, *Avranches et Desmarets* ; art 111-5 du Code pénal). En revanche, les juridictions civiles sont incompétentes, sauf exceptions tenant notamment au domaine considéré : liberté des particuliers, inviolabilité de leur domicile ou droit de propriété (TC, 16 juin 1923, *Septfonds*).

Tableau récapitulatif des mécanismes de contrôle

Contrôle	Recours	Organes	Situations	Effets
Contrôle de conventionnalité des lois	Contrôle abstrait ou de proportionnalité	Juges administratifs et judiciaires	Pour contrôler la conformité d'une loi française à un traité international	La loi ne s'applique pas au cas d'espèce mais elle n'est pas abrogée.
Contrôle de constitutionnalité des lois	Contrôle *a priori* (entre le vote et la promulgation de la loi)	Conseil constitutionnel saisi par le président de la République, des Assemblées, le Premier ministre ou 60 parlementaires	Pour contrôler la conformité d'une loi non encore promulguée à la Constitution	Art. 62 de la Constitution : certaines dispositions ou la loi entière doivent être retirées, car elles ne peuvent être promulguées ni mises en application.
	Contrôle *a posteriori* (QPC - réforme du 23 juillet 2008)	Conseil constitutionnel saisi par les juridictions suprêmes : Cour de cassation ou Conseil d'État (art. 61-1 de la Constitution)	Pour contrôler la conformité d'une loi promulguée à la Constitution	Art. 62, al. 1 de la Constitution : abrogation de la disposition législative censurée à compter de la publication de la décision du Conseil constitutionnel ou d'une date ultérieure fixée par cette décision.
Contrôle de constitutionnalité des traités	Contrôle *a priori* (avant ratification du traité)	Conseil constitutionnel	Pour contrôler la conformité d'un traité international à la Constitution	Art. 54 de la Constitution : en cas de contrariété avérée, la Constitution doit être révisée.
	Contrôle *a posteriori* (après ratification du traité)	Juges administratif et judiciaire	Lorsqu'au cours d'un procès, un plaideur argue d'une contrariété entre la Constitution et un traité régulièrement ratifié	La Constitution prévaut sur le traité international, sauf dans le cas particulier d'une norme européenne. L'argument du plaideur est donc écarté.
Contrôle de constitutionnalité des règlements	Par voie d'action (REP) ou d'exception (exception d'illégalité)	Juge administratif	Pour contrôler la conformité d'un règlement à la Constitution	Le règlement est annulé (REP) ou simplement écarté (exception d'illégalité).
Contrôle de légalité des règlements	Par voie d'action : recours pour excès de pouvoir (REP)	Juridictions administratives	Pour contrôler la légalité d'un règlement français à un texte supérieur	Annulation *erga omnes* de l'acte, en principe rétroactive.
	Par voie d'exception : exception d'illégalité	Juridictions administratives Juridictions pénales (art. 111-5 du Code pénal) Les juridictions civiles sont incompétentes sauf exceptions.	Lorsqu'au cours d'un procès, l'illégalité d'une décision administrative est invoquée au soutien d'une argumentation principale	L'acte est privé d'effet uniquement à l'égard de la personne qui l'a invoqué.

ENTRAÎNEMENT

QCM

Choisissez, parmi les propositions suivantes, la ou les bonne(s) réponse(s).

1. **Quel juge est compétent pour contrôler la constitutionnalité d'un règlement français ?**
   a. Le juge judiciaire.
   b. Le juge administratif.
   c. Le Conseil constitutionnel.

2. **Quel juge est compétent pour contrôler la conventionnalité d'une loi française ?**
   a. Le juge judiciaire.
   b. Le juge administratif.
   c. Le Conseil constitutionnel.

3. **Dans le cadre d'une QPC, qui peut saisir le Conseil constitutionnel ?**
   a. L'une des parties au procès.
   b. Les juridictions du fond (premier et second degrés).
   c. Les juridictions suprêmes (Cour de cassation et Conseil d'État).

4. **Sous quel délai le Conseil constitutionnel doit-il statuer sur la QPC qui lui est transmise ?**
   a. Un mois.
   b. Deux mois.
   c. Trois mois.

5. **Quel juge est compétent pour examiner un recours pour excès de pouvoir (REP) ?**
   a. Le juge judiciaire.
   b. Le juge administratif.
   c. Le Conseil constitutionnel.

EXERCICE

Traitez le cas pratique suivant.

M. Lecoq est convaincu d'être le fils du célèbre chanteur décédé Yves Montendre. Afin de faire établir sa filiation, il a saisi le tribunal judiciaire pour être autorisé à faire pratiquer sur la dépouille de ce dernier une expertise génétique *post mortem*. La famille du défunt s'y oppose fermement, en se fondant sur l'article 16-11 du Code civil, dans la mesure où le chanteur n'a pas donné de son vivant son accord à une telle expertise. M. Lecoq considère que cet article du Code civil est contraire au droit au respect de la vie privée et familiale, rattaché par le Conseil constitutionnel à l'article 2 de la Déclaration des droits de l'homme et du citoyen du 26 août 1789, et à l'article 6 du même texte consacrant l'égalité de tous devant la loi.

CORRIGÉS DES QCM

1. b. Cette compétence du juge administratif a été consacrée par l'arrêt *Arrighi* rendu en 1936 par le Conseil d'État.

2. a. b. Le Conseil constitutionnel s'est déclaré incompétent pour exercer le contrôle de conventionnalité des lois, dans une décision du 15 janvier 1975 relative à la loi Veil sur l'IVG. Dès lors, ce contrôle est exercé par le juge judiciaire, depuis l'arrêt *Jacques Vabre* du 24 mai 1975, et par le juge administratif, plus tardivement, depuis l'arrêt *Nicolo* du 20 octobre 1989.

3. c. Les juridictions suprêmes jouent le rôle de filtre, notamment en vérifiant que la QPC est sérieuse et nouvelle.

4. c. Les juridictions suprêmes disposent du même délai pour statuer sur l'éventuelle transmission de la QPC au Conseil constitutionnel.

5. b. Contrairement à l'exception d'illégalité, le REP ne peut être examiné que par le juge administratif.

CORRIGÉ DE L'EXERCICE

Une loi peut-elle contredire la Constitution, et en cas de réponse négative, quels sont les recours existants ? Il faut préciser la place de chacune de ces normes dans la hiérarchie, puis, si cette hiérarchie n'est pas respectée, rechercher si M. Lecoq peut avoir recours à l'un des mécanismes prévus pour contrôler la conformité de la loi à la Constitution.

I. La place respective de la loi et de la Constitution dans la hiérarchie des normes

D'après la pyramide de Kelsen, les normes écrites nationales s'ordonnent selon une hiérarchie, le principe étant qu'un texte de la catégorie inférieure est toujours subordonné aux textes de la catégorie supérieure et ne peut donc y déroger. Au sommet de la pyramide, il faut placer la Constitution, ou plus précisément le bloc de constitutionnalité, puis viennent les traités internationaux, ratifiés et publiés, et le droit communautaire, puis les lois organiques, et enfin les lois ordinaires votées par le Parlement. La Constitution, qui peut être définie (vocabulaire Capitant) comme « un ensemble de règles suprêmes fondant l'autorité étatique, organisant ses institutions, lui donnant ses pouvoirs, et souvent aussi lui imposant des limitations, en particulier en garantissant des libertés aux sujets ou citoyens » a donc une autorité supérieure à la loi ordinaire. Dès lors, les lois ordinaires doivent en principe être conformes à la Constitution.

Quels sont les mécanismes permettant de contrôler cette conformité ? M. Lecoq peut-il y avoir recours ?

II. Mécanismes de contrôle de la conformité d'une loi à la Constitution

Jusqu'à la réforme constitutionnelle du 23 juillet 2008, il n'existait qu'une procédure de contrôle de la constitutionnalité des lois : un contrôle préventif (ou *a priori*) confié au Conseil constitutionnel. Depuis la réforme, une autre procédure de contrôle a été instaurée, *a posteriori* cette fois : la question prioritaire de constitutionnalité (QPC).

Le contrôle préventif par le Conseil constitutionnel pour juger de la conformité d'une loi à la Constitution ne peut être effectué qu'à la demande du président de la République, du Premier ministre, du président de chacune des assemblées, ou de 60 députés ou 60 sénateurs. Le simple particulier n'a aucun recours. De plus, ce contrôle a lieu après le vote de la loi et avant sa promulgation (délai de 15 jours).

En l'espèce, la loi à l'origine de l'article 16-11 du Code civil a été promulguée, il est donc trop tard, M. Lecoq ne peut pas compter sur ce contrôle

Cependant, depuis la réforme du 23 juillet 2008, l'article 61-1 de la Constitution dispose : « Lorsque, à l'occasion d'une instance en cours devant une juridiction, il est soutenu qu'une disposition législative porte atteinte aux droits et libertés que la Constitution garantit, le Conseil constitutionnel peut être saisi de cette question sur renvoi du Conseil d'État ou de la Cour de cassation qui se prononce dans un délai déterminé. » Il s'agit donc de critiquer la conformité d'une loi à la Constitution à l'occasion d'un procès portant sur l'application de cette loi.

M. Lecoq est bien en procès contre la famille du chanteur devant le tribunal judiciaire à propos de l'application de l'article 16-11 du Code civil. La saisine du Conseil constitutionnel ne se fait pas directement par le justiciable, mais par la Cour de cassation, qui joue le rôle de filtre, si le renvoi est demandé à l'occasion d'une instance en cours devant une juridiction judiciaire, comme c'est le cas en l'espèce. La Cour de cassation appréciera l'opportunité de saisir le Conseil constitutionnel et peut s'abstenir de le faire si elle considère que la disposition contestée n'est pas contraire à la Constitution, ou que la question n'est pas sérieuse ou nouvelle. M. Lecoq peut cependant avoir l'espoir d'être entendu par la Cour de cassation, car la contradiction, on l'a vu, existe. Une loi organique fixe à trois mois le délai dans lequel la Cour sera amenée à se prononcer. La rédaction de l'article 62 de la Constitution prévoit que si à l'issue de la procédure, le Conseil constitutionnel conclut à l'inconstitutionnalité d'une disposition, cette dernière se trouve *ipso facto* abrogée à compter de la publication de la décision du Conseil constitutionnel et dans les éventuelles conditions et limites qu'il fixe (un délai peut être octroyé au législateur pour modifier la disposition litigieuse).

Dès lors, il semble que la question prioritaire de constitutionnalité soit pour M. Lecoq le seul moyen de faire valoir que la loi qu'on entend lui opposer est contraire à la Constitution.

L'application de la loi dans le temps

FICHE 7

NOTIONS CLÉS

- ✔ Application immédiate de la loi nouvelle
- ✔ Conflit de lois
- ✔ Non-rétroactivité de la loi
- ✔ Sécurité juridique

I. La non-rétroactivité de la loi nouvelle

A La signification du principe de rétroactivité

Le droit n'est pas figé par le temps, et les textes ont vocation à se succéder au fil des ans. Régulièrement, la loi nouvelle chasse l'ancienne, de sorte qu'*a priori*, aucun conflit ne semble pouvoir les opposer. Ce passage du texte ancien au texte nouveau ne s'opère cependant pas toujours sans difficulté. **En l'absence de dispositions légales transitoires** fixant leur champ d'application respectif, **il arrive en effet que le doute survienne** quant à la règle à appliquer, en particulier quand le changement intervient alors qu'une situation juridique est en cours.

Dans cette hypothèse, il faut faire appel aux principes régissant les conflits de lois dans le temps. Or, il n'existe que deux textes envisageant expressément cette question, présentés ci-dessous.

> *Texte de loi*
>
> **Article 2 du Code civil** : « La loi ne dispose que pour l'avenir ; elle n'a point d'effet rétroactif. »

Article 112-1 du Code pénal : « Sont seuls punissables les faits constitutifs d'une infraction à la date à laquelle ils ont été commis. Peuvent seules être prononcées les peines légalement applicables à la même date. Toutefois, les dispositions nouvelles s'appliquent aux infractions commises avant leur entrée en vigueur et n'ayant pas donné lieu à une condamnation passée en force de chose jugée lorsqu'elles sont moins sévères que les dispositions anciennes. »

Ces deux textes s'avérant insuffisants pour régler les problèmes d'application de la loi dans le temps, la doctrine a proposé différentes théories. La théorie classique dite des « droits acquis » proposait de distinguer entre les **droits acquis** et les **simples expectatives**, le principe étant qu'une loi nouvelle ne pouvait remettre en cause un droit d'ores et déjà acquis. Mais cette théorie fut critiquée et abandonnée, en raison notamment de l'imprécision de son critère. Les auteurs modernes, avec au premier chef le doyen Paul Roubier, ont alors proposé un système plus simple, fondé sur deux principes : le principe de la non-rétroactivité des lois et le principe de l'effet immédiat de la loi nouvelle.

Le principe de la non-rétroactivité signifie qu'une loi ne peut avoir d'effet avant la date de son entrée en vigueur. Il régit donc la **période antérieure à la loi nouvelle**.

Son fondement réside essentiellement dans l'exigence de **sécurité juridique**. Il semble en effet injuste d'exiger que les sujets de droit se soumettent à des règles qu'ils ne pouvaient pas connaître.

La valeur juridique du principe de non-rétroactivité des lois est **variable**. Elle dépend du domaine considéré. En matière administrative, ce principe a la valeur d'un principe général du droit (PGD), soit une valeur infralégislative (au-dessous de la loi) et supradécrétale (au-dessus des règlements). En matière civile, il a une valeur législative, puisque le principe, d'ordre public, est consacré à l'article 2 du Code civil (en ce domaine, le juge doit le relever d'office à tous les stades de la procédure). En matière pénale, enfin, le principe de non-rétroactivité des lois, affirmé à l'article 112-1 du Code pénal, a une valeur constitutionnelle découlant de l'article 8 de la Déclaration des droits de l'homme et du citoyen (voir notamment, Cons. const., décision du 21 février 2008, pour une condamnation de l'application rétroactive de la rétention de sûreté).

B La mise en œuvre du principe de rétroactivité

Le principe de non-rétroactivité de la loi n'est pas absolu. Il comporte **six exceptions**.

Ainsi, sont rétroactives : les lois pénales plus douces (rétroactivité *in mitius*), les lois interprétatives, qui précisent le sens d'un texte antérieur, les lois relatives à la compétence judiciaire et aux règles de procédure, les lois de rétablissement, qui rattrapent une erreur commise par le législateur, les lois de validation, qui, comme leur nom l'indique, valident les actes ou situations passés sous l'empire de la loi ancienne et qui seraient nuls au regard de cette loi et, enfin, les lois expressément rétroactives, c'est-à-dire déclarées comme telles par le législateur lui-même.

> *Définition*
>
> Par nature rétroactives, les **lois interprétatives** ont pour but de préciser le sens d'une loi antérieure. Le caractère interprétatif d'une loi est conféré parfois par le législateur, mais si ce n'est pas le cas, il appartient au juge de rechercher si elle présente ce caractère. Selon le critère généralement appliqué par la Cour de cassation, une loi interprétative ne doit régler qu'une controverse sans apporter d'innovations (Cass. com., 22 octobre 2002).

Toutefois, sentant poindre le danger lié à la multiplication des exceptions au principe de non-rétroactivité, la jurisprudence a apporté une limite à l'édiction de telles lois dérogatoires. Le législateur doit justifier d'un « **impérieux motif d'intérêt général** », ce qui revient à dire que les juges mettent à la charge du législateur une obligation de motivation (CEDH, 28 octobre 1999, *Zielinski c. France*). Ce critère fixé par la CEDH a été adopté aussi bien par la Cour de cassation (Cass. soc., 24 avril 2001) que le Conseil d'État (CE, 23 juin 2004). Le Conseil constitutionnel, quant à lui, se montrait jusqu'ici moins exigeant, puisqu'il imposait seulement des « motifs d'intérêt général suffisants » (décision n° 2001-453 DC du 18 décembre 2001). Toutefois, avec sa décision n° 2013-366 QPC du 14 février 2014, il s'est récemment aligné sur la position des hautes juridictions nationales et de la Cour européenne. Cette identité des contrôles est porteuse de sécurité juridique.

II. L'effet immédiat de la loi nouvelle

A La signification du principe de l'effet immédiat

Le principe de l'effet immédiat de la loi nouvelle signifie que cette dernière s'applique immédiatement à compter de son entrée en vigueur. Il régit la **période postérieure à la loi nouvelle**.

La **valeur juridique** du principe de l'effet immédiat est **incertaine**, car, contrairement à ce que soutient une partie de la doctrine, il est impossible de rattacher ce principe à un texte (article 1 ou 2 du Code civil). Certes, les auteurs estiment généralement qu'il a une **valeur législative**, mais il n'y a pas d'assise textuelle. Pour autant, ce principe d'origine doctrinale est largement appliqué en jurisprudence, et ce par pure logique juridique : la loi nouvelle est présumée meilleure que la précédente et, par conséquent, elle doit s'appliquer immédiatement.

Le principe de l'effet immédiat de la loi nouvelle repose ainsi sur deux fondements : la **sécurité juridique** et le **progrès social**.

> ***Définition***
>
> Selon Thomas Piazzon, auteur d'une thèse sur la **sécurité juridique**, celle-ci suppose, d'une part, que le droit soit accessible, pour permettre aux individus de bâtir des prévisions et, d'autre part, que le droit se montre respectueux des prévisions déjà élaborées. La sécurité juridique est donc liée à l'idée de prévisibilité du droit et suppose une stabilité minimale des situations juridiques.

B La mise en œuvre du principe de l'effet immédiat

Le principe de l'effet immédiat ne pose pas de problème lorsqu'il s'agit de situations juridiques terminées avant l'entrée en vigueur de la loi nouvelle ou créées postérieurement. Dans ce cas, la loi nouvelle s'applique à toutes les situations qui se constituent après la date de son entrée en vigueur, sans pour autant remettre en cause les situations juridiques déjà constituées antérieurement et devenues définitives.

EXEMPLE

Prenons le cas de la loi du 26 mai 2004 relative au divorce.

Entrée en vigueur de la loi nouvelle au 1er janvier 2005	
Situation juridique créée et terminée (divorce prononcé en mars 2004) : la loi nouvelle ne s'applique pas.	Situation juridique créée postérieurement à la loi nouvelle (demande de divorce formée en juin 2005) : la loi nouvelle s'applique.

En revanche, des difficultés apparaissent lorsqu'il s'agit d'une situation juridique constituée avant l'entrée en vigueur de la loi nouvelle, mais dont les effets juridiques se poursuivent après l'entrée en vigueur de celle-ci.

La jurisprudence distingue alors selon qu'il s'agit d'une situation légale ou contractuelle.

La loi nouvelle et la situation légale

La loi nouvelle s'applique immédiatement aux effets futurs de cette situation.

EXEMPLE

Prenons le cas de la loi du 23 décembre 1985 relative à l'égalité des époux dans les régimes matrimoniaux et des parents dans la gestion des biens des enfants mineurs. Cette loi modifie notamment les pouvoirs des époux sur les biens de la communauté.

La loi nouvelle	
Avant la loi Les actes passés par les époux sont soumis à la loi en vigueur au moment du mariage (loi ancienne).	**Après la loi** Les actes passés par les époux sont soumis à la loi nouvelle, même si le mariage a eu lieu sous l'empire de la loi ancienne.

La loi nouvelle et la situation contractuelle

La situation contractuelle est en principe régie par la loi ancienne, c'est-à-dire la loi en vigueur au moment de la conclusion du contrat.

Cette solution a deux fondements juridiques : d'un côté, le principe de l'autonomie de la volonté, qui impose de respecter la volonté des cocontractants lors de la signature de l'acte ; de l'autre, le principe de sécurité juridique, qui milite pour la stabilité des situations contractuelles en s'opposant à la remise en cause de la prévision des parties.

Toutefois, la jurisprudence est plus nuancée, en distinguant selon que la loi nouvelle est supplétive ou, au contraire, d'ordre public.

Si la loi nouvelle est **supplétive**, c'est-à-dire qu'elle peut être écartée par la volonté des personnes, elle n'influe pas sur les situations contractuelles constituées avant son entrée en vigueur mais dont les effets se poursuivent après son abrogation.

Figure 7.1. Loi nouvelle supplétive et situation contractuelle

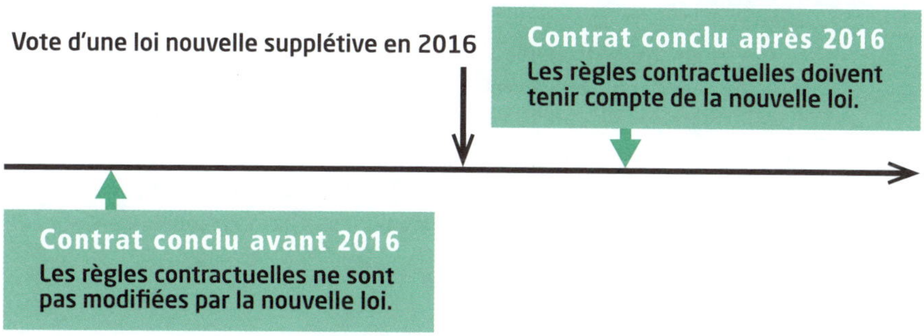

EXEMPLE

Un plan d'épargne logement (PEL) est conclu entre M. X et la banque Y au taux de 3,5 % en janvier 2016. Une loi de janvier 2017 décide d'abaisser ce taux à 2 %. La loi étant supplétive, le PEL en cours reste à 3,5 %.

En revanche, si la loi nouvelle est d'**ordre public**, elle s'appliquera donc aux situations contractuelles en cours. Elle modifiera leurs effets futurs.

Figure 7.2. Loi nouvelle impérative et situation contractuelle

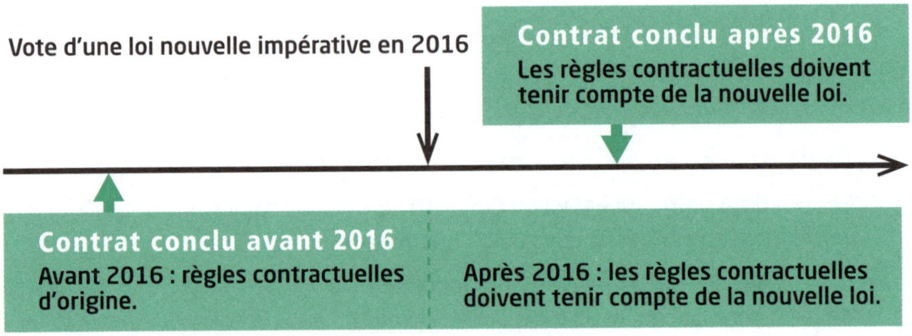

Reste à déterminer si une loi est d'ordre public ou non. Si le législateur ne déclare pas expressément que la loi nouvelle est applicable aux contrats en cours, il appartient au juge de le déterminer. C'est le cas notamment des lois poursuivant des buts économiques ou sociaux qui ne peuvent être atteints que par une application générale et immédiate. À cet égard, la jurisprudence se montre aujourd'hui plus rigoureuse, car le seul fait qu'une loi soit d'ordre public ne suffit plus ; la Cour de cassation exige désormais des « considérations d'ordre public particulièrement impératives » (voir Cass. 1re civ., 4 décembre 2001, en matière de droit d'auteur).

EXEMPLE

La loi augmentant la durée des congés payés a été considérée comme d'ordre public et donc applicable immédiatement à tous les travailleurs, même à ceux dont le contrat de travail, conclu antérieurement, stipulait des congés d'une durée inférieure (Cass. civ., 22 avril 1929).

La loi du 1er septembre 1948 interdisant les sous-locations a été considérée comme d'ordre public et applicable immédiatement aux baux en cours (Cass. soc., 20 mars 1952).

QCM

Choisissez, parmi les propositions suivantes, la ou les bonne(s) réponse(s).

1. Qu'est-ce qu'une disposition transitoire ?

a. Un texte qui précise le passage de la loi ancienne à la loi nouvelle.

b. Une décision de justice comblant un vide textuel.

2. Un contrat dont l'exécution s'étend dans le temps peut-il voir ses effets modifiés par une loi nouvelle ?

a. Oui.

b. Non.

3. Une loi entre en vigueur :

a. dès son vote.

b. après sa promulgation.

4. Une « rétroactivité *in mitius* » est :

a. une rétroactivité plus douce.

b. une rétroactivité plus sévère.

EXERCICE

Traitez le cas pratique suivant.

Le 1er juin 2014, M. Jean et M. Bon ont conclu par acte sous seing privé un contrat par lequel M. Bon s'engage contre rémunération à gérer le patrimoine immobilier de M. Jean pour les dix années à venir. Le 16 septembre 2016, une loi publiée au Journal officiel énonce que désormais, ce type de contrat doit, à peine de nullité, être passé devant notaire et que sa durée ne peut excéder huit années. Les intéressés viennent vous consulter pour savoir s'ils doivent se soumettre à cette nouvelle loi.

CORRIGÉS DES QCM

1. a. Lorsque le législateur prend une loi nouvelle, il insère parfois dans celle-ci des dispositions transitoires qui précisent comment doit s'opérer le passage de la loi ancienne à la loi nouvelle, et qui déterminent donc le champ d'application respectif de ces deux lois. Mais en l'absence de dispositions transitoires, il faut faire appel aux principes généraux régissant les conflits de lois dans le temps.

2. a. Les effets du contrat peuvent être modifiés lorsque la loi nouvelle est d'ordre public.

3. b. L'entrée en vigueur d'une loi suppose son vote par le Parlement, sa promulgation sous quinze jours par le président de la République et sa publication au Journal officiel. Elle intervient soit à la date fixée par le texte de loi, soit au lendemain de la publication au Journal officiel. Elle peut également être différée lorsque des décrets d'application sont nécessaires à sa mise en œuvre.

4. a. Il s'agit d'une rétroactivité plus douce : seule une loi plus douce, et donc plus favorable au justiciable, peut être rétroactive. La raison en est que si l'intérêt général se contente désormais d'une législation pénale plus douce, il n'y a pas de raison de continuer à appliquer une législation plus sévère après l'entrée en vigueur de la loi nouvelle. En matière pénale, ce principe a une valeur constitutionnelle (Cons. const., décision du 19 janvier 1981). Mais l'article 112-1 du Code pénal dispose que « les dispositions nouvelles s'appliquent aux infractions commises avant leur entrée en vigueur et n'ayant pas donné lieu à une condamnation passée en force de chose jugée lorsqu'elles sont moins sévères que les dispositions anciennes ». Autrement dit, lorsque la condamnation est définitive, parce que les voies de recours sont épuisées, elle ne saurait être remise en cause par la loi nouvelle plus douce. La solution contraire entraînerait de sérieuses complications.

CORRIGÉ DE L'EXERCICE

En introduction, rappelez les faits pertinents, posez le ou les problème(s) juridique(s) et annoncez le plan.

Le 1er juin 2014, M. Jean et M. Bon ont conclu par acte sous seing privé un contrat dont la durée est fixée à dix années. Le 16 septembre 2016, une loi réduit cette durée à huit ans et impose un acte notarié.

La loi nouvelle s'applique-t-elle à la situation contractuelle ?

Pour répondre à cette question de droit, il faut procéder en deux temps, en examinant d'une part le conflit dans le temps entre les deux lois régissant cette situation (I) et d'autre part la survie éventuelle de la loi ancienne pour les contrats en cours (II).

I. Le conflit dans le temps de lois relatives aux effets d'une situation contractuelle

Rappelez brièvement la signification et le fondement du principe de l'effet immédiat de la loi nouvelle.

En principe, la règle est que la loi nouvelle régit les effets nouveaux d'une situation juridique et la loi ancienne les effets antérieurs à son entrée en vigueur. Donc, logiquement, à partir de l'entrée en vigueur de la loi nouvelle, le contrat ne doit plus pouvoir excéder huit ans ni être passé par simple acte sous seing privé.

Mais il existe une exception pour les contrats.

II. La survie exceptionnelle de la loi ancienne pour les contrats en cours

En matière contractuelle, la loi nouvelle ne s'applique pas immédiatement car, de façon exceptionnelle, on admet la survie de la loi ancienne, à savoir la loi de conclusion du contrat. Ce principe est fondé sur l'autonomie de la volonté et la sécurité juridique.

Néanmoins, il existe une exception à l'exception lorsqu'un intérêt supérieur est en cause (ordre public impérieux). En ce cas, la loi nouvelle est exceptionnellement applicable aux contrats en cours. Mais ici, cela ne semble pas être le cas, car la loi ne concerne pas l'ordre public.

L'application de la loi dans l'espace

FICHE 8

NOTIONS CLÉS

- ✔ Extranéité
- ✔ Personnalité
- ✔ Statut personnel
- ✔ Territorialité

I. La loi applicable en l'absence d'un élément d'extranéité

Face à une situation qui ne présente pas un caractère international, du fait de l'absence d'un élément d'extranéité (ou étranger), on est tenté de dire qu'un conflit de lois dans l'espace est impossible, parce que la loi française est seule applicable en France. Pourtant, il peut exister un tel conflit entre deux lois nationales.

A Le fondement du conflit dans l'espace entre deux lois françaises

En l'absence d'éléments d'extranéité, l'application de la loi française n'est **pas uniforme** sur tout le territoire.

> ***Définition***
>
> Par « **élément d'extranéité** » d'une situation, on entend un élément étranger qui peut susciter un conflit de lois, non plus dans le temps (fiche 7) mais dans l'espace. Il peut prendre des formes multiples, parmi lesquelles la nationalité (exemple : un Français épouse une Algérienne et adopte un enfant malien), le domicile (exemple : un couple franco-espagnol a son domicile à Berlin), le lieu de l'union des époux (exemple : un couple anglo-italien se marie en France), le lieu

de la situation de l'immeuble (exemple : un Portugais est propriétaire d'une maison dans le Cantal), le lieu de conclusion ou d'exécution d'un contrat (exemple : un Français achète un tableau en Russie et celui-ci doit être livré en France), etc.

Certes, depuis 1804, la France connaît une **unité de législation**, le Code civil ayant abrogé et remplacé les multiples coutumes qui existaient antérieurement. Mais un conflit de lois dans l'espace peut voir le jour **si deux lois françaises ayant le même objet coexistent** sans que l'une ait, même tacitement, abrogé l'autre.

On pense avant tout à l'hypothèse d'un conflit entre une loi française et une norme supranationale.

EXEMPLE

La loi française entre en conflit avec une norme supérieure édictée par l'Union européenne qui a le même objet. Ce conflit est réglé par le principe de la hiérarchie des normes (fiche 6) qui fait prévaloir la norme européenne sur la norme nationale.

Mais cette hypothèse n'est pas symptomatique d'un conflit de lois dans l'espace, car il n'y a pas véritablement de remise en cause du principe d'unité de législation du fait de l'existence d'une hiérarchie des normes.

En vérité, la situation conflictuelle se présente lorsque la loi française se trouve en concours avec des normes applicables en Alsace-Moselle et en outre-mer, car ces territoires bénéficient de règles particulières, qu'on qualifie de « droit local ».

B Les manifestations du conflit dans l'espace entre deux lois françaises

Une première exception concerne l'**Alsace-Moselle**, qu'on appelait autrefois l'Alsace-Lorraine (Bas-Rhin, Haut-Rhin et Moselle). Ces trois départements correspondent à un territoire cédé par la France à l'Empire allemand en 1871, en application du traité de Francfort, puis redevenu français au lendemain de la Première Guerre mondiale. De fait, ils ont été soumis pendant presque cinquante ans au droit allemand.

ATTENTION

Depuis le 1er janvier 2016, le Bas-Rhin, le Haut-Rhin et la Moselle appartiennent à la région administrative Grand Est. L'Alsace-Moselle n'a donc pas d'existence institutionnelle. Lors du vote de la loi n° 2015-29 du 16 janvier 2015 relative à la délimitation des régions, aux élections régionales et départementales et modifiant le calendrier électoral, des voix se sont élevées pour que l'Alsace-Moselle soit érigée en tant que région à part entière. Cependant, le Gouvernement n'a pas souhaité retenir cette solution.

Lors de leur réintégration, certaines lois auxquelles tenaient ces populations, ou qui étaient techniquement supérieures aux lois françaises, ont été conservées. En vertu d'une loi du 17 octobre 1919, les lois françaises antérieures à la réintégration ont fait l'objet d'une introduction spéciale par un décret ou une loi (par exemple, les lois pénales ont été réintroduites par un décret du 25 novembre 1919, les lois civiles par une loi du 1er juin 1924). Quant aux lois françaises postérieures à la réintégration, elles sont applicables en Alsace-Moselle, à condition qu'elles ne heurtent pas le droit local, pour l'essentiel composé de règles issues de la période d'occupation allemande. Malgré la suppression de certaines particularités au fil des réformes, des spécificités importantes demeurent (exemples : publicité des transferts de propriété par le système du livre foncier ; statut des ministres du culte, le Concordat de 1801 restant en vigueur).

Une seconde exception au principe d'application uniforme de la loi française concerne l'**Outre-mer**. En préservant certaines règles locales très particulières, issues de la coutume, le législateur français a voulu ménager les particularités de ces territoires. Dans les départements et régions d'outre-mer (Guadeloupe, Martinique, Guyane, Réunion et Mayotte), la législation française est applicable sauf disposition contraire (principe de l'identité législative, Const., art. 73). Le Code civil et la grande majorité des lois s'appliquent ainsi aux départements d'outre-mer, sous réserve de quelques spécificités mineures.

En revanche, dans les collectivités d'outre-mer (Saint-Pierre-et-Miquelon, Wallis et Futuna, Saint-Martin et Saint-Barthélemy, Polynésie) et en Nouvelle-Calédonie, dotée d'un statut de collectivité assez singulier, les lois métropolitaines ne sont applicables qu'en vertu d'une disposition expresse et d'une publication locale (principe de la spécialité législative, Const., art. 74). En Nouvelle-Calédonie, par exemple, sont votées par le Congrès des lois du pays qui ont valeur législative dans les matières relevant de sa compétence (L. org. 19 mars 1999, art. 99). Un véritable pluralisme juridique est ainsi instauré au sein de la République française.

II. La loi applicable en présence d'un élément d'extranéité

Dans les rapports entre particuliers, la présence d'un élément d'extranéité peut engendrer un conflit spatial entre la loi française et une loi étrangère. Pour résoudre ce conflit, des règles formant une discipline spéciale, le droit international privé, ont été créées. Les unes retiennent la compétence de la loi territoriale, les autres la compétence de la loi personnelle des parties.

A Le système de la territorialité

Selon ce système, **la loi française s'applique sur tout notre territoire**, quelle que soit la nationalité des personnes concernées. Autrement dit, la loi française s'applique sur tout le territoire national, y compris aux étrangers qui y résident.

Ce principe, tout comme celui de la personnalité (voir section II.B), repose essentiellement sur les dispositions de **l'article 3 du Code civil** de 1804, qui ont été complétées au fil du temps par la jurisprudence. À cela s'ajoutent des dispositions législatives spéciales édictées pour régler les conflits dans certains domaines (exemples : C. civ., art. 309, en matière de divorce ; C. civ., art. 311-14 et s., en matière de filiation ; C. civ., art. 370-3 et s., en matière d'adoption ; C. civ., art. 1397-2 et s., en matière de régimes matrimoniaux) ainsi que des conventions internationales de droit international privé, qu'elles soient bilatérales ou multilatérales (exemple : règlement (CE) n° 593/2008 du Parlement européen et du Conseil du 17 juin 2008 sur la loi applicable aux obligations contractuelles (Rome I) ; règlement (UE) n° 650/2012 du 4 juillet 2012 sur les successions).

Texte de loi

Article 3 du Code civil : « Les lois de police et de sûreté obligent tous ceux qui habitent le territoire. Les immeubles, même ceux possédés par des étrangers, sont régis par la loi française. Les lois concernant l'état et la capacité des personnes régissent les Français, même résidant en pays étranger. »

En premier lieu, le système de la territorialité s'applique à la **loi pénale** française, c'est-à-dire aux « lois de police et de sûreté » visées à l'article 3, alinéa 1er du Code civil. La loi française s'applique à toutes les infractions commises sur le territoire national, que leur auteur soit français ou étranger.

Mais que faut-il entendre par territoire français ? Aux termes de l'article 113-1 du Code pénal, le territoire de la République inclut les espaces terrestres, maritimes et aériens.

En deuxième lieu, le système de la territorialité s'applique aux **immeubles** visés à l'article 3, alinéa 2 du Code civil, auxquels la jurisprudence ajoute les **meubles** (sauf en matière successorale). Pour ces biens situés en France, peu importe qu'ils appartiennent à un Français ou à un étranger, c'est la loi française qui les régit. Il s'agit là d'une règle générale de droit international privé en matière de « **statut réel** » : les biens sont régis par la loi du pays où ils sont situés (la *lex rei situæ*). Dès lors, si le bien est situé à l'étranger, le juge français lui appliquera la loi étrangère.

En troisième lieu, le système de la territorialité s'applique aux **faits juridiques**, et plus particulièrement en matière de responsabilité civile. Ainsi, en présence d'un dommage, on s'attache à la loi du lieu où ce dommage a été causé, c'est-à-dire, en général, le lieu de l'accident.

En dernier lieu, le système de la territorialité s'applique aux **actes juridiques** (exemple : contrat entre personnes de nationalités différentes), du moins en ce qui concerne les règles de forme qui sont celles du lieu de l'acte (*locus regit actum*). En effet, pour les conditions de fond et les effets de l'acte, les parties sont libres de les soumettre à la loi de leur choix. On parle alors de « loi d'autonomie ».

EXEMPLE

Si un entrepreneur français conclut un contrat avec une société belge, les conditions de forme de l'acte seront soumises à la loi française, mais les parties pourront désigner librement la loi applicable au contenu de l'accord. Ce pourra donc être la loi belge.

B Le système de la personnalité

Selon ce système, **la loi française relative au « statut personnel » s'applique à tous les Français, même ceux résidant à l'étranger**. La règle est posée à l'article 3, alinéa 3 du Code civil, mais la jurisprudence l'a étendue aux étrangers en décidant que, réciproquement, la loi étrangère s'applique à tous les nationaux de ce pays, même résidant en France ou en tout autre pays.

Définition

Le **statut personnel** est celui qui intéresse la personne. Il comprend l'état des personnes, ce qui englobe les règles ayant trait à leur identification individuelle (état civil, nom, domicile) et à leurs relations familiales (exemples : mariage, filiation). Quant à la **capacité des personnes**, elle couvre, d'une part, les incapacités générales qui tiennent à la minorité de l'enfant ou à l'altération des facultés mentales ou physiques de l'individu et, d'autre part, au régime protecteur des incapables (administration légale, curatelle, tutelle). Sont donc exclues les relations pécuniaires entre époux.

Pourquoi avoir retenu la loi nationale pour gouverner le statut de la personne ? On a justifié la personnalité des lois par le fait que le statut personnel est attaché à la personne et qu'il ne saurait varier au gré des déplacements de chacun hors des frontières. On a aussi fait valoir que la loi nationale est plus adaptée au tempérament des sujets (exemple : la loi française a été conçue pour les Français). Mais, en réalité, le système se justifie surtout par des raisons tenant à **l'ordre public et à la défense de la loi française**. En effet, celle-ci deviendrait une « coquille vide » si on pouvait y échapper en franchissant simplement la frontière.

EXEMPLE

La gestation pour autrui (pratique des mères porteuses) est interdite en France. Cette interdiction résulte de l'article 16-7 du Code civil, issu de la loi bioéthique du 29 juillet 1994 : « Toute convention portant sur la procréation ou la gestation pour le compte d'autrui est nulle. » Par conséquent, si un couple décide d'aller dans un pays autorisant la GPA pour contourner la loi française (exemple : les États-Unis), il ne pourra pas ensuite revenir en France pour exiger la reconnaissance d'un lien de filiation avec l'enfant.

Du reste, le système de la personnalité de la loi conduit logiquement le juge français à appliquer la loi étrangère aux étrangers lorsque le statut personnel de ces derniers est en cause (exemple : divorce entre un Français et une Marocaine). D'ailleurs, c'est pour lui une obligation : il doit rechercher la loi étrangère applicable, même d'office (c'est-à-dire de son propre chef, sans demande des justiciables).

Toutefois, le juge n'est pas tenu de l'appliquer lorsqu'elle est contraire à **l'ordre public international français** (Cass. 1re civ., 6 décembre 2005). Cette exception a pour fonction d'empêcher la perturbation que risque de produire l'application ou la reconnaissance de normes étrangères dont le contenu heurterait les conceptions dominantes de notre ordre juridique.

EXEMPLE

Une décision célèbre (Cass. 1re civ., 25 mai 1948) définit l'ordre public international français comme l'ensemble des « principes de justice universelle considérés dans l'opinion française comme doués de valeur internationale absolue ».

Ainsi, la Cour de cassation a refusé la reconnaissance en France d'une répudiation, pratique répandue dans les pays musulmans mais contraire au principe français d'égalité des époux, composante de l'ordre public international (Cass. 1re civ., 17 février 2004, n° 01-11.549).

De même, le juge français peut écarter l'application d'une loi étrangère choisie par les sujets de droit lorsqu'il constate une **fraude à la loi**. En effet, les particuliers peuvent être tentés de s'adresser à un ordre juridique étranger pour se soustraire à une disposition contraignante de la loi française dont relève normalement leur situation, conférant ainsi à cette transgression une apparence de validité juridique.

QCM

Choisissez, parmi les propositions suivantes, la ou les bonne(s) réponse(s).

1. Quels départements composent l'Alsace-Moselle ?
- a. Le Rhin, la Moselle et l'Alsace.
- b. Le Bas-Rhin, le Haut-Rhin et la Lorraine.
- c. Le Bas-Rhin, le Haut-Rhin et la Moselle.

2. En présence d'un élément d'extranéité, la loi pénale est soumise en principe au système de :
- a. la territorialité de la loi.
- b. la personnalité de la loi.

3. En présence d'un élément d'extranéité, les immeubles sont soumis à :
- a. la loi territoriale.
- b. la loi personnelle.

4. En présence d'un élément d'extranéité, les contrats sont soumis à :
- a. la loi territoriale pour les règles de forme et de fond.
- b. la loi personnelle pour les règles de forme et de fond.
- c. la loi territoriale uniquement pour les règles de forme.
- d. la loi territoriale uniquement pour le contenu et les effets du contrat.

5. Après s'être marié à Londres, un couple anglais décide de vivre en France. S'ils divorcent, quelle loi devra-t-on appliquer ?
- a. La loi anglaise.
- b. La loi française.

EXERCICE

Traitez le cas pratique suivant.

Vous déterminerez si les situations factuelles suivantes révèlent des éléments d'extranéité entraînant un conflit de lois dans l'espace.

Situation 1. John Smith et Jane Masse sont de nationalité belge et résident à Bordeaux depuis 2010. Il y a cinq ans, ils se sont mariés à Madrid. En 2017, ils décident de divorcer et saisissent pour ce faire le TGI de Bordeaux.

Situation 2. Pour leurs vacances estivales, les époux Durand, de nationalité française, ont loué une villa au Portugal. Aux abords de Porto, leur voiture est heurtée violemment par un autre véhicule conduit par un Portugais qui roulait trop vite. Au cours de l'accident, Mme Durand se casse le bras.

Situation 3. M. Escroc, marchand d'art parisien, vend aux époux Pigeon un tableau peint soi-disant de la main de Picasso pour la somme de 800 000 €. Quelques semaines plus tard, le couple français découvre sur Internet que le tableau est un faux. Il apprend également que l'œuvre a été peinte en Chine et acquise par M. Escroc *via* un site internet spécialisé dans la vente en ligne de tableaux, lequel est domicilié en Suisse.

CORRIGÉS DES QCM

1. c. Ces trois départements ont conservé un droit local issu de l'application du droit allemand à l'ancienne Alsace-Lorraine pendant son annexion par l'Allemagne entre 1871 et 1918.

2. a. La loi française s'applique à toutes les infractions commises sur le territoire national, que leur auteur soit français ou étranger. À noter que dans certains cas particuliers, la loi pénale française peut s'appliquer en dehors du territoire français. On se réfère alors au système de la personnalité (exemple : infractions commises par des nationaux hors du territoire de la République : article 113-6 du Code pénal).

3. a. Il s'agit de la loi du pays où ils sont situés et donc, en l'occurrence, de la loi française (la *lex rei situæ*).

4. c. En matière contractuelle, les règles de forme sont soumises à la loi territoriale, alors que les conditions de fond et les effets du contrat relèvent de la loi choisie par les parties (loi d'autonomie).

5. a. Le divorce relève du statut personnel des époux. Il faut donc appliquer la loi personnelle de ceux-ci, à savoir la loi anglaise.

CORRIGÉ DE L'EXERCICE

La mise en œuvre du droit international privé présuppose l'existence d'éléments d'extranéité. À défaut, la situation relève du droit interne. Il convient donc de déterminer si chacune des situations exposées révèle de tels éléments d'extranéité et a donc un caractère international.

Situation 1. En l'espèce, le domicile des époux est bien en France, mais leur nationalité belge et la célébration du mariage en Espagne sont des éléments d'extranéité qui induisent un conflit entre les lois française, belge et espagnole. Le droit international privé interviendra pour déterminer la règle applicable. Précisément, l'article 8 du règlement « Rome III » du 20 décembre 2010 (règlement (UE) n° 1259/2010 concernant une coopération renforcée dans le domaine de la loi applicable au divorce et à la séparation de corps) prévoit qu'à défaut de choix effectué par les époux dans le cadre de leur convention matrimoniale, la loi applicable est celle de la résidence habituelle des époux au moment de la saisine de la juridiction ; ou, à défaut, de la dernière résidence habituelle des époux, pour autant que cette résidence n'ait pas pris fin plus d'un an avant la saisine de la juridiction et que l'un des époux réside encore dans cet État au moment de la saisine de la juridiction ; ou, à défaut, de la nationalité des époux au moment de la saisine de la juridiction. La loi française sera donc applicable.

À noter que le juge compétent pour statuer sur le divorce des époux belges est bien le juge français, en l'occurrence un juge aux affaires familiales (JAF) du TGI de Bordeaux (lieu où les époux résident habituellement). Cette compétence juridictionnelle découle là aussi des règles du droit international privé et, plus particulièrement, du règlement « Bruxelles II bis » du 27 novembre 2003.

À noter par ailleurs que dans certains cas, le juge français peut être amené à appliquer la loi étrangère et non la loi française (exemple : la loi personnelle d'époux marocains qui ne relèvent pas du règlement « Rome III », dans la mesure où le Maroc n'appartient pas à l'Union européenne).

Situation 2. En l'espèce, même si la victime est de nationalité française, il y a deux éléments d'extranéité à prendre en compte : la nationalité portugaise de l'auteur du dommage et le lieu de l'accident (près de Porto). Il y a donc un conflit de lois entre loi française et loi portugaise, mais la loi portugaise sera applicable. En effet, selon le principe de la territorialité de la loi, la loi applicable est celle du lieu où le dommage a été causé, c'est-à-dire en général le lieu de l'accident.

Situation 3. *A priori*, trois ordres juridiques semblent concernés : d'abord, l'ordre juridique français, dès lors que le vendeur et les acquéreurs sont français et que la vente a été réalisée en France ; ensuite, l'ordre juridique chinois, puisque l'œuvre litigieuse provient de Chine ; enfin, l'ordre juridique suisse, puisque l'œuvre a été acquise par M. Escroc *via* un site internet domicilié en Suisse.

Cependant, les faits montrent que le contrat de vente a été conclu en France, entre un vendeur français et des acquéreurs de nationalité française. La relation contractuelle ainsi nouée n'implique aucun élément d'extranéité. Le fait que le tableau ait été peint en Chine ou acquis, avant sa revente, via un site internet suisse ne change rien. Par conséquent, il n'existe aucun conflit de lois dans l'espace en l'absence d'élément d'extranéité. Cette situation factuelle ne nécessitera pas la mise en œuvre des règles du droit international privé, mais l'application directe des règles du droit interne (le droit civil pour obtenir l'annulation de la vente et la restitution des fonds ; le droit pénal pour sanctionner l'escroquerie du vendeur).

FICHE 9

L'interprétation de la loi

NOTIONS CLÉS

- ✔ **Arguments d'interprétation**
- ✔ **Exégèse**
- ✔ **Libre recherche scientifique**
- ✔ **Maximes d'interprétation**

I. La nécessité de l'interprétation

Il arrive souvent qu'une loi ait besoin d'être interprétée pour pouvoir être appliquée. Le problème est alors de savoir quelle est l'autorité qualifiée pour procéder à cette interprétation.

A Le recours à l'interprétation

Interpréter un texte, c'est faire ressortir son sens véritable. On appelle l'**herméneutique** l'art de comprendre et d'interpréter un texte.

L'interprétation de la règle de droit n'est pas régie par le Code civil, contrairement à celle des conventions, dont le principe essentiel consiste à rechercher l'intention commune des parties (art. 1188 à 1192).

L'interprétation est indispensable en présence d'un **texte obscur**. Il s'agit de donner un sens précis aux mots d'un texte dont la signification peut sembler floue. Qu'entend-on par texte obscur ? C'est un texte dont le sens peut être ambigu, ou qui contient des dispositions contraires équivoques ou antinomiques, ou enfin qui semble incomplet ou qui n'envisage pas toutes les situations (mais le peut-il ?).

L'interprétation peut aussi s'avérer nécessaire en présence d'un **texte clair**, et ce malgré l'adage *interpretatio cessat in claris* (l'interprétation cesse en présence d'un texte clair). Certes, une partie de la doctrine rejette cette idée, estimant que dans cette hypothèse, le juge procède obligatoirement à une application pure et simple du droit aux faits. Cependant, en pratique, il est exceptionnel qu'une disposition soit suffisamment complète et précise pour s'appliquer sans adaptation à l'espèce. En outre, de nos jours, le législateur recourt souvent à des notions générales, charge au juge d'en préciser le contenu, par exemple l'intérêt de l'enfant.

EXEMPLE

Un texte parfaitement clair peut se révéler absurde et l'interprétation judiciaire est alors nécessaire pour lui rendre une logique conforme aux objectifs du législateur.

B L'auteur de l'interprétation

Il arrive que l'auteur de l'interprétation soit le législateur, mais le plus fréquemment, il s'agit du juge. Du reste, l'interprétation peut parfois émaner de l'Administration.

L'interprétation législative

En stricte logique, le pouvoir d'interpréter la loi appartient à celui qui l'a édictée (*ejus est interpretari legem cujus est condere* : c'est au créateur de la règle qu'il appartient de l'interpréter). Ce système dit de « l'interprétation authentique » est typique des régimes autocratiques caractérisés par une concentration des pouvoirs. On le retrouve en droit romain et dans l'ancien droit, qui confiaient l'interprétation au souverain (empereur ou roi).

La méthode est reprise par les révolutionnaires au moyen du **référé législatif**, qui oblige le juge à saisir le législateur des difficultés apparues à l'occasion d'un procès. Mais ce dispositif né en 1790 est jugé trop lourd et finit par être abandonné en 1837.

Aujourd'hui, la séparation des pouvoirs est une réalité, de sorte que le législateur n'intervient qu'occasionnellement pour interpréter ses propres textes. Il le fait par le biais de **lois interprétatives** ayant pour objectif d'éclairer, par une disposition générale, une disposition trop obscure d'une loi antérieure suscitant des difficultés d'application. Ces lois sont soumises au contrôle judiciaire.

L'interprétation judiciaire

L'interprétation de la règle de droit appartient fondamentalement au juge. Celui-ci a le **pouvoir** et, selon l'article 4 du Code civil, le **devoir** d'interpréter la loi.

Texte de loi

L'**article 4 du Code civil** dispose que « Le juge qui refusera de juger, sous prétexte du silence, de l'obscurité ou de l'insuffisance de la loi, pourra être poursuivi comme coupable de déni de justice. »

Le juge peut être aidé dans sa tâche par la doctrine, dans la mesure où les opinions des juristes ne sont pas sans influence sur les décisions de justice.

Lorsqu'il interprète la loi, **le juge peut être amené à la préciser, à l'adapter ou à la suppléer**. L'interprétation judiciaire se présente alors comme un complément de la loi par lequel se réalise essentiellement l'œuvre créatrice et normative de la jurisprudence.

L'interprétation de la loi par le juge peut tout d'abord l'obliger à préciser la loi. Lorsque le juge doit appliquer une loi peu précise ou obscure, il devra obligatoirement préciser son contenu. Par exemple l'article 1240 du Code civil dispose que « Tout fait de l'homme qui cause un dommage à autrui oblige celui par la faute duquel il est arrivé à le réparer. » Cet article du Code civil, qui pose le principe d'une responsabilité du fait personnel, ne définit pas les conditions de sa mise en œuvre (faute, dommage, causalité). Face à ces lacunes de la loi, le juge (inspiré souvent par les réflexions de la doctrine) est obligé de préciser son contenu, en donnant les définitions manquantes.

L'interprétation de la loi par le juge peut également l'obliger à adapter la loi. Ce rôle s'est manifesté très nettement en matière de responsabilité civile. Avec l'évolution de la société moderne et la multiplication des accidents liés au développement du machinisme, les juges se sont trouvés démunis pour appliquer à ces nouveaux accidents les règles édictées en 1804. Ils ont donc proclamé l'existence d'un principe général de responsabilité du fait des choses, fondé sur l'article 1384 alinéa 1er du Code civil, devenu l'article 1243, alinéa 1er (Cass. civ., 16 juin 1896, arrêt *Teffaine* dit « *arrêt du remorqueur* »). Par la suite, ils ont dégagé, à partir du même article, un principe général de responsabilité du fait d'autrui (Cass. ass. plén., 29 mars 1991, *Blieck*).

Texte de loi

Selon l'**article 1243, alinéa 1er du Code civil** : « On est responsable non seulement du dommage que l'on cause par son propre fait, mais encore de celui qui est causé par les personnes dont on doit répondre ou des choses que l'on a sous sa garde. »

L'interprétation de la loi par le juge peut enfin l'obliger à combler les lacunes de la loi.

EXEMPLE

L'exemple le plus connu est celui du principe d'enrichissement sans cause, qui a vu le jour avec l'arrêt dit « *des engrais* » de la chambre des requêtes de la Cour de cassation du 15 juin 1892, *Boudier c. Patureau-Miran*. Ce principe signifie que celui qui s'est enrichi sans cause au détriment d'autrui doit restitution à celui qui s'en trouve appauvri. Requalifié en 2016 d'« enrichissement injustifié », il a été consacré par le législateur à l'article 1303 du Code civil.

Cela étant, il faut souligner le **rôle prédominant de la Cour de cassation** en matière d'interprétation judiciaire.

Par sa situation au sommet de la hiérarchie judiciaire, la Cour de cassation, juge du droit, impose aisément son interprétation de la loi aux juridictions inférieures, qui auront tendance à s'y conformer par peur de voir leurs décisions cassées et annulées.

De plus, la Cour de cassation peut être **saisie pour avis** par les juridictions de l'ordre judiciaire. Cette procédure, qui se révèle particulièrement utile lorsque les tribunaux et cours d'appel doivent appliquer de nouveaux textes de loi, contribue, en amont de la chaîne juridictionnelle, à l'harmonisation de la jurisprudence.

L'article L. 441-1 du Code de l'organisation judiciaire définit les conditions de **saisine pour avis** de la Cour de cassation : « Avant de statuer sur une question de droit nouvelle, présentant une difficulté sérieuse et se posant dans de nombreux litiges, les juridictions de l'ordre judiciaire peuvent, par une décision non susceptible de recours, solliciter l'avis de la Cour de cassation. »

Depuis la loi n° 2016-1547 dite J21 du 18 novembre 2016, l'avis est rendu soit par une formation mixte, « lorsque la demande relève normalement des attributions de plusieurs chambres », soit par une formation plénière, « lorsque la demande pose une question de principe ».

Le décret n° 2017-396 du 24 mars 2017 précise la composition de ces deux nouvelles formations, mixte et plénière (art. R. 441-1 du Code de l'organisation judiciaire).

À côté de la saisine pour avis, il existe une autre procédure : la **question préjudicielle** (art. 49 du Code de procédure civile). Ainsi, quand se pose une question qui ne relève pas de ses compétences traditionnelles et dont la résolution est indispensable au dénouement du litige, le juge doit surseoir à statuer (stopper le procès) et transmettre la question à la connaissance d'un autre juge. Une fois la réponse reçue, le procès reprend son cours.

La question préjudicielle est donc un mécanisme juridique qui favorise le dialogue entre les juges : d'une part entre le juge judiciaire et le juge administratif, d'autre part entre le juge national et le juge européen. Dans cette dernière hypothèse, la juridiction nationale peut adresser à la Cour de justice de l'Union européenne (CJUE) une question préjudicielle dès qu'elle constate qu'une décision sur l'interprétation ou la validité du droit de l'Union est nécessaire pour rendre son jugement. On parle alors de « renvoi préjudiciel ».

ATTENTION

La **loi n° 2018-237 du 3 avril 2018** autorisant la ratification du protocole n° 16 à la CEDH autorise la **saisine, par la Cour de cassation, de la Cour européenne pour avis**. Désormais, la Cour de cassation peut lui adresser des demandes d'avis consultatifs (et non-contraignants) sur des questions de principe relatives à l'interprétation ou à l'application des droits et libertés définis par la Convention ou ses protocoles, dans le cadre d'une affaire pendante devant elle. Ce mécanisme a été utilisé pour la première fois en matière de GPA. La Cour de cassation a adressé à la CEDH une demande d'avis consultatif le 5 octobre 2018 (Cass. ass. plén., 5 oct. 2018), à laquelle la juridiction européenne a répondu le 10 avril 2019.

L'interprétation administrative

L'interprétation des lois et règlements peut résulter de circulaires ou de réponses ministérielles aux questions des parlementaires. Elle provient alors de l'Administration, Gouvernement compris.

Les **circulaires** sont des instructions adressées par un supérieur administratif au personnel placé sous son autorité et destinées à guider l'action des fonctionnaires et agents dans l'application des lois et règlements. Ce sont en principe des actes internes à l'Administration.

Les **réponses ministérielles** écrites aux questions écrites des parlementaires sont des avis, des interprétations que le pouvoir exécutif fait de telle ou telle disposition légale ou réglementaire. Elles ne lient pas les tribunaux, mais ceux-ci peuvent y être sensibles.

II. Les modalités de l'interprétation

L'interprétation repose sur des méthodes spécifiques et utilise des techniques particulières.

A Les méthodes d'interprétation

À la conception exégétique classique de l'interprétation des textes viennent s'opposer les méthodes modernes qualifiées de scientifiques.

La méthode classique : l'exégèse

L'exégèse repose à la fois sur **la lettre et l'esprit du texte**. L'interprète doit rechercher l'intention du législateur. Pour ce faire, il doit s'attacher aux termes choisis par ce dernier en se livrant à une véritable analyse grammaticale, mais également se référer aux travaux préparatoires au cours desquels le législateur est souvent amené à préciser ses intentions.

ATTENTION

L'exégèse ne doit pas être confondue avec l'interprétation littérale, qui consiste à ne s'attacher qu'à la lettre du texte, sans tenir compte de son esprit.

Développée après la promulgation du Code civil de 1804, l'interprétation exégétique n'a pas manqué de susciter des critiques. La recherche de la volonté du législateur a un caractère plutôt divinatoire. Les travaux préparatoires d'un texte ne constituent pas un guide sûr, car lors des discussions d'un projet ou d'une proposition de loi, bien des opinions divergentes se font entendre. Et surtout, à quoi sert-il de rechercher quelle était la volonté du législateur à l'époque où la loi a été confectionnée, lorsque la difficulté de son application se manifeste des années plus tard, alors que l'état économique et social du pays a subi de notables transformations ? On comprend que des tendances modernes d'interprétation se soient manifestées.

Les méthodes modernes d'interprétation

Diverses méthodes dites « scientifiques » ont donc été proposées.

La **méthode téléologique** propose une interprétation de la loi en fonction du but social poursuivi lors de son élaboration. C'est l'objectif que s'est donné le texte qui sert de principe d'interprétation.

La **méthode historique ou évolutive** permet à l'interprète d'adapter le texte aux nécessités sociales de son époque. L'interprète doit en réalité rechercher ce qu'aurait été la pensée des auteurs de la loi s'ils avaient légiféré aujourd'hui. Un même texte pourra donc recevoir des interprétations différentes selon les époques.

La **méthode structuraliste** implique un retour de l'interprète au texte, mais au texte considéré dans son ensemble et dans sa construction. Le sens se trouve dans la structure rigide du texte (exemples : fréquence d'utilisation d'un terme, liaison entre les termes).

La **méthode de la libre recherche scientifique**, imaginée en 1899 par le célèbre juriste François Gény dans son ouvrage *Méthodes d'interprétation et sources du droit positif*. Il propose, quand la loi a révélé ses limites, de combler le vide laissé par celle-ci. Il faut aller au-delà du texte et construire véritablement le droit à partir de la réalité du moment, qu'elle soit historique, sociale ou autre. L'interprète doit alors élaborer une solution comme s'il faisait œuvre de législateur, en s'aidant de toutes les données qui peuvent contribuer à la naissance d'une règle de droit.

Au final, la jurisprudence ne consacre expressément ni la méthode classique ni les méthodes modernes. Le juge est libre d'avoir recours aux différentes méthodes d'interprétation, qui sont autant d'instruments de compréhension de la loi, mais il doit toujours partir du texte, ce que le juriste Raymond Saleilles résumait par la formule « *au-delà du Code, mais par le Code* ».

B Les techniques d'interprétation

Ces procédés techniques résident soit dans l'utilisation d'un argument logique, soit dans le recours à des directives, les maximes d'interprétation.

Les arguments d'interprétation

La doctrine a dégagé pas moins de treize types d'arguments de nature à découvrir le sens d'une règle, par référence à son texte ou à son contexte. On s'en tiendra aux modes de raisonnement les plus familiers.

L'argument *a pari* ou par analogie. Devant l'absence de règle régissant une situation, on lui étend la règle édictée pour une situation semblable.

L'argument *a fortiori*. On étend une règle à une situation non prévue par celle-ci, parce que l'application de la règle se justifie encore mieux à cette situation non prévue par elle qu'à la situation prévue par la règle.

L'argument *a contrario*. Si une règle est subordonnée à certaines conditions, la règle inverse doit s'appliquer quand ces conditions ne sont pas réunies.

L'argument téléologique. Il consiste dans la recherche de la finalité poursuivie par le législateur lors de l'adoption d'un texte. L'étude des travaux préparatoires d'une loi est alors nécessaire.

Le raisonnement par induction-déduction. On rapproche et on combine plusieurs textes afin de dégager l'idée qui leur est commune. On prend appui sur des textes particuliers et, par raisonnement inductif, on découvre à partir de ces textes divers une idée générale, un principe. Ensuite, en partant de cette idée, on déduit les conséquences que le législateur n'a pas expressément indiquées mais qui en découlent naturellement.

Les maximes d'interprétation

À côté des arguments de logique, certaines règles pratiques d'interprétation sont données en forme de maximes. Il est possible de les regrouper d'après le résultat auquel elles tendent.

Les maximes d'interprétation restrictive. Elles préconisent le renfermement du texte sans débordement en dehors de sa teneur.

- **Les exceptions sont d'interprétation stricte.** Tout texte écartant le droit commun doit être confiné dans les limites étroites et formelles admises par le législateur.
- **Les peines sont d'interprétation stricte.** Il s'agit d'écarter le raisonnement par analogie en matière pénale, en dépit de la ressemblance des situations. Le respect de la liberté individuelle ne saurait subir d'atteintes autres que celles nommément prévues par la loi. Il arrive toutefois que l'adaptation de certains textes à l'évolution des techniques constitue une entorse à la maxime. C'est ainsi que la diffamation publique de la loi du 29 juillet 1881 sur la liberté de la presse, qui frappait les écrits diffamatoires, a été étendue à la même incrimination réalisée par la voie de la radio et du cinéma, qui n'existaient pas à l'époque de la loi.
- **Pas de privilège sans texte :** un statut préférentiel ne peut profiter qu'aux seules personnes désignées par la loi.
- **La loi cesse là où cessent ses motifs.** La loi ne doit pas être appliquée à des situations qui, tout en paraissant incluses dans sa lettre, se trouvent exclues de son esprit. Mais, en faisant prévaloir la *ratio legis*, l'esprit de la loi, sur son expression

formelle, on va contre l'interdiction de distinguer là où la loi ne distingue pas (voir ci-dessous). Pour réduire le conflit, cette maxime est donc limitée aux hypothèses dans lesquelles l'opposition entre l'esprit et la lettre de la loi est flagrante.

Les maximes d'interprétation plénière. Elles suggèrent de conférer toute sa plénitude au contenu de la loi.

- **Il est défendu de distinguer là où la loi ne distingue pas** (*ubi lex non distinguit, nec nos distinguere debemus*).

EXEMPLE

Lorsque l'article 102, alinéa 1er du Code civil dispose que le domicile de tout Français est au lieu où il a son principal établissement, il faut admettre que ce texte s'applique à tous les Français et pas seulement aux Français d'origine.

- **Il ne convient pas de juger sans considérer la loi dans son entier.** Il est interdit de juger en ne prenant appui que sur une disposition de la loi. Il faut la considérer dans son ensemble. Cette recommandation n'est pas sans rappeler la directive donnée au juge par l'article 1189 du Code civil en matière contractuelle : « Toutes les clauses d'un contrat s'interprètent les unes par rapport aux autres, en donnant à chacune le sens qui respecte la cohérence de l'acte tout entier. »

Les maximes d'interprétation privilégiante. Ces maximes orientent le choix de l'interprète soit en faveur de telle disposition, soit en faveur de telle personne.

- **Le doute profite à l'accusé.** Quand un texte pénal est obscur, les juridictions doivent retenir le sens le plus favorable à l'accusé.
- **Ce qui est spécial déroge à ce qui est général** (*speciala generalibus derogant*). Dans le conflit chronologique qui oppose deux lois d'inégale étendue, c'est la plus réduite qui l'emporte, et ce quel que soit l'ordre de succession des textes. Le motif en est que la loi spéciale, plus nettement circonscrite, peut vivre isolément, sans contrarier le jeu de la loi générale.
- **La loi postérieure déroge à la loi antérieure.** On exprime ainsi la préférence donnée à la loi nouvelle, réputée tacitement abrogative de la précédente, lorsqu'il y a incompatibilité entre leurs dispositions. En effet, la loi nouvelle est présumée meilleure que la loi ancienne.

ENTRAÎNEMENT

QCM

Choisissez, parmi les propositions suivantes, la ou les bonne(s) réponse(s).

1. Comment appelle-t-on l'art de comprendre et d'interpréter un texte ?
- **a.** L'exégèse.
- **b.** L'herméneutique.
- **c.** La bioéthique.

2. Le référé législatif a été supprimé en :
- **a.** 1790.
- **b.** 1804.
- **c.** 1837.

3. La méthode exégétique se fonde sur :
- **a.** la lettre du texte.
- **b.** l'esprit du texte.
- **c.** la lettre et l'esprit du texte.

4. La maxime « Il est défendu de distinguer là où la loi ne distingue pas » est :
- **a.** une maxime d'interprétation restrictive.
- **b.** une maxime d'interprétation plénière.
- **c.** une maxime d'interprétation privilégiante.

5. Quel argument d'interprétation consiste dans la recherche de la finalité poursuivie par le législateur lors de l'adoption d'un texte ?
- **a.** L'argument *a pari*.
- **b.** L'argument *a contrario*.
- **c.** L'argument téléologique.

EXERCICE

Rédigez une introduction et un plan pour le sujet de dissertation suivant : « L'interprétation de la loi par le juge ».

CORRIGÉS DES QCM

1. b. Le terme dérive du nom du dieu grec Hermès, messager des dieux et interprète de leurs ordres.

2. c. Né en 1790, le référé législatif a connu une vie mouvementée avant d'être définitivement supprimé par une loi du 1er avril 1837.

3. c. En cela, l'exégèse se distingue de l'interprétation littérale, qui ne s'attache qu'à la lettre du texte.

4. b. Une maxime d'interprétation plénière suggère de conférer toute sa plénitude au contenu de la loi.

5. c. L'étude des travaux parlementaires d'une loi est souvent d'une grande aide pour déterminer la finalité poursuivie par le législateur.

CORRIGÉ DE L'EXERCICE

La fonction essentielle du juge est de trancher, selon une procédure déterminée, les litiges qui lui sont soumis. L'article 12 du Code de procédure civile rappelle qu'il doit le faire « conformément aux règles de droit applicables au litige ». Le rôle du juge consiste donc à dire le droit dans un cas particulier, à déclarer s'il y a eu ou non violation de la règle de droit. En d'autres termes, il appartient au magistrat d'appliquer la loi.

En réalité, la pratique montre que cette fonction première est dépassée. Le juge n'a pas pour seul rôle d'appliquer la loi, entendue comme toute règle de droit écrite ; il lui faut également l'interpréter ou la compléter. En effet, si la loi est peu claire, imprécise, confuse, ambiguë ou incomplète, le juge devra en rechercher le sens, en définir les conditions légales.

Pour autant, l'Histoire nous montre qu'il n'en a pas toujours été ainsi. Pour les révolutionnaires, la fonction du juge devait se réduire à la simple application de la loi en utilisant la méthode du syllogisme judiciaire.

> ***Définition***
>
> Le **syllogisme judiciaire** est un mode de raisonnement en trois temps. Dans le schéma syllogistique, la règle de droit constitue la « majeure », les faits la « mineure » et l'application de la règle aux faits la « conclusion ». Le syllogisme le plus connu est celui d'Aristote : « 1. Tous les hommes sont mortels ; 2. Or Socrate est un homme ; 3. Donc Socrate est mortel. »

S'agissant d'interprétation, le juge devait s'adresser au législateur afin que celui-ci explique le texte. Cette conception s'était concrétisée dans l'institution, par la loi des 27 novembre et 1er décembre 1790, d'une part du Tribunal de cassation – l'ancêtre de la Cour de cassation –, conçu comme un service annexe du pouvoir législatif chargé de veiller à la stricte application de la loi et, d'autre part, du référé législatif obligatoire. C'est ainsi qu'après deux cassations successives, si un troisième jugement statuait dans le même sens, le Tribunal de cassation devait surseoir à statuer et demander au corps législatif un « décret déclaratoire de la loi ». Ce mécanisme était particulièrement lourd, et l'échec du référé législatif fut total. Après plusieurs réformes, il fut complètement abandonné par la loi du 1er avril 1837.

Aujourd'hui, le législateur conserve la possibilité d'adopter une loi interprétative, mais l'utilise rarement. En revanche, l'interprétation judiciaire est devenue essentielle au point que l'on peut s'interroger sur les raisons ayant conduit au développement de ce pouvoir du juge.

La montée en puissance de l'interprétation judiciaire de la loi s'explique d'abord par le déclin de cette dernière. L'inflation législative a pour corollaire la perte de qualité des textes promulgués. Cette montée en puissance trouve aussi son origine dans une opinion, communément répandue, qui veut que ce n'est pas celui qui fait la loi qui doit l'interpréter, mais celui qui l'applique, c'est-à-dire le juge. Surtout, l'article 4 du Code civil pose une véritable obligation d'interpréter à la charge du magistrat.

Il faut dire que l'interprétation judiciaire présente l'intérêt considérable d'être motivée, publique et surtout publiée. Elle retient toute l'attention des justiciables, qui cherchent toujours à se représenter comment la juridiction en cause déciderait si elle était saisie. C'est ainsi qu'elle est devenue prééminente par rapport aux autres interprétations, doctrinale notamment.

En outre, par le biais de l'interprétation de la loi, le juge possède une fonction créatrice, parce qu'il précise le sens du texte, qu'il élimine les antinomies et qu'il adapte la loi à l'évolution des faits. L'interprétation devient pierre angulaire dans la formation des solutions prétoriennes et peut donner lieu à jurisprudence. Mais, cet aspect est loin de faire l'unanimité.

Ainsi, si personne ne conteste aujourd'hui le caractère nécessaire de l'interprétation judiciaire de la loi (I), il en va différemment de son rôle créateur (II).

I. L'interprétation nécessaire de la loi

Face aux imperfections de la loi (A), le juge va utiliser certains procédés d'interprétation (B).

A. Les imperfections reconnues de la loi

Précisez que l'interprétation est indispensable en présence d'un texte obscur, mais qu'elle peut s'avérer nécessaire en présence d'un texte clair.

B. Les outils d'interprétation de la loi

Développez les méthodes et les techniques d'interprétation.

II. L'interprétation créatrice de la loi

Si l'interprétation est avant tout explicative, en ce qu'elle permet de déterminer le sens véritable d'un texte, elle peut aussi s'avérer créatrice dans certaines situations. Or, cette interprétation créatrice joue un rôle dans la formation (A) et l'unification (B) de la jurisprudence.

A. Le rôle de l'interprétation créatrice dans la formation de la jurisprudence

En usant de son pouvoir d'interprétation, le juge peut être amené à dégager des règles juridiques. Ce pouvoir normatif est très controversé. Exposez le débat sur la jurisprudence, source de droit, en développant les différents arguments (fiche 10).

B. Le rôle de l'interprétation créatrice dans l'unification de la jurisprudence

Soulignez le rôle de la Cour de cassation dans l'unification de la jurisprudence ainsi que les moyens dont elle dispose pour imposer son interprétation aux autres juridictions.

La jurisprudence

FICHE 10

NOTIONS CLÉS

- ✔ **Arrêt de règlement**
- ✔ **Autorité de la chose jugée**
- ✔ **Déni de justice**
- ✔ **Interprétation judiciaire**

I. La négation traditionnelle de la jurisprudence comme source de droit

Le droit objectif se définit comme l'ensemble des règles juridiques régissant la vie en société. Parmi ses sources, la jurisprudence, c'est-à-dire **l'ensemble des décisions de justice rendues par les tribunaux**, occupe une place controversée, car une partie de la doctrine refuse d'admettre que le juge puisse disposer aujourd'hui d'un pouvoir normatif, d'un pouvoir d'édicter des règles de droit générales et obligatoires. Ses détracteurs s'appuient sur deux sortes de considérations s'y opposant, les unes d'ordre juridique, les autres d'ordre factuel.

A Les obstacles de droit

Deux principes juridiques s'opposent à la reconnaissance de la jurisprudence en tant que source formelle du droit objectif : la prohibition des arrêts de règlement et l'autorité relative de la chose jugée.

La prohibition des arrêts de règlement

> *Texte de loi*
>
> L'**article 5 du Code civil** interdit « aux juges de se prononcer par voie de disposition générale et réglementaire sur les causes qui leur sont soumises ».

Les révolutionnaires se méfiaient des tribunaux et il était interdit pour ces derniers d'empiéter sur les pouvoirs du législateur : le pouvoir judiciaire ne pouvait pas édicter des dispositions qui auraient force de loi. L'article 5 prohibe alors la pratique de l'Ancien Régime des **arrêts de règlement**. Les tribunaux ne peuvent plus rendre des arrêts non pas applicables à un cas déterminé, mais constituant une règle applicable par la suite à tous les cas analogues. Ils ne peuvent plus agir comme législateur. Cet article interdit donc en principe de créer des normes prétoriennes dans le cadre de l'activité jurisprudentielle.

Le principe constitutionnel de la **séparation des pouvoirs** interdit toute immixtion du judiciaire dans les domaines législatif et exécutif. Ce principe théorisé par Montesquieu dans *De l'esprit des lois* (1758) a été consacré à l'article 16 de la Déclaration des droits de l'homme et du citoyen de 1789. Il faut dire qu'à l'époque révolutionnaire, il y avait un sentiment d'hostilité à l'égard des juges qui, sous l'Ancien Régime, appartenaient à la noblesse. Robespierre disait ainsi que « *le mot jurisprudence [...] doit être effacé de notre langue. Dans un État qui a une constitution, une législation, la jurisprudence des tribunaux n'est autre chose que la loi* ». Autrement dit, édicter une règle de droit est un acte de souveraineté qui n'appartient qu'au peuple et donc à ses représentants élus. Le juge est censé être le serviteur servile de la loi, la « ***bouche de la loi*** » selon les mots de Montesquieu. D'ailleurs, l'article 12 de la loi des 16-24 août 1790 sur l'organisation judiciaire avait institué un **référé législatif** dépossédant les juges de leur pouvoir d'interprétation de la loi. Ceux-ci devaient demander au législateur de trancher les difficultés d'interprétation. Ce référé législatif fut supprimé par une loi du 1er avril 1837.

Dans le prolongement du principe de la séparation des pouvoirs, les articles 34 (domaine de la loi) et 37 (domaine du règlement) de la Constitution du 4 octobre 1958 ne laissent **aucune place au juge** dans l'édiction des règles de droit.

L'autorité relative de la chose jugée

La chose jugée, c'est-à-dire la décision judiciaire, doit avoir une certaine autorité pour être respectée. Cela signifie que ce qui a été jugé est tenu pour la vérité (*res judicata pro veritae habetur*). Cependant, l'article 1355 du Code civil, dans sa rédaction issue de l'ordonnance n° 2016-131 du 10 février 2016, pose que cette autorité est **relative** : elle n'existe qu'**entre les seules parties** au procès **et à l'égard du juge dans le litige** qui a opposé ces parties. En somme, une décision de justice ne peut avoir de portée générale.

Texte de loi

Article 1355 du Code civil : « L'autorité de la chose jugée n'a lieu qu'à l'égard de ce qui a fait l'objet du jugement. Il faut que la chose demandée soit la même ; que la demande soit fondée sur la même cause ; que la demande soit entre les mêmes parties, et formée par elles et contre elles en la même qualité. »

B Les obstacles de fait

Les obstacles de fait sont liés à la fois à la formation et à l'application de la jurisprudence.

Les obstacles liés à la formation de la jurisprudence

Trois obstacles principaux peuvent être cités.

La lenteur de la formation de la règle jurisprudentielle. La règle de droit étant susceptible de plusieurs interprétations, la jurisprudence est souvent divisée, car les tribunaux ne retiennent pas nécessairement les mêmes solutions sur des questions de droit.

La difficile connaissance de la règle jurisprudentielle nouvellement créée. Il n'y a pas la même publicité de la jurisprudence que pour la loi.

L'incertitude de la jurisprudence. Les décisions des juges du fond, dominées par les circonstances factuelles, obligent bien souvent à s'interroger sur la portée exacte de la solution retenue : s'agit-il d'un arrêt d'espèce ? S'agit-il au contraire d'un arrêt de principe ?

Les obstacles liés à l'application de la jurisprudence

Le principal obstacle qui s'élève contre la reconnaissance de la jurisprudence comme source formelle du droit réside dans son **instabilité** (on parle également d'« insécurité de la règle jurisprudentielle »). Cette instabilité peut prendre plusieurs formes.

- En premier lieu, une **question de droit** peut donner lieu à des **réponses différentes selon la juridiction saisie** (par exemple, la deuxième chambre civile et la chambre commerciale de la Cour de cassation).
- En deuxième lieu, le législateur peut toujours **intervenir pour casser une jurisprudence**. On parle alors de « bris de jurisprudence ».

EXEMPLE

L'exemple le plus connu est celui de l'affaire *Perruche* (indemnisation de l'enfant né handicapé) : la solution dégagée par la Cour de cassation en 2000 a été remise en cause par l'article 1er de la loi Kouchner de 2002 sur les droits des malades (« Nul ne peut se prévaloir du préjudice résultant de sa seule naissance »).

- En dernier lieu, **toute solution jurisprudentielle peut subir un revirement**. On parle de revirement de jurisprudence dans le cas où, une position ayant été déterminée clairement et fermement par les hautes juridictions, cette position est un jour modifiée (par exemple, en matière de détermination du prix dans les contrats, Cass. ass. plén., 1er décembre 1995). Il y a là une source d'insécurité juridique mais la CEDH rappelle constamment qu'il n'existe pas, au regard de la Convention européenne de sauvegarde des droits de l'homme et des libertés fondamentales, de droit acquis à une jurisprudence constante (CEDH, 12 juillet 2018, **Allègre c. France**).

ATTENTION

En principe, le revirement de jurisprudence a un **effet rétroactif** (la solution nouvelle retenue par les juges s'applique en quelque sorte rétroactivement à la date des faits de l'espèce), de sorte qu'il est un facteur de bouleversement pour les justiciables.

Ces dangers ont été mis en lumière dans le rapport Molfessis remis à l'ancien premier président de la Cour de cassation, Guy Canivet, en 2004. Celui-ci propose une **modulation dans le temps des effets des revirements de jurisprudence** : les arrêts de la Cour de cassation ne seraient plus rétroactifs mais ne vaudraient que pour l'avenir. Cette solution a été consacrée par la Cour de cassation dans un arrêt Radio France du 8 juillet 2004. Précisément, la Haute juridiction refuse de faire rétroagir le revirement de jurisprudence lorsque celui-ci est de nature à priver le plaideur de l'accès au juge. Cette évolution va dans le sens d'une reconnaissance de la jurisprudence comme source du droit objectif.

II. L'admission nouvelle de la jurisprudence comme source de droit

De nos jours, la majorité des auteurs considère que la jurisprudence est une source réelle, effective du droit objectif. Cependant, elle demeure contestée, notamment en raison de son fondement incertain.

A Une source avérée

Les juges ont acquis un véritable pouvoir créateur dans le silence de la loi. Plus qu'une simple autorité, la jurisprudence détermine des règles qui, par un phénomène d'imitation et de continuité, acquerront suffisamment d'autorité pour s'appliquer à tout litige identique.

La création de la règle jurisprudentielle

En créant une règle jurisprudentielle, le juge use *de facto* de son **pouvoir normatif** (ou créateur), qui est intimement lié à son **pouvoir d'interprétation de la loi** (fiche 11). L'un des rédacteurs du Code civil de 1804, le jurisconsulte J.-É.-M. Portalis (1746-1807), le savait bien : « *Un Code, quelque complet qu'il puisse paraître, n'est pas plutôt achevé que mille questions viennent s'offrir au magistrat.* »

ATTENTION

Lorsqu'il **interprète la loi**, le juge peut être amené **à la préciser, à l'adapter ou à la suppléer**. Ainsi, dans ce dernier cas, celui de l'absence de loi, il peut combler un vide juridique en créant un principe jurisprudentiel. L'exemple le plus connu est celui du principe d'enrichissement sans cause qui a vu le jour avec l'arrêt dit « des engrais » de la chambre des requêtes de la Cour de cassation du 15 juin 1892, *Boudier c. Patureau-Miran*. Ce principe signifie que celui qui s'est enrichi sans cause au détriment d'autrui doit restitution à celui qui s'en trouve appauvri. Requalifié en 2016 d'« *enrichissement injustifié* », il a été consacré par le législateur à l'article 1303 du Code civil.

Le juge a l'**obligation d'interpréter la loi** sous peine d'être condamné pour déni de justice par application de l'article 4 du Code civil. Ce devoir l'incite à exercer son pouvoir créateur.

Texte de loi

Article 4 du Code civil : « Le juge qui refusera de juger, sous prétexte du silence, de l'obscurité ou de l'insuffisance de la loi, pourra être poursuivi comme coupable de déni de justice. »

L'autorité de la règle jurisprudentielle

Même si le précédent judiciaire n'a pas la même force obligatoire que dans les pays de *common law*, la force de l'**imitation** et le rôle **unificateur** de la **Cour de cassation** font de la jurisprudence une **source réelle du droit**.

La force d'imitation. Lorsqu'un tribunal se heurte en pratique à une lacune législative, il aura tendance à se référer aux « précédents », c'est-à-dire aux solutions retenues par d'autres tribunaux appelés à statuer sur le même type de problème juridique. Voilà pourquoi on dit qu'une décision de justice « fait jurisprudence ». Cela signifie que la solution qui a été adoptée se généralise à tous les litiges analogues dont sont saisis les autres tribunaux. Ce recours aux précédents s'explique de plusieurs façons : phénomène d'imitation, poids de la hiérarchie juridictionnelle, besoin de sécurité juridique, peur d'une censure de la juridiction supérieure, etc.

Le rôle unificateur de la Cour de cassation. La juridiction suprême joue un rôle déterminant dans la formation de la jurisprudence. Elle a les moyens de réaliser l'uniformité des décisions, soit de manière incitative, par les avis qu'elle peut rendre (procédure de la saisine pour avis issue de la loi du 15 mai 1991), soit de manière directive, par ses arrêts de principe ou ses arrêts d'assemblée plénière. Le pourvoi dans l'intérêt de la loi, sur l'initiative du procureur général près la Cour de cassation, permet également d'assurer le triomphe de la doctrine de la Cour de cassation, même s'il aboutit à une censure symbolique de la décision que les parties n'ont pas souhaité contester.

Du reste, **la jurisprudence est indirectement créatrice de droit** en incitant le législateur à intervenir en adoptant une nouvelle loi pour entériner ses décisions.

B Une source contestée

La jurisprudence demeure une source contestée du droit objectif, car elle apparaît à la fois dangereuse et incertaine.

Une source dangereuse

Face au nombre croissant de règles jurisprudentielles, certains auteurs dénoncent le **risque d'arbitraire du juge**.

Pour pallier cet inconvénient, le législateur pose une **obligation de motiver** (C. proc. civ., art. 455) : les juges doivent, sous peine de censure, justifier en droit leur décision en s'appuyant sur un texte (visa) ou au moins sur un principe juridique incontesté. Ce faisant, la jurisprudence reste subordonnée à la loi.

Une source incertaine

En tant que source du droit objectif, la jurisprudence présente un fondement incertain. Divers fondements ont été proposés par la doctrine. Nous en retiendrons trois :

- selon M. Planiol, le droit jurisprudentiel est « un **droit coutumier** de nouvelle formation », mais cette conception est vivement critiquée par Gény, qui estime, avec d'autres auteurs, que jurisprudence et coutume ne peuvent être confondues ;
- selon M. Maury, la force obligatoire de la jurisprudence repose sur l'***opinio juris***, c'est-à-dire sur sa reconnaissance par la communauté des juristes ; cette thèse conduit à voir dans la jurisprudence une source autonome de règles juridiques ; elle débouche ainsi sur une vision pluraliste du monde du droit ;
- selon la thèse moniste de M. Waline, la force obligatoire de la jurisprudence repose sur **la permission tacite du législateur** ; l'absence de réaction du législateur s'interpréterait comme une approbation tacite ; cependant, cette thèse est critiquée, car elle comporte des contradictions.

QCM

Choisissez, parmi les propositions suivantes, la ou les bonne(s) réponse(s).

1. **Quel philosophe estime que le juge est « la bouche » de la loi ?**
   a. Voltaire.
   b. Rousseau.
   c. Montesquieu.
   d. Diderot.

2. **Selon la doctrine dominante, la jurisprudence est :**
   a. une source écrite du droit.
   b. une source non écrite du droit.
   c. une source directe du droit.
   d. une simple autorité.

3. **En interprétant la loi, le juge peut :**
   a. la préciser.
   b. l'adapter.
   c. la suppléer.
   d. la supprimer.

4. **Quel article de loi prohibe le déni de justice ?**
   a. L'article 4 du Code civil.
   b. L'article 5 du Code civil.
   c. L'article 1355 du Code civil.
   d. L'article 455 du Code de procédure civile.

5. **Quel article de loi prohibe les arrêts de règlement ?**
   a. L'article 4 du Code civil.
   b. L'article 5 du Code civil.
   c. L'article 1355 du Code civil.
   d. L'article 455 du Code de procédure civile.

EXERCICES

1 **Le juge peut-il contredire la loi ?**

2 **Peut-on considérer le juge comme un « moteur » de la loi ?**

CORRIGÉS

CORRIGÉS DES QCM

1. c. Charles-Louis de Secondat de La Brède, dit Montesquieu (1689-1755), est un théoricien de la séparation des pouvoirs. Dans son ouvrage *De l'esprit des lois*, il écrit : « Les juges de la nation ne sont que la bouche qui prononce les paroles de la loi, des êtres inanimés, qui n'en peuvent modérer ni la force ni la rigueur. »

2. b. À l'instar de la coutume, la jurisprudence est considérée comme une source non écrite du droit, car la solution dégagée par le juge n'est pas préexistante à son intervention. Elle dépend des faits de chaque espèce.

3. a. b. c. Le juge peut préciser les contours de la loi, en définissant les notions utilisées par cette dernière. Il peut aussi adapter des textes insuffisants ou vieillis à l'évolution de la société. Il peut enfin combler un vide textuel en créant un principe jurisprudentiel.

4. a. Le déni de justice correspond à un refus du juge de trancher le litige qui lui est soumis.

5. b. Rappelons qu'un arrêt de règlement est une décision par laquelle un juge, excédant son pouvoir, s'arrogerait le droit de se prononcer, par voie de disposition générale et réglementaire, sur les causes qui lui sont soumises.

CORRIGÉS DES EXERCICES

1 Le juge peut-il contredire la loi ?

Le juge est en principe soumis à la loi ; il est « la bouche de la loi » d'après une célèbre formule de Montesquieu. Cependant, il peut arriver que le juge censure une loi parce qu'elle serait contraire à une norme supérieure (traité, constitution). Cela se vérifie à propos des juges constitutionnels et européens.

Par exemple, le Conseil constitutionnel, dans sa décision n° 2010-14/22 QPC du 30 juillet 2010, a considéré la législation française de droit commun de la garde à vue contraire à la Constitution. L'abrogation des textes de procédure pénale jugés inconstitutionnels a entraîné l'adoption de la loi du 14 avril 2011 relative à la garde à vue et, partant, de meilleures garanties pour les justiciables. De même, le juge constitutionnel a abrogé le délit de harcèlement sexuel, en raison de l'insuffisante définition du comportement incriminé (décis. n° 2012-240 QPC du 4 mai 2012). Tenant compte de cette décision, le législateur a adopté la loi n° 2012-954 du 6 août 2012 relative au harcèlement sexuel.

De son côté, la Cour européenne des droits de l'homme (CEDH) contredit la loi française lorsqu'elle contrevient à l'une des dispositions de la Convention européenne. La France est alors condamnée et doit indemniser le requérant. Ainsi, dans l'affaire Eon c. France du 14 mars 2013, les juges strasbourgeois ont reproché à la France d'avoir prononcé la condamnation pénale, à 30 € d'amende avec sursis, pour offense au président de la République, d'un homme qui arborait un panneau portant la citation « *Casse-toi pov'con* » à destination de N. Sarkozy. Ils y ont vu une atteinte à la liberté d'expression protégée par l'article 10 de la Convention. Tirant les conséquences de l'arrêt rendu, le Parlement a abrogé le délit d'offense au président de la République (loi n° 2013-711 du 5 août 2013 portant diverses dispositions d'adaptation dans le domaine de la justice en application du droit de l'Union européenne et des engagements internationaux de la France). Ce dernier est désormais protégé au titre de l'infraction d'injure publique, au même titre que les autres justiciables.

Enfin, s'agissant des juges ordinaires (juges judiciaires et administratifs), la réponse à la question posée est plus délicate. Si les juridictions inférieures (juridictions de première instance, cours d'appel) n'ont pas le pouvoir de contredire directement la loi au risque de voir leurs décisions cassées par les juridictions suprêmes (Cour de cassation, Conseil d'État), il semble en aller autrement pour ces dernières. En effet, depuis l'introduction de la question prioritaire de constitutionnalité (QPC) dans notre ordre juridique en 2008 (entrée en vigueur le 1er mars 2010), les hautes juridictions ont la possibilité d'apprécier la constitutionnalité des normes internes contestées, car elles ne sont pas toujours obligées de saisir le Conseil constitutionnel (exemple : lorsque la QPC ne présente pas de caractère sérieux). La Cour de cassation et le Conseil d'État se comportent alors comme des juges constitutionnels.

2 Peut-on considérer le juge comme un « moteur » de la loi ?

Si le juge se présente souvent comme un substitut de la loi, lorsque, par exemple, il comble un vide juridique, il lui arrive également d'être un « moteur » de la loi. Dans cette hypothèse, il apparaît comme un auteur indirect de la loi au sens large en poussant le législateur à intervenir. Les exemples sont nombreux : l'arrêt *Desmares* de la Cour de cassation (1982), rompant avec le principe de l'effet exonératoire partiel de la faute de la victime, a servi d'aiguillon au législateur, qui a voté la loi de 1985 sur l'indemnisation des accidents de la circulation ; l'arrêt d'Assemblée plénière de 1991, qui prohibe la gestation pour autrui... solution consacrée par la loi bioéthique de 1994 ; la jurisprudence *Perruche* de 2000, brisée par la loi Kouchner de 2002 sur les droits des malades ; la saisine pour avis depuis la loi de 1991 : la Cour de cassation est associée à l'œuvre législative ; le rapport annuel de la Cour de cassation : dans ce rapport, la juridiction suprême invite le législateur à opérer certaines réformes et ses propositions sont parfois suivies d'effets...).

FICHE 11

La coutume

NOTIONS CLÉS

- ✔ **Usage ancien, constant et général**
- ✔ **Coutume *contra legem***
- ✔ **Coutume *praeter legem***
- ✔ **Coutume *secundum legem***

I. La notion de coutume

A Définition

La coutume correspond à un **usage ancien, constant et général, ayant acquis un caractère juridiquement obligatoire**. Cette définition ne résulte pas de la loi mais de la doctrine et de la jurisprudence. Ainsi, Jean Carbonnier disait que la coutume est « le droit enfanté par le temps » ou encore du « droit qui s'est constitué par habitude ».

EXEMPLE

La tradition locale ininterrompue des corridas et des combats de coqs déroge à l'application des sanctions pénales frappant les actes de cruauté envers les animaux (art. 521-1 du Code pénal : 2 ans d'emprisonnement et 30 000 € d'amende). En effet, l'alinéa 7 de cet article écarte la répression pénale en présence de ces coutumes. Dans un arrêt du 7 février 2006, la première chambre civile de la Cour de cassation a validé l'exception relative aux courses de taureaux. De même, dans une décision QPC du 21 septembre 2012, le Conseil constitutionnel a jugé la pratique de la corrida conforme à la Constitution, ce qui a incité plusieurs associations protectrices des animaux et une partie de la classe politique à demander une modification de la loi.

La coutume peut avoir une **origine populaire** (usages locaux, professionnels, conventionnels) **ou bien savante** (maximes juridiques, proverbes, adages). Dans ce dernier cas, il s'agit d'expressions plus ou moins anciennes posant des règles de bon sens et qui sont appliquées par les tribunaux, voire consacrées par la loi.

EXEMPLE

« *Fraus omnia corrumpit* » : la fraude corrompt tout.

« *Speciala generalibus derogant* » : la règle spéciale déroge à la règle générale.

La coutume peut être **orale ou écrite**. Les coutumes non écrites constituent le droit coutumier à l'état pur, celui que l'on connaît depuis l'époque romaine. Elles revêtent une certaine souplesse en s'adaptant aux besoins sociaux, mais demeurent incertaines (imprécision et variations régionales). Les coutumes écrites se sont développées à la suite de l'Ordonnance de Montils-les-Tours (1453), qui a prescrit la rédaction des règles coutumières.

ATTENTION

La coutume occupait une place importante à l'époque romaine et sous l'Ancien droit. À la Révolution française, elle connaît un profond déclin, car se met en place un système légaliste où la loi, expression de la volonté générale, occupe une place prépondérante. Elle tend même à disparaître avec la naissance du Code civil en 1804 : toutes les anciennes coutumes contraires sont abrogées. Toutefois, la loi du 30 ventôse an XII instituant le Code civil précise que les coutumes abrogées sont celles qui existent « *dans les matières régies par le Code* ». En dehors de ces matières, la coutume a ainsi pu subsister.

Il est parfois difficile de distinguer la coutume du simple usage. Si la jurisprudence se base parfois sur un critère de généralité pour identifier une règle coutumière, la doctrine préfère retenir son caractère obligatoire. Selon Jacques Ghestin : « La pratique est une manière d'agir ; l'usage est une manière d'agir ancienne, constante, notoire et générale ; la coutume est un usage auquel on se conforme parce que l'on a conscience d'y être tenu. » En pratique, un usage ne deviendra une coutume que le jour où la jurisprudence l'appliquera comme étant une règle de droit.

EXEMPLE

Les **usages locaux** sont applicables à une zone géographique restreinte (exemple : les corridas).

Les **usages professionnels** sont des pratiques développées au sein de certaines professions (exemples : la pratique notariale, les actes de notoriété permettant de prouver la qualité d'héritier, l'usage d'entreprise consistant à verser aux employés une prime de fin d'année, etc.).

Les **usages conventionnels** prennent la forme de clauses de style insérées dans les contrats. Ils résultent d'une pratique à laquelle les parties au contrat ont entendu se référer tacitement, dans la mesure où elles ont dans l'habitude de conclure de tels contrats. Ces usages ne s'appliquent qu'à défaut de convention contraire.

Les **usages de droit international** : dans le commerce international, les principes Unidroit font directement référence aux usages (art. 1.9). De même, la *lex mercatoria* (loi marchande) est souvent appliquée par les professionnels en matière de contrats internationaux.

B Éléments constitutifs

Pour exister, une coutume doit comprendre un élément matériel et un élément psychologique.

- L'**élément matériel** implique l'usage prolongé, constant et durable d'une pratique, la répétition continue d'une série d'actes ou de faits qui révèlent une façon d'agir commune à tout un milieu considéré.
- L'**élément psychologique** réside dans le sentiment partagé du caractère juridique de la règle coutumière. En effet, l'usage doit être perçu comme un comportement obligatoire par l'opinion commune (*opinio juris*). Les personnes appliquant cette coutume doivent avoir le sentiment d'agir en vertu d'une règle juridique.

EXEMPLE

Les étrennes, les pourboires, les cadeaux d'usage, les usages mondains, les règles de la mode, les traditions familiales, etc. sont de simples usages et non des règles coutumières, car ils ne sont ni obligatoires, ni sanctionnés juridiquement.

II. La place de la coutume

A Une place entière

La place de la coutume dans notre ordre juridique interne dépend du rôle qui lui est reconnu face à la loi, source principale du droit. En fonction du cas de figure, elle se présente tantôt comme une source accessoire du droit, tantôt comme une source autonome. Mais force est de constater que si la coutume a connu un net recul dans le droit contemporain, elle n'a pas pour autant disparu du paysage juridique.

La coutume secundum legem (en vertu de la loi)

La **coutume *secundum legem*** intervient conformément à la loi et se présente comme une **source accessoire du droit**. Elle intervient par délégation (ou renvoi) de la loi, qui lui confie explicitement ou implicitement la mission de la compléter. Dans ce cas, la coutume acquiert une valeur identique à celle de la loi.

Ainsi, il arrive fréquemment que la loi renvoie expressément aux usages, qui apparaissent alors comme un complément nécessaire.

EXEMPLE

En matière de propriété foncière, c'est le cas des articles suivants : art. 645 C. civ. à propos de l'utilisation des eaux par les propriétaires riverains, art. 663 C. civ. pour la hauteur des clôtures et art. 671 C. civ. pour la distance à respecter entre les plantations et les clôtures.

En matière contractuelle, on peut citer : art. 1120 C. civ. (le silence ne vaut pas acceptation, à moins qu'il n'en résulte autrement de la loi, des usages, des relations d'affaires ou de circonstances particulières) et art. 1194 C. civ. (les contrats obligent non seulement à ce qui y est exprimé, mais encore à toutes les suites que leur donnent l'équité, l'usage ou la loi).

En dehors des cas dans lesquels le renvoi exprès à la coutume résulte d'une disposition spéciale de la loi, la règle coutumière prend le relais de la loi chaque fois que celle-ci effectue une référence à une notion générale et vague, un standard juridique, qui confère un certain pouvoir d'appréciation au juge. Celui-ci va interpréter la notion cadre en fonction des usages en vigueur.

EXEMPLE

L'article 6 du Code civil dispose qu'« on ne peut déroger, par des conventions particulières, aux lois qui intéressent l'ordre public et les bonnes mœurs ». Le juge a le devoir d'interpréter ces deux dernières notions en se fondant, le cas échéant, sur des règles coutumières.

La coutume praeter legem (dans le silence de la loi)

La **coutume *praeter legem*** se présente comme **source autonome du droit**. Elle intervient à côté de la loi, dans le silence de celle-ci. En ce cas, la coutume a un rôle supplétif, car elle comble les lacunes de la loi.

EXEMPLE

La coutume qui autorise la femme mariée à porter le nom de son mari a longtemps prévalu en l'absence de loi. Désormais, la règle a été consacrée par le législateur, à l'article 225-1 du Code civil, dans sa rédaction issue de la loi n° 2013-404 du

17 mai 2013 ouvrant le mariage aux couples de personnes de même sexe : « Chacun des époux peut porter, à titre d'usage, le nom de l'autre époux, par substitution ou adjonction à son propre nom dans l'ordre qu'il choisit. » La règle s'applique donc désormais à chacun des époux et non plus seulement à la femme mariée.

B Une place secondaire

Depuis l'entrée en vigueur du Code civil, en 1804, qui a unifié le droit civil sur notre territoire, la coutume a vu son domaine d'intervention réduite à l'état de peau de chagrin. Dans notre ordre juridique, la coutume - qualifiée de « *droit spontané* » (P. Deumier) - occupe désormais une place secondaire car, d'une part, elle peut être écartée au profit de la loi et, d'autre part, sa mise en œuvre est souvent difficile.

La mise à l'écart possible de la coutume

La **mise à l'écart de la coutume** peut avoir lieu dans l'hypothèse d'une **contrariété entre celle-ci et la loi**. On parle alors de coutume « ***contra legem*** », contraire à la loi. Normalement, cette dernière devrait toujours prévaloir, dès lors que le législateur est investi du pouvoir d'édicter les règles de droit par la Constitution. Mais, en réalité, il faut distinguer deux situations.

Si la loi est **supplétive**, la coutume peut conserver toute sa force. En effet, puisqu'une loi supplétive peut être écartée par la volonté des personnes entrant dans son champ d'application, on peut admettre qu'une coutume, émanation d'une volonté collective, puisse écarter une telle loi.

EXEMPLE

En droit commercial, la coutume veut que la solidarité des codébiteurs se présume alors que l'article 1310 du Code civil pose la règle contraire.

Article 473 du Code civil : « Sous réserve des cas où la loi ou l'usage autorise la personne en tutelle à agir elle-même, le tuteur la représente dans tous les actes de la vie civile. »

Si la loi est **impérative**, la coutume ne doit pas, en principe, trouver à s'appliquer. Il en résulte qu'une loi ne peut être abrogée par désuétude (cessation d'application) ni par une pratique non conforme. Si, à l'occasion d'un litige, un justiciable invoque le bénéfice d'une loi prétendument tombée en désuétude, le juge ne peut refuser de l'appliquer. Mais si personne n'en demande jamais plus l'application, la loi, serait-elle impérative, finit par être oubliée ; si elle n'est pas abrogée en droit, elle n'est pas non plus appliquée en fait. C'est la raison pour laquelle, en pratique, la coutume *contra* *legem* peut continuer à s'appliquer et ne sera sanctionnée que lorsqu'un juge sera saisi d'un litige.

EXEMPLE

Le don manuel, c'est-à-dire le don fait de la main à la main sans passage devant notaire, est admis par la jurisprudence en tant que coutume, alors que l'article 931 du Code civil, texte impératif, impose pourtant un acte notarié pour la validité des donations.

ATTENTION

Pour certains auteurs, il y aurait une manifestation de coutume *contra legem* en cas d'erreur collective et invincible. Il s'agit des cas où une loi a fait l'objet d'une interprétation inexacte par une série de décisions de justice, si bien qu'il en résulte une fausse règle de droit, que tout le monde croit être la véritable règle. Il y a donc une règle valable mais méconnue et une règle inexacte reconnue par tous. Et, par application de la maxime « *L'erreur commune fait le droit* » (*error communis facit jus*), la fausse règle l'emporte sur la bonne. Peut-on dire qu'il y a là une coutume contraire à la loi, venant briser cette dernière ? En réalité, ce n'est pas la volonté populaire qui est à l'origine de la règle inexacte, mais une habitude de juger résultant des tribunaux. En conclusion : la règle de droit créée par l'erreur commune repose sur une source jurisprudentielle et non coutumière.

La mise en œuvre difficile de la coutume

La **mise en œuvre de la coutume** est difficile, car celui qui l'invoque en justice doit apporter la preuve non seulement de son existence, mais aussi de son contenu. Or, même si cette preuve peut être apportée par tous les moyens, y compris un parère, les tribunaux ont parfois du mal à identifier les coutumes en raison de leur diversité et leur oralité. En cela, la coutume s'oppose à la loi qui, elle, n'a pas à être prouvée par les justiciables, le juge étant censé la connaître.

Définition

Un **parère** est un document servant de preuve à l'existence et au contenu d'un usage local ou professionnel, une sorte de certificat de coutume qui peut être délivré par des organismes professionnels, notamment des syndicats et les Chambres de commerce.

ENTRAÎNEMENT

QCM

Choisissez, parmi les propositions suivantes, la ou les bonne(s) réponse(s).

1. Les coutumes sont obligatoires.
- a. Vrai.
- b. Faux.

2. La coutume *secundum legem* :
- a. comble une lacune de la loi.
- b. intervient conformément à la loi.
- c. intervient contre la loi.

3. La coutume *praeter legem* :
- a. comble une lacune de la loi.
- b. intervient conformément à la loi.
- c. intervient contre la loi.

4. La coutume *secundum legem* intervient :
- a. uniquement sur renvoi exprès de la loi.
- b. uniquement sur délégation tacite de la loi.
- c. sur renvoi exprès ou tacite de la loi.
- d. en l'absence de loi.

5. La coutume *contra legem* peut-elle abroger une loi ?
- a. Oui, quelle que soit la nature de la loi.
- b. Non, car la loi prévaut toujours sur la coutume.
- c. Oui, mais en principe, une coutume ne peut abroger qu'une loi supplétive.
- d. Non, mais des exceptions sont admises selon la nature de la loi.

EXERCICE

Fiche d'arrêt : Cass. 1re civ., 7 février 2006, n° 03-12.804

RÉPUBLIQUE FRANÇAISE
AU NOM DU PEUPLE FRANÇAIS

LA COUR DE CASSATION, PREMIÈRE CHAMBRE CIVILE, a rendu l'arrêt suivant :

Donne acte à l'Association catholique pour le respect de la création animale du désistement de son pourvoi ;

Sur le moyen unique, pris en ses six branches, tel qu'exposé au mémoire en demande et reproduit en annexe :

Attendu que les deux associations Club taurin de Toulouse et Tolosa toros ont pour objet l'organisation de corridas dans l'agglomération toulousaine et le département de la Haute-Garonne ; que l'association L'Alliance pour la suppression de corridas les a assignées en dissolution pour objet illicite, déduit de l'interdiction des sévices graves ou actes de cruauté envers les animaux, infraction prévue et punie par l'article 5211 du Code pénal ; qu'elle a été déboutée ;

Attendu que l'arrêt confirmatif attaqué (Toulouse, 20 janvier 2003), après avoir rappelé l'inapplicabilité du texte, inscrite en son alinéa 3, aux courses de taureaux lorsqu'une tradition locale ininterrompue peut être invoquée, a, par motifs propres et adoptés, souverainement constaté l'ancienneté de l'existence de celle-ci, puis déduit sa persistance de l'intérêt que lui portait un nombre suffisant de personnes ; d'où il suit que le moyen n'est pas fondé ;

PAR CES MOTIFS :

REJETTE le pourvoi

a. Identifiez l'arrêt à ficher (juridiction et date).

b. Quelle coutume est visée dans cette affaire ?

c. Quelles sont les parties en présence ? Qui est le demandeur au pourvoi ? Qui est le défendeur au pourvoi ?

d. Quelle décision de justice fait l'objet du pourvoi en cassation ?

e. Quel est, selon vous, le problème juridique dans cette affaire ?

f. Quels sont les motifs de l'arrêt de la Cour de cassation ?

g. Quel est le dispositif de l'arrêt de la Cour de cassation ?

CORRIGÉS DES QCM

1. b. La coutume n'est obligatoire que dans le silence de la loi ou par renvoi de la loi.

2. b. Lorsque la coutume intervient conformément à la loi, elle se réfère à la loi à laquelle elle emprunte sa force. Mais si la coutume *secundum legem* a une valeur équivalente à la loi, elle ne constitue pas pour autant une source autonome du droit.

3. a. La coutume *praeter legem* intervient lorsque la loi n'a rien prévu, et apparaît ainsi comme un complément de cette dernière. Elle devient alors une source supplétive et autonome du droit positif, destinée à combler le silence de la loi.

4. c. La coutume *secundum legem* intervient sur renvoi exprès ou tacite de la loi. S'agissant du renvoi explicite, un exemple nous est fourni par l'article 671 du Code civil, lequel dispose qu'il convient de se référer aux « usages constants et reconnus » pour déterminer à quelle distance de la ligne séparative de deux fonds les arbres peuvent être plantés, en l'absence de règlements particuliers. S'agissant du renvoi implicite, il se discerne à travers des notions cadres utilisées par le législateur, telle celle de « bonnes mœurs » ou de « bref délai », qui incitent le juge à se référer aux usages.

5. d. Le principe est bien celui de la non-abrogation de la loi par la coutume, mais deux exceptions sont admises. D'une part, s'agissant des lois supplétives de volonté, il n'est pas contesté qu'elles puissent être écartées par une coutume contraire. D'autre part, s'agissant des lois impératives, il ressort de la jurisprudence que la coutume doit s'effacer, exception faite de l'hypothèse particulière du don manuel de l'article 931 du Code civil. Mais c'est là une anomalie qui ne remet pas en cause la règle de principe.

CORRIGÉ DE L'EXERCICE

a. Il s'agit d'un arrêt rendu le 7 février 2006 par la première chambre civile de la Cour de cassation. Précisons que même s'il est question de sévices graves ou actes de cruauté envers les animaux, infraction prévue à l'article 521-1 du Code pénal (deux ans d'emprisonnement et de 30 000 € d'amende), l'affaire est soumise à la première chambre civile et non à la chambre criminelle de la Cour de cassation, qui est compétente en matière pénale. En effet, le pourvoi en cassation tend à la dissolution d'une association pour objet illicite, et la première chambre civile est normalement compétente pour statuer en la matière.

b. La coutume visée est les courses de taureaux (et donc plus largement la tauromachie).

c. Les parties en présence sont d'une part les deux associations Club taurin de Toulouse et Tolosa toros, qui ont pour objet l'organisation de corridas dans l'agglomération toulousaine, et d'autre part le département de la Haute-Garonne ainsi que l'association L'Alliance pour la suppression de corridas.

L'Alliance pour la suppression de corridas est la partie demanderesse au pourvoi, car elle a formé cette voie de recours après avoir été déboutée en appel. Mais il faut remarquer qu'un autre groupement, l'Association catholique pour le respect de la création animale, avait également formé un pourvoi en cassation avant de se désister (abandon).

Les deux autres associations sont les parties défenderesses au pourvoi. On en déduit qu'elles ont obtenu gain de cause en appel et que, par suite, le pourvoi est dirigé contre elles.

d. Le pourvoi en cassation est une voie de recours qui a généralement pour but d'attaquer les arrêts rendus par les cours d'appel. En l'espèce, l'arrêt attaqué par l'Alliance pour la suppression des corridas est celui de la Cour d'appel de Toulouse, en date du 20 janvier 2003.

Si on lit bien l'arrêt de la Cour de cassation, on note que l'arrêt de la Cour d'appel de Toulouse est « confirmatif ». Cela signifie qu'il confirme la décision prise par les juges de première instance. Autrement dit, les deux associations Club taurin de Toulouse et Tolosa toros ont obtenu gain de cause en première instance et en appel, ce qui laisse à penser que l'association L'Alliance pour la suppression de corridas a aussi interjeté appel contre le jugement de première instance.

La lecture de l'arrêt de la Cour de cassation permet donc d'entrevoir le parcours de l'affaire, la procédure suivie : l'association L'Alliance pour la suppression de corridas a assigné en justice les associations Club taurin de Toulouse et Tolosa toros ; elle a été déboutée de ses prétentions par les juges de première instance ; puis, elle a interjeté appel de ce jugement devant la Cour d'appel de Toulouse qui l'a déboutée une nouvelle fois ; enfin, elle a formé un pourvoi en cassation contre l'arrêt de la Cour d'appel... pourvoi finalement rejeté.

e. Des associations ayant pour objet l'organisation de corridas au niveau local encourent-elles la dissolution au motif que l'article 5211 du Code pénal prohibe les sévices graves ou actes de cruauté envers les animaux ?

Dans l'arrêt du 7 février 2006, la Cour de cassation apporte une réponse négative à cette question, dans la mesure où l'organisation de corridas relève d'une coutume locale et que l'article 521-1 du Code pénal ne leur est pas applicable.

f. La Cour de cassation approuve la Cour d'appel de Toulouse en ce qu'elle a affirmé l'inapplicabilité de l'article 521-1 du Code pénal (interdiction des sévices graves ou actes de cruauté envers les animaux) en raison de son alinéa 3, qui élève la tauromachie au rang d'exception au principe (au même titre que les combats de coqs). Par ailleurs, elle souligne que cette exception est fondée sur l'existence ancienne d'une tradition locale ininterrompue à laquelle un nombre suffisant de personnes porte un intérêt. Ainsi, la Cour de cassation consacre la pratique de la tauromachie.

g. Le dispositif de l'arrêt est le rejet du pourvoi formé par l'association L'Alliance pour la suppression de corridas.

FICHE 12 La doctrine et la pratique

NOTIONS CLÉS

- ✔ **Autorité de la doctrine**
- ✔ **Opinion des juristes**
- ✔ **Source du droit**
- ✔ **Usages professionnels**

I. La doctrine

La doctrine et la pratique sont des compléments indispensables de la loi, car elles participent de son interprétation, au même titre que la jurisprudence. Mais, contrairement à cette dernière, elles ne sont pas considérées comme des sources de droit. Ce ne sont que de simples autorités.

A Définition de la doctrine

À première vue, la définition de la doctrine est simple : il s'agit de l'ensemble des travaux des juristes. En réalité, les choses sont plus complexes, car le terme « doctrine » est polysémique ; il possède plusieurs sens. Il désigne tantôt l'**ensemble des opinions** émises par les juristes, appelés « auteurs » (universitaires, magistrats, praticiens), tantôt l'**ensemble formé par ces derniers**. Autrement dit, le même mot désigne à la fois l'œuvre et l'artisan. Il existe également un sens restreint selon lequel la doctrine est l'ensemble des opinions des auteurs concernant une question de droit donnée.

ATTENTION

La doctrine ne forme pas un corps homogène dont tous les composants auraient la même autorité ou parleraient d'une même voix. Elle est souvent divisée : on parle d'ailleurs de « doctrine majoritaire », « minoritaire », voire « isolée ». Cela n'est guère surprenant lorsqu'on sait que le droit n'est pas une science exacte. Face à une question juridique, les auteurs, qui sont indépendants, peuvent proposer des solutions différentes, selon le résultat de leur réflexion.

La doctrine s'exprime dans ce que le doyen Jean Carbonnier appelait la « littérature juridique » : les traités, les encyclopédies, les manuels, les articles des revues juridiques, les rapports des congrès tenus par les praticiens comme les notaires, ainsi que dans les monographies, c'est-à-dire les ouvrages consacrés à une question spéciale, qui sont souvent des thèses de doctorat.

Mais si l'on considère que la doctrine juridique ne se définit pas *ratione personae* comme la communauté des juristes, mais avant tout *ratione materiae* par la notion d'opinion doctrinale, doit-on alors prendre en compte toute opinion émise par un juriste ? La réponse à cette question est négative. En effet, on estime généralement que **la doctrine est constituée par les opinions qui font autorité**. Peu importe que celles-ci soient publiées ou non, ce qui compte, c'est que ces opinions proviennent d'un auteur dont le savoir est socialement reconnu, dont les idées suscitent l'adhésion d'une partie ou de la totalité des juristes.

EXEMPLE

Il en va naturellement ainsi de l'opinion d'un auteur connu qui est publiée, citée ou même consacrée par le législateur ou les juges. Mais comme l'autorité n'est pas uniquement une question de personnes, il en va de même de l'opinion provenant d'un auteur auparavant inconnu : un seul article d'un juriste anonyme peut avoir une très grande autorité si les propositions qu'il contient sont particulièrement convaincantes.

L'exemple ci-dessus montre que la doctrine est caractérisée par une **triple liberté** : chacun est libre de se baptiser auteur, car il n'est théoriquement nécessaire d'avoir aucun titre précis pour pouvoir publier ses travaux, chacun est libre de s'exprimer quand il veut, ainsi que de défendre l'opinion qu'il souhaite (la doctrine est dite « pluraliste »).

Du reste, il faut relever que la doctrine possède deux missions essentielles : **la description du droit positif et sa critique**. On la qualifie souvent de « miroir vivant du droit » (P. Malaurie).

B Autorité de la doctrine

La doctrine n'est pas une source formelle du droit à proprement parler. Ce n'est qu'une source d'inspiration, une simple **autorité**. Pour reprendre une formule du doyen F. Gény, elle doit être classée non pas dans les sources du droit, mais dans les autorités en droit.

Une autorité reconnue dès l'origine

À l'époque romaine, la doctrine était considérée comme une véritable source de droit. Ainsi, les consultations des « prudents », juristes renommés auxquels l'empereur avait confié le pouvoir de répondre officiellement aux questions juridiques qui lui étaient posées, liaient les juges. Au Bas-Empire, une loi de 426 avait même donné force de loi aux écrits des cinq fameux jurisconsultes : Ulpien, Gaïus, Papinien, Paul et Modestin. Il appert donc qu'en droit romain, c'est par délégation de l'autorité chargée de légiférer que la doctrine a acquis ce pouvoir.

Par la suite, la doctrine conserva un rôle important, que ce soit au Moyen Âge ou sous l'Ancien Régime. Une grande autorité était reconnue à la *communis opinio doctorum* (opinion communément professée par ceux qui enseignent le Droit).

De nos jours, elle n'est plus une source du droit positif dès lors que **les opinions des auteurs n'ont aucun caractère obligatoire**, ni pour le juge, ni pour les justiciables. Même une doctrine unanime n'a pas la valeur d'une règle de droit. Sa méconnaissance ne donne jamais ouverture à cassation puisqu'une opinion doctrinale n'est ni nécessaire ni suffisante pour fonder une décision de justice.

> *Texte de loi*
>
> L'**article 12 du Code de procédure civile** dispose que : « Le juge tranche le litige conformément aux règles de droit qui lui sont applicables. »

Dès lors, le juge ne peut pas fonder son jugement sur l'opinion d'un auteur, même si cette opinion est majoritaire en doctrine.

Une autorité aujourd'hui contestée

L'autorité même de la doctrine est aujourd'hui **attaquée**. Les auteurs sont critiqués et perdent de leur influence. Il est vrai que, face à un contentieux de masse, les juges sont débordés et n'ont plus le temps de prêter la même attention que jadis aux écrits doctrinaux. Il est vrai aussi que, par tradition, certains universitaires cumulent leur activité avec celle de consultant, d'avocat ou d'arbitre et que se pose alors la question de leur objectivité.

ATTENTION

Depuis plusieurs années, des enseignants-chercheurs sont l'objet de plaintes en diffamation ou en dénigrement, à la suite de leurs travaux scientifiques publiés dans des revues académiques ou dans la presse généraliste. L'« affaire Laurent Neyret » est symptomatique. Ce professeur de droit privé avait publié, dans une revue juridique spécialisée en droit de l'environnement, un commentaire d'une décision de justice rendue par un tribunal de grande instance à propos d'un trafic de déchets pollués. La société mise en cause dans le jugement avait porté plainte en diffamation, avec constitution de partie civile contre lui. Le professeur a par la suite été relaxé, mais l'affaire a suscité l'indignation du milieu universitaire. Dans un rapport sur les procédures bâillons (2017), la commission Mazeaud formule des préconisations pour renforcer la protection des enseignants-chercheurs et garantir ainsi leur liberté d'expression.

L'influence de la doctrine sur le législateur

Pour autant, l'influence de la doctrine demeure une **source manifeste d'inspiration** pour les autres sources du droit. Son impact sur le législateur et le juge est une réalité.

Ainsi, avant l'adoption d'un texte de loi, les juristes sont souvent consultés par le **législateur** dans le cadre de commissions ou de groupes de travail.

EXEMPLE

En droit des personnes et de la famille, l'action du juriste Jean Carbonnier est essentielle, car on lui doit la plupart des grandes réformes du XXe siècle : réforme des régimes matrimoniaux du 13 juillet 1965, de la filiation du 3 janvier 1972, ou encore du divorce du 11 juillet 1975.

En droit des obligations, on peut citer les deux projets doctrinaux majeurs, l'avant-projet Catala et le projet Terré, qui sont à l'origine de la réforme du droit des contrats du 10 février 2016.

De même, après l'adoption d'un texte, la doctrine joue un rôle non négligeable en l'interprétant. Les analyses des auteurs contribuent à améliorer la connaissance de la loi et à éclairer les praticiens sur son application. La doctrine peut aussi critiquer le texte, en révéler les imperfections ou les lacunes. Ses propositions peuvent amener le législateur à modifier la norme dans le cadre d'une réforme ultérieure.

ATTENTION

Lorsque la doctrine donne son appréciation sur un texte sans le remettre en cause, on dit qu'elle raisonne *de lege lata*. En revanche, si elle va jusqu'à proposer une réforme législative, elle raisonne *de lege ferenda* ; elle fait de la prospective juridique, car elle critique la loi existante dans le but qu'une nouvelle loi, plus appropriée, soit adoptée.

L'influence de la doctrine sur le juge

Enfin, l'influence de la doctrine sur la **jurisprudence** est indéniable, de sorte que doctrine et jurisprudence sont souvent présentées comme complémentaires. Mais cela ne signifie pas qu'elle exerce un pouvoir, car le juge reste maître de sa décision, libre de se déterminer en fonction du droit en vigueur.

Avant le prononcé de la décision de justice, le juge peut être influencé par les propositions doctrinales, les modèles de solutions et d'interprétations de la règle de droit émanant des auteurs.

EXEMPLE

On cite souvent l'influence des professeurs Raymond Saleilles et Louis Josserand sur la formation de la jurisprudence en matière de responsabilité du fait des choses (C. civ., art. 1384, al. 1er, devenu art. 1242).

Après le prononcé de la décision, l'influence de la doctrine est double. D'une part, par le travail de synthèse qu'elle opère, elle révèle aux juges les lignes directrices et les constantes qui feront plus tard jurisprudence. De plus, par les critiques constructives qu'elle apporte, la doctrine contribue parfois à une modification de la jurisprudence.

Par conséquent, on peut affirmer que la doctrine joue le rôle de **guide** pour les tribunaux en concourant à la formation ou au revirement de la jurisprudence. En cela, elle participe *de facto* à l'évolution du droit.

II. La pratique

A Définition de la pratique

La pratique désigne l'**activité des praticiens du droit**, c'est-à-dire de ceux qui ont pour fonction de mettre en œuvre la règle de droit. Toutefois, sont exclus les auteurs qui contribuent à la formation de la doctrine ainsi que les magistrats qui sont à l'origine de la jurisprudence. Sont donc ici concernés les rédacteurs d'actes tels que les notaires, les avocats, les huissiers de justice, les juristes d'entreprise et même l'Administration.

La pratique peut également être définie comme une **manière habituelle d'agir dans l'activité d'application du droit**, l'exemple le plus connu étant la pratique notariale. La notion est alors étroitement liée à celle d'usage. À cet égard, on distingue la **pratique judiciaire**, qui correspond à l'ensemble des actes accomplis par les auxiliaires de justice à l'occasion d'un procès (consultations et conclusions d'avocats, par exemple), de la **pratique extrajudiciaire**, qui intervient en l'absence de tout procès. En effet, une pratique professionnelle peut se développer en dehors de tout litige, notamment en droit des affaires lorsque les juristes spécialisés élaborent pour leurs clients de nouveaux contrats ou montages juridiques, parfois ultérieurement consacrés par le législateur.

Parmi les pratiques extrajudiciaires, on peut citer la pratique notariale.

B Autorité de la pratique

La doctrine estime généralement que **la pratique n'est pas une source de droit**, même si certains auteurs la qualifient de « droit spontané ». En effet, elle apparaît davantage comme une source d'usages professionnels, un droit supplétif subordonné à la loi et à la jurisprudence, dont l'avenir dépend de la situation envisagée.

En premier lieu, la pratique peut être condamnée par la jurisprudence. Dans ce cas, elle ne peut survivre.

EXEMPLE

La clause commerciale est une clause du contrat de mariage permettant au conjoint survivant de conserver le fonds de commerce (ou un autre bien, telle une exploitation agricole) que les époux exploitaient ensemble. Lorsque le fonds était un bien propre au défunt et l'attribution faite à titre onéreux, la jurisprudence y voyait un pacte sur succession future. La clause était alors déclarée nulle. Il fallut attendre une loi du 13 juillet 1965 pour que cette clause, et donc cette pratique, soit réhabilitée.

En deuxième lieu, la pratique peut être consacrée par la loi, sous réserve de modifications.

EXEMPLE

En matière immobilière, les pratiques de la « multipropriété » et de la garantie de parfait achèvement ont été consacrées par le législateur.

En dernier lieu, la pratique peut être ignorée par la loi et implicitement reconnue par la jurisprudence. Dans ce cas, elle demeure une règle supplétive.

Il en va ainsi en matière de cession de terrains contre locaux à construire.

ENTRAÎNEMENT

QCM

Choisissez, parmi les propositions suivantes, la ou les bonne(s) réponse(s).

1. Quel auteur qualifie la doctrine de « miroir vivant du droit » ?
- **a.** Jean Carbonnier.
- **b.** Philippe Malaurie.
- **c.** Gérard Cornu.

2. La doctrine est-elle composée de toutes les opinions émises par les juristes ?
- **a.** Oui.
- **b.** Non.
- **c.** Oui, à condition que ces opinions fassent l'objet de publications.

3. Une opinion doctrinale s'impose-t-elle au juge ?
- **a.** Oui.
- **b.** Non.
- **c.** Oui, lorsqu'il existe un vide juridique.

4. L'acte de notoriété est une pratique développée par :
- **a.** les avocats.
- **b.** les huissiers de justice.
- **c.** les notaires.

5. La pratique est-elle une source du droit ?
- **a.** Oui.
- **b.** Non.
- **c.** Cela dépend des cas

EXERCICE

Question de cours : la doctrine est-elle une source de droit ? (en vingt lignes maximum)

CORRIGÉS DES QCM

1. b. Philippe Malaurie est un professeur français de droit privé. Pour lui, la doctrine explique le droit tout entier, en dégageant les idées, les facteurs et les principes qui l'animent. Elle est aussi un miroir critique en dénonçant les lacunes ou les insuffisances du droit.

2. b. Non, seules les opinions faisant autorité, celles provenant d'auteurs dont le savoir est socialement reconnu, composent la doctrine.

3. b. Le juge doit statuer en droit et ne peut donc prendre sa décision en se fondant uniquement sur une opinion doctrinale, même majoritaire.

4. c. Cette pratique notariale a été consacrée par une loi de 2001.

5. b. Elle est plutôt considérée comme une source d'usages.

CORRIGÉ DE L'EXERCICE

La doctrine désigne l'ensemble des opinions émises par les juristes qui font autorité. Elle n'est pas une source formelle du droit à proprement parler. Ce n'est qu'une source d'inspiration, une simple autorité. Pour reprendre une formule du doyen F. Gény, elle doit être classée non pas dans les sources du droit, mais dans les autorités en droit.

Il en allait autrement à l'époque romaine où la doctrine s'était vue, à certaines périodes, reconnaître force obligatoire. À l'époque classique, l'empereur accordait à certains jurisconsultes le pouvoir de répondre officiellement aux questions juridiques qui lui étaient posées. Au Bas-Empire, la fameuse loi des citations de 426 donne force de loi aux écrits des cinq grands jurisconsultes : Ulpien, Gaïus, Papinien, Paul et Modestin. Il appert donc qu'en droit romain, la doctrine est considérée comme une véritable source du droit.

Par la suite, la doctrine conserva un rôle important, que ce soit au Moyen Âge ou sous l'Ancien Régime. Une grande autorité était reconnue à la *communis opinio doctorum* (opinion communément professée par ceux qui enseignent le droit).

De nos jours, elle n'est plus une source du droit positif dès lors que les opinions des auteurs n'ont aucun caractère obligatoire, ni pour le juge, ni pour le législateur. Cependant, la doctrine demeure une source d'inspiration et participe de fait à l'évolution du droit. Par exemple, en dénonçant les lacunes ou les incohérences d'un texte de loi, elle peut pousser le législateur à le modifier. De la même façon, elle peut influencer les juges et conduire à la formation ou au revirement de la jurisprudence.

SCHÉMA DE SYNTHÈSE

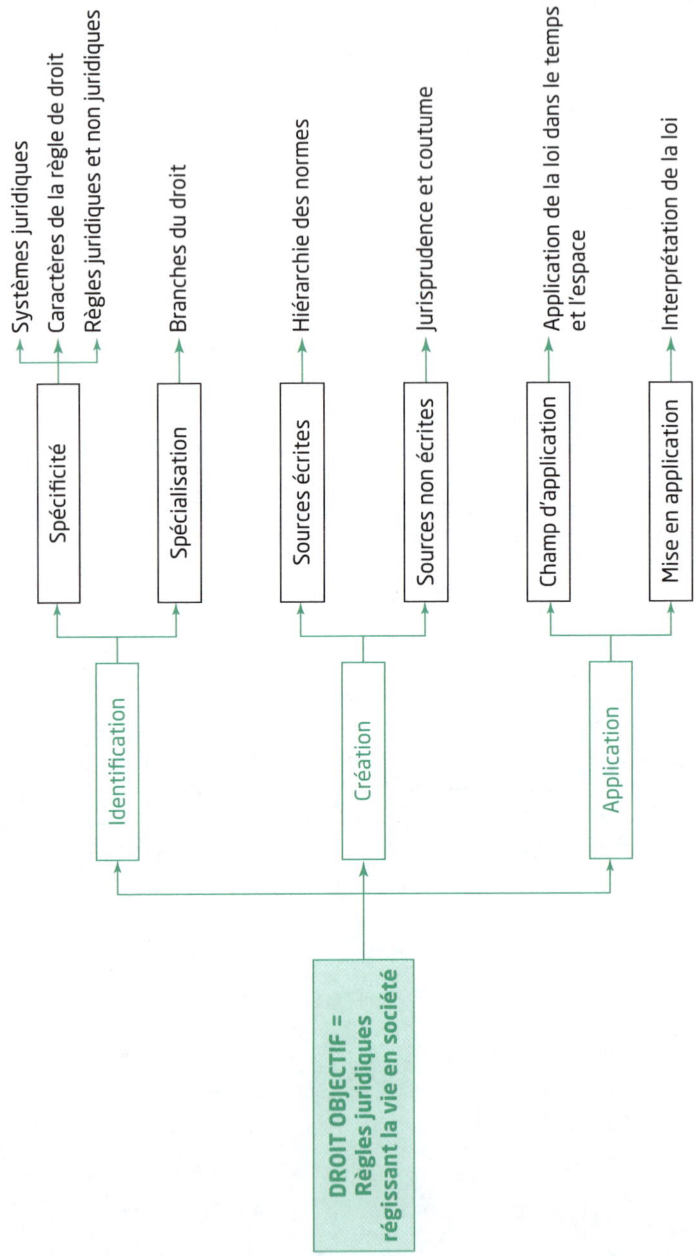

La notion de droit subjectif

FICHE 13

NOTIONS CLÉS

- ✔ **Appartenance-maîtrise**
- ✔ **Intérêt juridiquement protégé**
- ✔ **Pouvoir de volonté**
- ✔ **Prérogative individuelle**

I. La justification des droits subjectifs

Est-il justifié de distinguer le droit objectif (les règles juridiques) et les droits subjectifs (les prérogatives individuelles reconnues aux personnes) ou, comme le dit Jean Carbonnier, « le grand droit » et le « petit droit » ? Cette question divise la doctrine depuis des siècles, même si aujourd'hui, la notion de droit subjectif est couramment employée. Il n'est donc pas inutile de rappeler les critiques relatives à l'existence et à la place des droits subjectifs.

A L'existence controversée des droits subjectifs

Certaines doctrines nient l'existence de droits subjectifs. On peut signaler les critiques provenant des partisans du droit naturel classique et celles émanant de certaines théories positivistes.

La critique naturaliste

Les partisans du droit naturel classique (Aristote, Saint Thomas d'Aquin) estiment qu'il n'y a que des rapports juridiques objectifs et non des droits subjectifs.

Ils prennent comme exemple le droit romain qui ignorait la notion de « droit subjectif » mais qui connaissait celle de « *jus* ».

Définition

En droit romain, le ***jus*** est défini comme ce qui est juste ; appliqué à l'individu, le mot désigne la part composée d'avantages et de charges qui devrait lui être attribuée par rapport aux autres. Ce n'est ni une qualité ni un attribut de la personne.

D'une manière générale, les partisans du droit naturel classique se fondent sur l'**ordre de la nature**, une organisation de l'univers où chacun doit être mis à sa juste place. Ce monde harmonieux où règne la justice nécessite d'établir des rapports entre les hommes, les choses, les institutions. Mais ces rapports ne peuvent être qu'objectifs et non établis unilatéralement par les individus. Il ne saurait être question de prérogatives individuelles, de pouvoirs de l'homme, « *parce que le pouvoir n'est pensé qu'en fonction de l'individu, alors que le droit est un rapport supra, inter-individuel* » (M. Villey). Dès lors, si les droits subjectifs se sont développés au fil du temps, c'est parce que l'égoïsme des hommes a prévalu sur la recherche de la justice et du bien commun. Cette déviation est jugée néfaste.

La critique positiviste

Pour le juriste français Léon Duguit, représentant majeur des doctrines sociales, le droit subjectif est une notion relevant de la « *métaphysique* », à la fois inutile et regrettable du point de vue social. Ceux qui parlent de droits subjectifs ont le tort de ne mettre en évidence que les prérogatives, les pouvoirs des individus. Duguit pense qu'il n'y a pas de droits subjectifs, mais des **situations juridiques** dans lesquelles on se trouve placé soit par la règle de droit qui les organise (situation juridique **objective** : situation de propriétaire, d'époux, de national d'un État), soit par un acte de volonté (situation juridique **subjective** : situation de contractant). Les prétendus droits subjectifs ne sont en définitive que des ensembles complexes, des situations juridiques comportant tout autant de limitations, de conditions, de devoirs, que de pouvoirs et de droits.

Cette thèse n'a pas été reprise par Paul Roubier, mais celui-ci a conservé la distinction entre situations objectives et subjectives pour réduire le domaine des droits subjectifs. Selon lui, ceux-ci ne constituent qu'une partie du juridique : ils correspondent aux seules situations subjectives « *qui tendent à créer principalement des droits plutôt que des devoirs* », par opposition aux situations objectives, qui tendent, au contraire, « *à reconnaître des devoirs plutôt que des droits* ». Et il faut encore tenir compte de ce que toute prérogative n'est pas nécessairement constitutive d'un droit subjectif. Ce ne sera le cas que **si la prérogative peut être appropriée** à la manière d'un bien (exemple : droit de propriété, droits d'auteur).

De son côté, le juriste autrichien Hans Kelsen se rapproche de la thèse de Duguit, en affirmant que le droit n'est qu'un ensemble de normes objectives (qu'il ordonne sous la forme d'une pyramide, la norme inférieure tirant sa validité de la norme qui lui est supérieure). Par conséquent, le droit subjectif est un phénomène « *métajuridique* », étranger à la science du droit. La règle de droit n'édicte qu'une **obligation juridique**, dont le respect est garanti par la contrainte ; elle ne crée pas de droits subjectifs au profit de qui que ce soit.

B La place controversée des droits subjectifs

Le droit objectif désigne l'ensemble des règles juridiques qui régissent les hommes dans la vie en société, et dont la violation est sanctionnée par l'autorité publique. Se pose alors la question de la place des droits des individus par rapport à ces règles. Cette question met en jeu le fondement même des droits subjectifs. Décide-t-on, en effet, que ceux-ci ont leur origine propre dans la nature humaine elle-même et qu'ils sont *de facto* supérieurs à la loi, et plus largement au droit objectif ? Considère-t-on, au contraire, qu'ils sont seulement des conséquences individuelles des règles de droit abstraites et générales, de sorte qu'ils y sont subordonnés ?

La thèse de la primauté des droits subjectifs

La vision individualiste du droit fait de l'homme le seul centre d'intérêt. Les droits subjectifs, issus de la nature humaine, sont alors considérés comme la base même du système juridique.

Ainsi, dans son ouvrage *Léviathan*, Hobbes considère qu'à l'état de nature, les hommes ont une liberté, ainsi que des pouvoirs illimités mais concurrents. Par le pacte social, ils cèdent une partie de leurs prérogatives à l'État (le Léviathan) afin de pouvoir vivre en société. En échange, celui-ci attribue aux individus des droits subjectifs, qui sont à la fois restreints dans leur domaine et garantis par une sanction étatique. Ainsi, les droits subjectifs sont **à la base et le but** de tout le système juridique : les règles de droit visent à en assurer l'effectivité.

Cette thèse est toutefois critiquée en ce qu'elle néglige l'aspect social du droit. L'homme ne vit pas isolé mais en communauté. Il a un rôle social. Dès lors, les droits qu'il possède doivent être conçus comme des éléments de l'organisation de la société. Car c'est nécessairement au sein de la communauté et en fonction de celle-ci que se développent les situations juridiques et les prérogatives individuelles. Or, cela revient à inverser la hiérarchie entre droit objectif et droits subjectifs et à reconnaître la primauté du premier.

La thèse de la primauté du droit objectif

Selon les positivistes, les droits subjectifs sont des **prérogatives individuelles placées sous l'égide du droit objectif**. Ainsi, Boris Starck soutient qu'« *il ne peut y avoir de droit subjectif que dans le cadre que trace le droit objectif* ». La primauté de ce dernier est clairement affirmée.

Selon cette thèse, le droit objectif apporte au droit subjectif sa protection : il le consacre, le contrôle et le sanctionne. Par conséquent, il ne peut y avoir de droit subjectif efficace sans règle juridique en reconnaissant l'existence. Cette conception, loin d'éliminer le droit subjectif, l'intègre donc dans l'ordonnancement juridique tout entier. Il en constitue un « rameau », pour reprendre l'expression du juriste Paul Roubier. C'est dire qu'il ne saurait être question de ramener tout le droit à un réseau de droits subjectifs. La question de leur identification se pose alors. Il est temps de chercher à préciser la définition de ce concept.

II. La définition des droits subjectifs

En droit français, il n'existe pas de définition légale du droit subjectif. Toutefois, on considère généralement qu'il s'agit d'une **prérogative individuelle reconnue à une personne par le droit objectif pour la satisfaction d'un intérêt personnel**. La doctrine s'est évertuée à préciser cette définition tout en distinguant les droits subjectifs d'autres prérogatives individuelles.

A La définition positive des droits subjectifs

En l'absence de définition légale, plusieurs théories doctrinales ont été développées, dont les principales sont : la théorie de la volonté, la théorie de l'intérêt juridiquement protégé et la théorie de l'appartenance-maîtrise.

La théorie de la volonté

Cette théorie a été développée par la doctrine allemande du XIXe siècle, en particulier les juristes Savigny et Windscheild, qui définissent le droit subjectif comme un **pouvoir de volonté**. Pour ces auteurs, « *un sujet de droit n'est titulaire d'un droit subjectif que dans la mesure où sa volonté peut s'imposer à un autre sujet de droit* ». Il en résulte que la personne est libre d'exercer ou non la prérogative prévue par la loi, de sorte que l'initiative du sujet de droit détermine l'existence du droit subjectif. Celui-ci n'existe que parce que l'homme décide de l'exercer.

Cette approche libérale et individualiste du droit subjectif met en avant la volonté de l'individu. Or, cette volonté n'intervient qu'au niveau de la mise en œuvre du droit. Il y a donc une confusion entre le droit lui-même et son exercice. Il paraît évident, en effet, que le droit existe indépendamment de sa mise en application. Du reste, il est difficile de soutenir la thèse volontariste relativement aux personnes qui ne peuvent manifester une volonté, tels les mineurs non discernants et les aliénés mentaux.

La théorie de l'intérêt juridiquement protégé

À l'opposé de cette thèse volontariste, un autre juriste allemand du XIXe siècle, R. von Jhering, soutient que les droits subjectifs sont des « *intérêts juridiquement protégés* ». Leur but serait de **procurer un avantage matériel ou moral** au sujet de droit, avantage qui ne pourrait être assuré que par une protection juridique : l'action en justice. Ainsi, le droit subjectif n'existerait que par la rencontre entre l'intérêt et l'action en justice, qui en permettrait la concrétisation. La volonté, quant à elle, aurait un rôle secondaire : n'étant plus la source du droit subjectif, elle n'interviendrait que pour déclencher l'action en justice.

La thèse de Jhering est critiquable, car elle opère une confusion entre le droit lui-même et l'un de ses buts, la satisfaction d'un intérêt. En outre, elle ne suffit pas à expliquer la notion de droit subjectif, puisque la notion qui s'y substitue, celle d'intérêt, demeure assez mystérieuse.

La théorie de l'appartenance-maîtrise

Cette théorie a été proposée par le juriste belge Jean Dabin en 1952. Il considère que « ***le droit subjectif est essentiellement appartenance-maîtrise****, l'appartenance causant et déterminant la maîtrise* ». L'idée est que le droit établit une relation entre son objet (par exemple, une chose objet de propriété) et son sujet (en l'occurrence, le propriétaire). Cette relation est appartenance : le droit est ce qui appartient à son titulaire. Or, l'appartenance a pour corollaire la maîtrise, c'est-à-dire le pouvoir du titulaire sur son bien ou, plus exactement, le pouvoir de libre disposition sur la chose.

Cependant, la théorie de Dabin ne permet pas de justifier tous les droits subjectifs. Si elle explique les relations entre un sujet et une chose et convient parfaitement à la propriété, en revanche, elle se révèle difficilement transposable aux droits qui établissent un lien juridique entre des personnes. En effet, il est difficile de concevoir une relation d'appartenance-maîtrise entre deux individus.

B La définition négative des droits subjectifs

Une autre manière de définir le droit subjectif est de le situer par rapport à d'autres prérogatives individuelles, à savoir la liberté, le pouvoir et la faculté.

Droit subjectif et liberté

La liberté précède le droit subjectif, car la liberté peut constituer la justification d'un certain nombre de prérogatives dont les contours seront précisés et qui constitueront des droits.

EXEMPLE

Avant d'arriver aux droits qui découlent d'un contrat, il faut partir de la liberté de contracter ou de ne pas contracter. De même, avant de définir les droits de l'auteur d'un roman, il faut envisager la liberté d'expression.

Toutefois, l'antériorité de la liberté par rapport au droit subjectif ne suffit pas à rendre compte du concept de liberté.

Il faut ajouter que la liberté a un caractère **inconditionné**, contrairement au droit subjectif. Elle est acquise à l'individu en dehors de toute condition, hormis les restrictions posées par la loi, car il ne saurait exister de liberté absolue. En revanche, le propre du droit subjectif considéré au stade de sa formation est d'être assujetti à des conditions diverses, tant de forme que de fond.

EXEMPLE

Pour l'acquisition d'un immeuble, la loi impose le respect de conditions de forme (acte notarié) et de fond (consentement et capacité des parties, notamment).

De plus, le droit subjectif se distingue de la liberté par sa **plus grande précision**. Les libertés ne sont pas formulées de manière aussi nette que les droits, leurs contours sont beaucoup plus flous et vagues.

De l'opposition entre les droits subjectifs précis et les libertés imprécises, on déduit que seuls les premiers peuvent entraîner une responsabilité civile par le jeu de la théorie de l'**abus de droit** (fiche 22). En effet, par principe, l'exercice d'une liberté est discrétionnaire et donc insusceptible d'abus. Toutefois, notre droit montre que certaines libertés sont nécessairement limitées pour sauvegarder l'ordre public ou les intérêts d'autrui (exemple : la loi de 1881 réprime les abus de la liberté d'expression, notamment l'injure et la diffamation).

Droit subjectif et pouvoir

La finalité des prérogatives est différente : alors que le droit subjectif se définit comme la prérogative juridique reconnue à son bénéficiaire dans son intérêt propre (finalité égoïste), le pouvoir se caractérise, au contraire, par le fait qu'il est confié à son titulaire dans un intérêt au moins partiellement distinct du sien (**finalité altruiste**).

EXEMPLE

Le tuteur exerce un pouvoir et non un droit subjectif lorsqu'il représente un mineur ou un majeur dont les facultés sont altérées.

Droit subjectif et faculté

La faculté en droit est la **possibilité de choix** en vue de la création d'une situation juridique. Elle n'est pas une liberté, car l'éventail des possibilités est beaucoup plus restreint. Le choix n'existe qu'entre quelques options limitées.

EXEMPLE

En matière successorale, l'héritier, face à une succession qui vient de s'ouvrir, peut ou l'accepter purement et simplement, ou ne l'accepter qu'à concurrence de l'actif net (si l'actif dépasse le passif), ou encore y renoncer.

La faculté se situe donc avant la création d'une situation juridique d'un droit subjectif. Les deux notions ne se confondent pas, car dans le cadre de l'option, on est dans l'attente, et seul l'exercice de la faculté permet de savoir si la situation juridique sera ou non créée.

EXEMPLE (SUITE)

Pour reprendre l'exemple ci-dessus, ce n'est qu'une fois l'option exercée que l'on peut dire si le droit héréditaire prend ou non naissance : si l'héritier accepte, on est en présence d'un véritable droit subjectif, droit à l'acquisition de la succession ; s'il renonce, le droit subjectif n'existe pas.

Mais il y a des cas dans lesquels un choix, une option, n'est pas l'expression d'une simple faculté, mais d'un véritable droit subjectif.

EXEMPLE

En cas d'inexécution d'un contrat synallagmatique (contrat donnant naissance à des obligations réciproques et interdépendantes à la charge de chacune des parties contractantes), le créancier de l'obligation inexécutée dispose d'un choix entre plusieurs options listées par l'article 1217 du Code civil : refuser d'exécuter ou suspendre l'exécution de sa propre obligation, poursuivre l'exécution forcée en nature de l'obligation, solliciter une réduction du prix, provoquer la résolution du contrat, demander réparation des conséquences de l'inexécution.

Enfin, on peut relever que normalement, l'exercice d'une faculté est discrétionnaire et affranchi de tout contrôle judiciaire.

ENTRAÎNEMENT

QCM

Choisissez, parmi les propositions suivantes, la ou les bonne(s) réponse(s).

1. Parmi les juristes suivants, lequel appartient à l'école du droit naturel classique ?
- **a.** Léon Duguit.
- **b.** Saint Thomas d'Aquin.

2. Parmi les juristes suivants, lequel définit le droit subjectif comme un intérêt juridiquement protégé ?
- **a.** Friedrich Carl von Savigny.
- **b.** Jean Dabin.
- **c.** Rudolph von Jhering.

3. Parmi les juristes suivants, lequel soutient que le droit subjectif est essentiellement appartenance-maîtrise ?
- **a.** Jean Dabin.
- **b.** Paul Roubier.

4. Parmi les juristes suivants, lequel nie l'existence des droits subjectifs ?
- **a.** Paul Roubier.
- **b.** Léon Duguit.

5. Quel juriste soutient que le droit subjectif est une prérogative appropriée ?
- **a.** Paul Roubier.
- **b.** Hans Kelsen.

EXERCICE

Question de cours : « Doctrines sociales et droit subjectif ».

CORRIGÉS DES QCM

1. b. Saint Thomas d'Aquin est un théologien du XIIIe siècle qui a été canonisé.

2. c. Jhering définit le droit subjectif comme un intérêt juridiquement protégé, c'est-à-dire un avantage matériel ou moral défendu au moyen d'une action en justice. Dès lors, tout intérêt n'est pas constitutif d'un droit subjectif. Seuls les intérêts les plus légitimes sont dignes d'une protection juridique.

3. a. Selon cet auteur, le droit subjectif est essentiellement appartenance-maîtrise, l'appartenance causant et déterminant la maîtrise. Il insiste donc sur la relation d'appartenance entre une chose est un objet. Cependant, cette théorie s'applique mal aux relations entre personnes.

4. b. Léon Duguit est l'un des représentants du positivisme sociologique. Il considère que le droit ne doit pas avoir pour but et rôle la satisfaction des intérêts personnels de chacun mais de l'intérêt général du groupe social. Il nie donc l'existence de droits subjectifs, la règle de droit exprimant exclusivement des devoirs auxquels sont soumis les hommes.

5. a. Paul Roubier est un juriste français du XXe siècle dont les travaux sur l'application de la loi dans le temps sont les plus connus.

CORRIGÉ DE L'EXERCICE

Les doctrines sociales nient généralement l'existence du droit subjectif. Leurs partisans prétendent en effet que cette notion traduit des pouvoirs détenus par une personne sur les choses ou contre d'autres personnes et qu'elle doit donc être bannie parce qu'antisociale.

Ainsi, pour le juriste français Léon Duguit, représentant majeur des doctrines sociales, le droit subjectif est une notion relevant de la « métaphysique », à la fois inutile et regrettable du point de vue social. Ceux qui parlent de droits subjectifs ont le tort de ne mettre en évidence que les prérogatives, les pouvoirs des individus. Duguit réfute l'existence de droits subjectifs, estimant qu'il n'y a que des ensembles complexes, des situations juridiques dans lesquelles les personnes se trouvent placées soit par la règle de droit qui les organise (situation juridique objective : situation de propriétaire, d'époux, de national d'un État), soit par un acte de volonté (situation juridique subjective : situation de contractant). Ces situations juridiques comportent tout autant de limitations, de conditions, de devoirs que de pouvoirs et de droits.

En définitive, selon les conceptions sociales, l'homme vivant en société est investi de fonctions destinées à assurer le bien-être général. Le droit ne doit pas avoir pour but et rôle la satisfaction des intérêts personnels de chacun, mais l'intérêt général du groupe social, le bien commun. Dès lors, il ne faut pas parler de droits mais de devoirs. Les prétendus droits subjectifs ne sont que des fonctions sociales que les individus ont à remplir. Le concept de droit subjectif empreint d'un individualisme outrancier conduit à l'absolutisme des droits.

Mais malgré ces attaques de la part des doctrines sociales, la notion de droit subjectif a survécu, que ce soit chez les auteurs, dans les textes ou à travers les décisions de justice. Cette persistance de la notion se comprend, car elle répond à des sentiments profonds tenant une place importante dans notre civilisation : la valeur de l'individu, le respect de la personne humaine. Les droits subjectifs sont des pouvoirs indispensables que possèdent les particuliers pour agir et vivre dans le milieu social. Ils permettent l'épanouissement de la personnalité et donnent un sentiment de liberté à leurs titulaires, puisqu'ils constituent finalement l'affirmation de l'individu face à l'État. Même si le droit a une finalité sociale, la société reste composée d'individus. Les rapports de droit entre les individus n'existent qu'à travers leurs prérogatives, c'est-à-dire leurs pouvoirs sur les choses ou les autres.

FICHE 14

La classification des droits subjectifs

NOTIONS CLÉS

- ✔ **Droit de la personnalité**
- ✔ **Droit personnel**
- ✔ **Droit réel**
- ✔ **Patrimoine**

I. Les droits patrimoniaux

Ce sont des droits appréciables en argent et pour cette raison susceptibles d'opérations juridiques. Ils sont cessibles (ils peuvent être vendus ou cédés à des tiers), transmissibles (par testament ou par succession légale), saisissables par des créanciers qui pourront les faire vendre pour se faire payer sur le prix de vente, et enfin prescriptibles, c'est-à-dire susceptibles d'être perdus par leur titulaire ou acquis par d'autres du fait de la prescription. Ces droits sont de différente nature mais ont pour cadre juridique un patrimoine.

A Le cadre juridique des droits patrimoniaux : le patrimoine

D'un point de vue juridique, le patrimoine, tout en n'étant pas directement défini par le Code civil, est appréhendé comme l'ensemble des biens présents et à venir d'une personne, c'est-à-dire les droits et obligations ayant une valeur économique dont elle peut être titulaire ou tenue. C'est une **universalité de droit** où l'actif (créances sur des personnes, droits sur des choses) répond du passif (dettes).

> ***Définition***
>
> Une **universalité** est un ensemble d'éléments envisagés non pas individuellement mais comme étant liés entre eux et constitutifs d'une entité spécifique, dont la composition interne peut varier sans que l'existence de l'entité en elle-même soit remise en cause.
>
> Il y a des universalités de fait, qui ne sont composées que d'éléments d'actifs liés entre eux et dont l'ensemble constitue une entité autonome (exemple : le fonds de commerce).
>
> L'universalité de droit – c'est le cas du patrimoine – a pour caractéristique de comporter non seulement des éléments d'actifs liés entre eux, mais également des éléments de passif liés aussi entre eux. En outre, un lien s'établit entre l'actif et le passif, puisque les éléments d'actif répondent du passif.

La conséquence la plus remarquable de cette corrélation entre actif et passif réside dans le droit de gage général des créanciers sur les biens du débiteur (C. civ., art. 2284 et 2285). On entend par là que le créancier impayé peut saisir un bien quelconque du débiteur, l'obliger à vendre et se payer sur le prix. Autre conséquence : lorsqu'une personne décède, ses ayants cause héritent en principe des droits et obligations du défunt (on parle de transmission universelle).

La théorie française du patrimoine est l'œuvre de la doctrine. Elle a pour origine les travaux de deux juristes du XIXe siècle, **Aubry et Rau**, pour qui le patrimoine est une **émanation de la personnalité**. C'est en somme le prolongement économique de la personne. Il n'y a pas de patrimoine sans une personne, qu'elle soit physique ou morale ; il n'y a pas non plus de personne sans patrimoine. Peu importe que ce dernier soit un cadre vide. Même le nouveau-né a un patrimoine, puisqu'il a l'aptitude à acquérir des droits et obligations ayant une valeur pécuniaire. En d'autres termes, la notion de patrimoine désigne à la fois un contenant (cadre) et un contenu (les droits).

Par ailleurs, si le patrimoine est l'émanation de la personne, la personne étant une, on aboutit au principe de l'**unicité du patrimoine**. Une personne ne peut avoir qu'un seul patrimoine et ne peut le fractionner en plusieurs masses de biens autonomes affectées chacune à un objet déterminé. Dès lors, la théorie classique d'Aubry et Rau s'oppose à la technique dite du **patrimoine d'affectation**, qui permettrait par exemple à un entrepreneur de séparer son patrimoine personnel de son patrimoine professionnel.

De ce fait, la conception traditionnelle du patrimoine, jugée trop rigide, a été progressivement **remise en cause**. La loi autorise des dérogations à la règle de l'unicité.

EXEMPLE

L'héritier ayant accepté la succession à concurrence de l'actif net est à la tête de deux patrimoines distincts : celui du défunt et le sien.

De même, la fiducie, créée par une loi du 19 février 2007, se définit comme un contrat ayant pour objet de transférer en pleine propriété, à titre temporaire, à un fiduciaire, des biens ou droits, en vue de faire assurer leur gestion au bénéfice d'un tiers, avant leur restitution au terme du contrat.

Enfin, la loi du 15 juin 2010 sur l'entrepreneur individuel à responsabilité limitée (EIRL) permet à un entrepreneur d'affecter à son activité professionnelle un patrimoine séparé de son patrimoine personnel, sans création d'une personne morale.

B Le contenu du patrimoine : les droits patrimoniaux

Les droits patrimoniaux se divisent classiquement en droits réels et droits personnels ou droits de créance. On ajoutera à ces deux catégories celle des droits intellectuels qui, bien qu'ils soient à la frontière des droits patrimoniaux et des droits extrapatrimoniaux, comportent des prérogatives d'ordre économique importantes.

Les droits réels

Le droit réel est un **droit qui est directement exercé par une personne sur une chose** (*res* en latin). Il crée un rapport juridique direct entre un sujet actif, le titulaire du droit, et un objet, la chose sur laquelle porte le droit. On distingue deux sortes de droits réels : les droits réels principaux et les droits réels accessoires ou de garantie.

Les droits réels principaux. Ces droits se différencient par leur étendue : le droit de propriété est le plus complet ; les droits réels démembrés sont moins étendus, ils ne confèrent que pour partie les prérogatives du droit de propriété.

- Le **droit de propriété** est le droit qui donne à son titulaire les prérogatives les plus larges. L'article 544 du Code civil le définit ainsi : « la propriété est le droit de jouir et de disposer des choses de la façon la plus absolue pourvu que l'on n'en fasse pas un usage prohibé par les lois ou les règlements ». On considère classiquement que ce droit donne au propriétaire trois sortes de prérogatives sur la chose :
  - l'***usus*** ou *jus utendi*, qui est le droit d'user de la chose ;
  - le ***fructus*** ou *jus fruendi*, qui est le droit d'en percevoir les fruits ou les revenus ;
  - l'***abusus*** ou *jus abutendi*, qui est le droit d'en disposer à son gré en la donnant, la vendant ou même en ne l'utilisant pas ou en la détruisant.
- Les **droits réels démembrés de la propriété** ne confèrent plus qu'une ou deux prérogatives du droit de propriété. En réalité, l'ensemble des prérogatives est partagé entre plusieurs titulaires. Ces droits sont normalement énumérés par la loi :

- l'***usufruit*** confère à son titulaire l'*usus* et le *fructus* tandis que l'*abusus* est conservé par le nu-propriétaire ;
- l'***usage*** confère à son titulaire le droit d'user de la chose et d'en percevoir les fruits, mais uniquement dans la limite de ses besoins et non pas pour en tirer des revenus ;
- l'***habitation*** ne confère que le droit d'usage, limité une habitation familiale ;
- la ***servitude*** permet au titulaire d'un fonds d'user de certaines prérogatives sur un fonds voisin : servitude de passage, de puisage, etc. ; la servitude est liée aux fonds, celui qui en bénéficie se nomme le fonds dominant, et celui qui en est grevé, le fonds servant ; les servitudes peuvent être apparentes ou non apparentes, légales ou conventionnelles, continues ou discontinues ;
- l'***emphytéose*** est un droit de bail de très longue durée (18 à 99 ans) et qui de ce fait est considéré par la loi comme un droit réel, alors que le droit de bail ordinaire est un droit personnel.

ATTENTION

Par un arrêt « *Maison de Poésie* » en date du 31 octobre 2012, la troisième chambre civile de la Cour de cassation a admis que la convention des parties pouvait créer un **droit de jouissance spéciale** sur un bien. Ce faisant, la jurisprudence a consacré un droit réel *sui generis* et porté un coup fatal à la thèse classique du *numerus clausus* des droits réels principaux, selon laquelle le code civil fournissait une liste exhaustive des droits réels susceptibles d'être créés.

Les droits réels accessoires ou droits réels de garantie. Ces droits n'ont pas d'existence propre. Ils ne se conçoivent que comme accessoires d'un droit personnel ou droit de créance. Ils en forment la garantie.

Il s'agit de garanties données au créancier sur les biens de son débiteur. On les appelle également sûreté réelle (par opposition aux sûretés personnelles, qui constituent des garanties fournies par une personne qui s'engage comme débiteur subsidiaire, le cautionnement par exemple). En fonction de la nature de la chose sur laquelle porte la garantie, l'appellation diffère :

- l'**hypothèque** est une garantie portant sur un immeuble ;
- le **gage** est une garantie portant sur un meuble corporel (exemple : automobile) ;
- le **nantissement** est un contrat par lequel un débiteur remet un bien meuble incorporel (exemple : fonds de commerce) à son créancier pour garantir sa dette.

Ces droits réels accessoires donnent à leur titulaire deux prérogatives importantes liées aux droits réels :

- le **droit de suite** permet au créancier muni d'une garantie réelle de saisir la chose sur laquelle porte son droit, en quelques mains qu'elle se trouve, c'est-à-dire même si elle a été revendue à un tiers ;

– le **droit de préférence** permet de se faire payer en premier sur le prix de la chose en cas d'insolvabilité du débiteur.

Ces prérogatives confèrent une place privilégiée aux créanciers munis d'une telle garantie, dans la mesure où ils seront payés prioritairement à tout autre créancier ordinaire (que l'on nomme chirographaire).

Tableau 14.1. Les classifications des biens, objets de droits réels

La classification principale : biens meubles et immeubles	
Biens meubles	**Meubles par nature :** ce sont des biens corporels que l'on peut déplacer ou qui peuvent se déplacer (exemples : chaise, voiture).
	Meubles par anticipation : ce sont des immeubles par nature que l'on considère comme des meubles en raison de leur destination future (exemples : les récoltes sur pied, les produits extraits des mines).
	Meubles par détermination de la loi : ce sont des biens incorporels portant sur un meuble (exemples : gage, usufruit, actions).
Biens immeubles	**Immeubles par nature :** ce sont des biens corporels qui, du fait de leur lien avec le sol, ne peuvent être déplacés (exemple : maison).
	Immeubles par destination : ce sont des biens meubles qui sont considérés fictivement comme des immeubles du fait du lien qui les unit à un immeuble par nature dont ils sont l'accessoire (exemple : les animaux d'élevage dans une ferme).

Les classifications secondaires	
Biens corporels/ incorporels	Les biens corporels sont physiquement appréhendables, tandis que les biens incorporels (exemple : table) sont une construction de l'esprit (exemple : actions d'une société).
Biens fongibles/ non fongibles	Les choses fongibles (ou choses de genre) sont interchangeables à qualité égale (exemple : argent) alors que les choses non fongibles (ou corps certains) ne le sont pas, car ils sont individualisables (exemple : maison).
Biens consomptibles/ non consomptibles	Les biens consomptibles se consomment à leur premier usage (exemple : aliments) alors que les biens non consomptibles peuvent subir un usage répété (exemple : voiture).
Biens appropriés/ non appropriés	Les biens appropriés font l'objet d'un droit de propriété par opposition aux biens non appropriés que sont les choses communes (exemple : air), les choses sans maître (*res nullius* ; exemple : animal sauvage) et les choses abandonnées (*res delictae*).

Les droits personnels ou droits de créance

Le droit personnel ou de créance est un **rapport juridique entre deux ou plusieurs personnes**, dont l'une, le créancier ou sujet actif, a le droit d'exiger d'une autre, le débiteur ou sujet passif, une prestation, une abstention ou un objet. En effet, les obligations peuvent être de trois sortes :

– obligation de faire (accomplir une prestation) ;

– obligation de ne pas faire (s'abstenir de faire concurrence par exemple) ;

– obligation de donner (transférer la propriété).

Ici, **le droit s'exerce sur la personne et non directement sur la chose**, ce qui explique par exemple que le créancier ne peut s'opposer à la vente du bien transféré. Le titulaire du droit n'est ici qu'un créancier chirographaire et ne dispose par conséquent que d'un droit général sur le patrimoine de son débiteur, sans privilège particulier.

À la différence des droits réels, il est vain de tenter d'en dresser une liste exhaustive, puisque leur nombre est bien plus important, notamment parce qu'il se nourrit de la variété qui découle de la liberté contractuelle.

En réalité, les différences avec les droits réels sont nombreuses.

EXEMPLE

Contrairement au droit réel, qui jouit d'une opposabilité absolue, le droit personnel ne confère à son titulaire ni droit de suite ni droit de préférence. En effet, il n'a qu'un effet relatif, en ce qu'il est opposable simplement au débiteur.

Les droits intellectuels ou de propriété incorporelle

Souvent qualifiés de propriété littéraire et artistique ou industrielle en raison de leurs similitudes avec le droit de propriété, les droits intellectuels portent sur un **objet incorporel**. À la différence du droit de propriété, ils n'ont pas pour support une chose matérielle qui pourrait être appréhendée. Ces droits sont relatifs à une œuvre de l'esprit ou à une clientèle. Ils comportent un droit d'exploitation exclusif qui constitue un droit patrimonial et un droit moral, extrapatrimonial. En ce sens, leur nature est hybride.

Le droit d'auteur portant sur une œuvre de l'esprit présente toujours un double volet pécuniaire et moral.

- Le **droit pécuniaire** est constitué par le monopole d'exploitation sur l'œuvre, c'est-à-dire une prérogative permettant à l'auteur de **représenter** ou **reproduire** son œuvre. L'un ou l'autre de ces droits peuvent être cédés. Chaque fois que l'œuvre est représentée ou reproduite, l'auteur ou ses héritiers perçoivent une rémunération. À la différence d'un droit de propriété ordinaire, le droit est ici limité dans le temps, puisque ce droit pécuniaire dure pendant la vie de l'auteur et lui survit pendant 70 ans après son décès, avant de tomber dans le domaine public.
- Le **droit moral** est la dimension extrapatrimoniale du droit d'auteur, elle permet à l'auteur de défendre son œuvre, de la modifier, de refuser de la divulguer ou

de la détruire. Ce droit au respect de l'œuvre est un droit inaliénable ; l'auteur le conserve toujours.

Le droit de clientèle consiste à conférer à son titulaire le droit d'exploiter une clientèle commerciale ou non commerciale, notamment dans le cadre d'un office ministériel.

II. Les droits extrapatrimoniaux

Par opposition aux droits patrimoniaux, les droits extrapatrimoniaux sont extérieurs au patrimoine de leur titulaire, même s'ils peuvent, à l'occasion, avoir des incidences pécuniaires. Sous cette appellation, c'est en réalité une grande diversité de droits qui est visée. Néanmoins, leur « attachement à la personne », à l'être plutôt qu'à l'avoir, leur confère des caractéristiques communes. Ils sont généralement incessibles, intransmissibles, insaisissables et imprescriptibles. Certains participent d'une protection de la personnalité de l'individu et aspirent à la protection et à l'épanouissement de la personne envisagée individuellement ; d'autres débordent ce strict cadre individuel et tendent à garantir l'individu dans son domaine familial, social ou professionnel.

A Les droits de la personnalité

Il ne s'agit pas ici de droits que la personne acquiert par son activité, comme le droit de créance ou le droit de propriété, mais de droits qu'elle possède du seul fait qu'elle est une personne. Ces prérogatives innées sont appelées droits de l'homme lorsqu'elles ont pour objet de limiter les pouvoirs de l'État ; on les qualifie de droits de la personnalité lorsqu'elles sont invoquées dans les rapports entre particuliers. De façon générale, ces prérogatives sont conçues comme des droits défensifs permettant à chacun de défendre sa personnalité, aussi bien au point de vue physique qu'au point de vue moral.

EXEMPLE

Parmi les droits de la personnalité, on peut citer le droit à l'intégrité physique, le droit au nom, le droit à l'honneur, le droit au respect de la vie privée et le droit à l'image.

En l'absence de définition légale, il est très difficile de donner une liste exhaustive des droits de la personnalité, d'autant que le droit français n'a pas développé de théorie générale, à la différence d'autres systèmes juridiques. Cela étant, deux éléments sont aujourd'hui assez unanimement reconnus comme participant à la protection de la personnalité et donnent lieu à un contentieux nourri : le respect de la vie privée et de l'image.

Le droit au respect de la vie privée

Toute personne, quels que soient son rang, sa naissance, sa fortune, ses fonctions présentes ou à venir, a droit au respect de sa vie privée (Cass. 1re civ., 23 octobre 1990). L'idée que chacun a droit à une sphère d'intimité, à un jardin secret, est ancienne. Le tribunal de grande instance de la Seine avait déjà accepté le 16 juin 1858 de condamner l'auteur d'une photographie d'une grande actrice de l'époque sur son lit de mort. Cette intrusion dans l'intimité était à l'époque sanctionnée sur le fondement de l'inviolabilité du domicile ou de la responsabilité civile pour faute, visée à l'ancien article 1382 du Code civil (devenu article 1240 en 2016). C'est avec la loi n° 70-643 du 17 juillet 1970 que va être consacré, à l'article 9 du Code civil, un droit général au respect de la vie privée.

> *Texte de loi*
>
> **Article 9 du Code civil** : « Chacun a droit au respect de sa vie privée. Les juges peuvent, sans préjudice de la réparation du dommage subi, prescrire toutes mesures, telles que séquestre, saisie et autres, propres à empêcher ou faire cesser une atteinte à l'intimité de la vie privée : ces mesures peuvent, s'il y a urgence, être ordonnées en référé. »

La reconnaissance d'un droit subjectif à part entière, sanctionné de façon **autonome** par rapport au régime général de la responsabilité, a facilité sa protection : la victime n'a plus à démontrer la réunion des conditions de mise en œuvre de la responsabilité civile (faute, préjudice, lien de causalité). Désormais, la constatation de l'atteinte ouvre droit à réparation. Depuis, le droit a reçu l'onction constitutionnelle (décision du Conseil constitutionnel du 23 juillet 1999), et il est proclamé par nombre de textes internationaux, dont l'article 8 de la CEDH.

L'objet de droit – la vie privée – n'est pas défini par la loi, obligeant ainsi la jurisprudence à en fixer les contours au gré des décisions de justice. On peut dire toutefois que c'est un **ensemble d'informations personnelles**, regroupant des éléments relevant de l'intimité **physique ou morale**, ainsi que des éléments **relatifs à l'identité des personnes et de leur patrimoine**.

EXEMPLE

> La vie privée comprend des éléments assez hétéroclites, comme la vie sentimentale et sexuelle (y compris l'orientation sexuelle), la vie familiale (maternité, paternité), l'état de santé, le domicile, le patrimoine d'un particulier (pour les hommes politiques, la législation sur la moralisation de la vie publique impose la publication d'une déclaration de patrimoine), l'adhésion à un syndicat ou un parti politique, le numéro de téléphone, le numéro de sécurité sociale, les correspondances, un profil Facebook, l'adresse IP de l'ordinateur, etc.

Pour autant, **la jurisprudence n'a pas fait du droit à la vie privée un droit absolu**. Il faut le concilier avec d'autres valeurs d'égale importance (droit à l'information du public, droit à la preuve). La recherche d'un certain équilibre conduit alors le juge à exercer un contrôle de proportionnalité dans chaque affaire qui lui est soumise. Ce faisant, il vérifie au cas par cas si les éléments divulgués sans autorisation de l'intéressé répondent à un besoin légitime d'information du public et si leur publication est strictement nécessaire à cette information.

EXEMPLE

Il a été jugé que la liberté de l'information ne justifiait pas qu'un journal publie le contenu des poubelles d'une personnalité (CA Paris, 30 mars 1995).

De même, le respect de la vie privée doit être concilié avec la recherche des preuves. Si, devant les juridictions pénales, la liberté de la preuve semble devoir primer, les juridictions sociales ou civiles se montrent plus mesurées.

EXEMPLE

La filature organisée par un employeur pour surveiller l'activité d'un salarié constitue un moyen de preuve illicite dès lors qu'elle implique une atteinte à la vie privée, non susceptible d'être justifiée au regard de son caractère disproportionné (Cass. soc., 26 novembre 2002).

Le droit à l'image

L'image est la représentation d'une personne ou d'un bien par quelque moyen que ce soit. À la différence de la vie privée, le droit à l'image ne fait pas l'objet d'une protection légale. Aucun texte ne le consacre. La jurisprudence s'est donc appuyée sur l'article 9 du Code civil, que le professeur Jean-Christophe Saint-Pau qualifie de « *matrice* » des droits de la personnalité. Cela signifie que ce fondement textuel permet de consacrer de nouveaux droits subjectifs, comme le droit à l'image ou le droit d'une personne sur sa voix. D'ailleurs, on a pu prétendre que la protection de l'image ne constituait qu'un aspect de la vie privée. Il est vrai que souvent, l'atteinte à l'image débouche sur une violation de la vie privée. Mais il semble que la jurisprudence s'achemine aujourd'hui vers une **protection autonome** du droit à l'image en tant qu'aspect de la personnalité. La Cour de cassation a en effet, à plusieurs reprises, considéré que constituaient des droits distincts le respect dû à la vie privée et celui dû à l'image (Cass. 1re civ. 10 mai 2005). Il s'en suit que le droit à l'image forme un droit de la personnalité indépendant.

ATTENTION

Le droit à l'image peut porter sur un bien. Dans ce cas, la doctrine fonde la protection de l'image sur le droit de propriété consacré à l'article 544 du Code civil. Mais dans un arrêt du 7 mai 2004, l'assemblée plénière de la Cour de cassation ne valide pas cette thèse, en indiquant que « le propriétaire d'une chose ne dispose pas d'un droit exclusif sur l'image de celle-ci ; il peut toutefois s'opposer à l'utilisation de cette image par un tiers lorsqu'elle lui cause un trouble anormal ». En d'autres termes, la jurisprudence distingue la propriété de l'image de celle du bien. Pour s'opposer à la publication de l'image de son bien, le propriétaire doit avoir recours au droit commun de la responsabilité et démontrer le trouble anormal.

La publication de l'image d'une personne nécessite son **autorisation** expresse et spéciale. Pour outrepasser le consentement du sujet et faire prévaloir la liberté d'information, il faut que la personne se trouve saisie dans le cadre d'un événement d'actualité ou d'un débat d'intérêt général. Mais encore faut-il que l'image soit **pertinente**, c'est-à-dire utilisée pour relater l'événement public, sans être détournée de son contexte ou utilisée dans des conditions qui porteraient atteinte à la dignité de l'intéressé ou de sa famille.

EXEMPLE

Dans un arrêt célèbre relatif à la publication d'une photographie du préfet Érignac venant d'être assassiné, la Cour de cassation a considéré qu'il y avait atteinte à la dignité de la personne et que, partant, la publication de l'image était illicite : « Ayant retenu que la photographie publiée représentait distinctement le corps et le visage du préfet assassiné, gisant sur la chaussée d'une rue d'Ajaccio, la cour d'appel a pu juger, dès lors que cette image était attentatoire à la dignité de la personne humaine, qu'une telle publication était illicite. » (Cass. 1re civ., 20 décembre 2000, n° 98-13.875).

B Les droits familiaux, politiques et professionnels.

Ces différents droits garantissent les libertés de l'individu dans ses contacts avec autrui, dans la société, en tant qu'il fait partie d'une catégorie particulière (gens mariés, enfant, salarié, etc.) ; on parle de droits catégoriels.

Ce sont les droits familiaux, qui régissent les rapports des membres d'une même famille (droit d'être élevé par ses parents, d'avoir des relations avec ses ascendants, etc.), les droits professionnels, qui permettent à un individu de travailler, de se défendre et de s'exprimer dans son milieu professionnel, et les droits civiques, qui permettent au citoyen de s'exprimer dans le cadre de la nation.

À bien des égards, cette catégorie est hétérogène, car elle comprend à la fois des prérogatives de droit privé et des prérogatives de droit public, des libertés civiles et des libertés publiques.

ENTRAÎNEMENT

QCM

Choisissez, parmi les propositions suivantes, la ou les bonne(s) réponse(s).

1. Quels juristes français du XIXe siècle ont élaboré la théorie classique du patrimoine ?
- a. Aubry et Ayrault.
- b. Aubry et Rau.

2. Lequel de ces dispositifs juridiques n'est pas une forme de patrimoine d'affectation lors de sa création ?
- a. L'EURL.
- b. L'EIRL.

3. Comment appelle-t-on un droit de bail de très longue durée (18 à 99 ans) ?
- a. Une servitude.
- b. Une emphytéose.

4. Le droit de clientèle est rangé dans la catégorie des :
- a. droits personnels.
- b. droits intellectuels.

5. Une personne peut-elle toujours s'opposer à la publication de son image ?
- a. Oui.
- b. Non.

EXERCICE

Cas pratique

M. Chantebien vient de gagner le prix de l'Eurovision. Quelques jours après son retour en France, il constate que quelqu'un a fouillé ses poubelles déposées dans la rue. L'artiste-interprète est perplexe, car le test de grossesse de sa compagne a disparu. Or, celle-ci lui a appris la veille qu'elle était enceinte.

Le lundi suivant, M. Chantebien achète le magazine LOOSER et constate qu'un article de deux pages fait état de sa future paternité.

L'atteinte au droit au respect de la vie privée est-elle caractérisée ?

CORRIGÉS DES QCM

1. b. Charles Aubry et Charles Rau, dits « Aubry et Rau », sont deux universitaires strasbourgeois qui appréhendent le patrimoine comme une émanation de la personnalité. Leur théorie, inspirée du droit allemand, est remise en cause en raison du développement de dérogations légales au principe de l'unicité du patrimoine.

2. a. Créée en 1985, l'entreprise unipersonnelle à responsabilité limitée (EURL) permet à l'entrepreneur de limiter sa responsabilité à ce qu'il a apporté à la société. Mais la théorie d'unicité du patrimoine est bien respectée, car dans ce cas, l'entrepreneur individuel est à la tête d'un seul patrimoine, son patrimoine personnel, et la société a de son côté un patrimoine propre constitué des apports de l'associé unique. Toutefois, les réformes postérieures ont conduit à limiter le périmètre des gages des créanciers professionnels en permettant à l'entrepreneur de déclarer certains biens fonciers insaisissables. De fait, l'insaisissabilité constitue une forme d'affectation de certains biens à la seule sphère privée.

3. b. L'emphytéose est un droit réel démembré de la propriété, et plus exactement un droit réel de jouissance sur la chose d'autrui, qui résulte de la conclusion d'un bail de longue durée, dit bail emphytéotique.

4. b. Les droits intellectuels portent sur une création ou une activité intellectuelle. Ce sont des monopoles d'exploitation concernant soit des œuvres de l'esprit, soit des clientèles. Leur nature est hybride. Ils s'exercent directement sur leur objet et non à l'encontre d'un débiteur déterminé. Ce ne sont donc pas des droits personnels. Mais ils ne portent pas sur une chose corporelle. Ce ne sont donc pas non plus des droits réels.

5. b. La jurisprudence apprécie la légitimité du contexte de la publication de l'image (événement d'actualité, débat d'intérêt général) et la pertinence entre l'image et l'information qu'elle illustre.

CORRIGÉ DE L'EXERCICE

M. Chantebien est une personne célèbre, jouissant d'une certaine notoriété depuis qu'il a gagné le concours de l'Eurovision en Allemagne. Comme toute personne, il a droit au respect de sa vie privée, ce qui inclut sa paternité (Cass. 1re civ., 27 février 2007). Cependant, un problème se pose : les faits révélés ont pour assise un test de grossesse déposé dans une poubelle située sur la voie publique. Peut-on en déduire qu'il n'y a pas d'atteinte à la vie privée dès lors que le test de grossesse est devenu une chose sans maître ? La réponse est négative pour deux raisons. D'une part, le test n'est pas considéré comme une *res nullius*, une chose sans maître, tant que la poubelle n'a pas été vidée par les éboueurs. D'autre part, il a été jugé que le fait de chercher à recueillir des renseignements sur la vie privée d'autrui à son insu en fouillant dans ses poubelles, pour ensuite en révéler le contenu dans un journal, est un procédé portant atteinte à la vie privée (CA Paris, 30 mars 1995, Société VSD c. Mme X.). Il en résulte qu'il y a bien eu atteinte au droit au respect de la vie privée de M. Chantebien.

Deux circonstances auraient pu toutefois justifier une telle atteinte : l'autorisation expresse et spéciale de la personne concernée, et la liberté d'information. En l'espèce, ces deux faits justificatifs sont absents. Le journal n'a pas été autorisé à révéler au public la paternité de M. Chantebien. De plus, cette paternité n'a pas vraiment d'intérêt informationnel par rapport à la profession de M. Chantebien, de sorte que la liberté d'information ne peut pas être invoquée pour justifier l'atteinte.

FICHE 15

Les titulaires des droits subjectifs : les personnes physiques

NOTIONS CLÉS

- ✔ Capacité juridique
- ✔ Personnalité juridique
- ✔ Sujet de droit
- ✔ Viabilité de l'enfant à naître

I. L'identification des personnes physiques

Pour être sujet de droit, il faut être investi de la personnalité juridique, définie comme l'aptitude à être titulaire de droits, et assujetti à des obligations. La personnalité juridique est reconnue non seulement à tous les êtres humains par principe, c'est-à-dire aux personnes physiques, mais également à certains groupements, les personnes morales, qui feront l'objet de la fiche 16.

Rappelons les règles d'attribution de la personnalité juridique et d'individualisation des personnes physiques.

A L'attribution de la personnalité juridique

Vie humaine et vie juridique ne coïncident pas toujours. Pour le vérifier, il suffit d'examiner le début et la perte de la personnalité juridique.

Le début de la personnalité juridique

Un individu accède à la personnalité juridique à l'instant où il naît. L'importance de cet instant explique que la déclaration de naissance doit être effectuée auprès du service de l'état civil de la mairie du lieu où elle est intervenue dans les cinq jours qui suivent l'accouchement.

ATTENTION

La loi n° 2016-1547 du 18 novembre 2016 de modernisation de la justice du XXIe siècle porte le délai pour déclarer la naissance en mairie de 3 à 5 jours. Le jour même de la naissance n'est pas pris en compte dans le calcul du délai.

Mais il ne suffit pas de naître pour acquérir la personnalité juridique, il faut également **être né vivant et viable**. En effet, l'enfant mort-né n'a jamais été une personne juridique. De même, l'enfant non viable, c'est-à-dire l'enfant qui ne dispose pas des aptitudes suffisantes pour survivre à sa naissance en raison d'une malformation ou parce qu'il est né trop tôt ne sera jamais un sujet de droit.

Prendre comme point de départ de la personnalité juridique la naissance implique que l'enfant à naître (l'embryon, le fœtus) n'est pas un sujet de droit : il n'est titulaire d'aucun droit et bien sûr d'aucune obligation. Cela rend possible l'interruption volontaire de grossesse (IVG), qui est admise depuis la loi Veil de 1975.

EXEMPLE

La Cour de cassation refuse, en cas de mort d'un embryon ou d'un fœtus à la suite de l'erreur ou de la violence d'un tiers, de retenir la qualification d'homicide involontaire, car l'enfant à naître n'est pas une personne au sens juridique du terme (Cass. ass. plén., 29 juin 2001 ; Cass. crim., 4 mai 2004 ; CA Pau, 5 février 2015, n° 14/00480). En effet, le principe de la légalité des délits et des peines, qui impose une interprétation stricte de la loi pénale, s'oppose à ce que l'incrimination prévue à l'article 221-6 du Code pénal, réprimant l'homicide involontaire d'une personne, soit étendue au cas de l'enfant à naître. Autrement dit, si l'enfant à naître est bien un être humain (il appartient au genre humain), il n'est pas encore une personne, de sorte que l'infraction d'homicide involontaire ne peut être retenue.

Toutefois, s'ils ne sont pas des sujets, leur qualité d'être humain justifie une protection spécifique de la loi. Ainsi, le Code civil (art. 16) et le Code de la santé publique (articles L 2151 et s.) imposent de les traiter avec respect.

Par **exception**, on admet parfois que la personnalité juridique puisse être acquise dès la conception. Dans ce cas, l'être humain est dès l'origine un sujet de droit. En effet, la jurisprudence considère que l'enfant conçu mais non encore né doit être tenu pour né chaque fois qu'il y va de son intérêt, et à condition de naître vivant et viable. Elle généralise ainsi l'application de l'adage ***infans conceptus*** (*infans conceptus pro nato habetur quoties de commodis ejus agitur* : « l'enfant conçu sera considéré comme né chaque fois qu'il pourra en tirer avantage »), dont le Code civil prévoit des applications particulières en matière successorale (articles 725 et 906).

La conception est alors réputée être intervenue, selon l'article 311 alinéa 2 du Code civil, entre le 300e et le 180e jour précédant la naissance. Cette règle permet à des enfants qui ont survécu à leur naissance de bénéficier dès leur conception des avantages de la personnalité juridique, mais ne remet pas en cause la règle selon laquelle l'être humain non encore né n'est pas un sujet de droit, ce qui interdit d'affirmer que tous les êtres humains sont des sujets de droit.

La perte de la personnalité juridique

La mort de l'être humain marque la fin de sa personnalité juridique. Il n'y a pas de problème lorsque la mort est certaine. En revanche, les difficultés surgissent lorsque la mort est incertaine.

La mort est **certaine** lorsque l'arrêt complet et irréversible des fonctions vitales a été constaté.

> *Texte de loi*
>
> Selon l'**article R.1232-1 du Code de la santé publique**, « si la personne présente un arrêt cardiaque et respiratoire persistant, le constat de la mort ne peut être établi que si les trois critères cliniques suivants sont simultanément présents : 1. Absence totale de conscience et d'activité motrice spontanée ; 2. Abolition de tous les réflexes du tronc cérébral ; 3. Absence totale de ventilation spontanée ». Dans ce cas, un acte de décès est dressé par l'officier de l'état civil précisant la date et l'heure du décès.

La mort peut aussi être **incertaine** en cas d'absence ou de disparition.

L'absence. Au sens juridique du terme, l'absence est l'état d'une personne dont on ne sait pas si elle est morte ou vivante. Cette situation est envisagée aux articles 112 et suivants du Code civil. Deux périodes se succèdent : dans un premier temps, on présume que l'absent est en vie, puis on présume qu'il est mort.

La première phase est celle de la **présomption d'absence**. Lorsque, selon l'article 112 du Code civil, « une personne a cessé de paraître au lieu de son domicile ou de sa résidence sans que l'on ait eu de ses nouvelles », toute personne qui y a intérêt peut saisir le juge des tutelles pour que soit déclarée la présomption d'absence (aucun délai n'est imposé). Dans le jugement prononçant la présomption d'absence, le juge peut désigner un ou plusieurs parents ou alliés, ou, le cas échéant, toutes autres personnes pour représenter la personne présumée absente dans l'exercice de ses droits ou dans tout acte auquel elle serait intéressée, ainsi que pour administrer tout ou partie de ses biens. La période de présomption d'absence prend fin avec le retour de l'intéressé ou par la preuve par tous moyens de son décès. Si aucun de ces événements ne se produit, la seconde phase s'ouvre.

La seconde phase consiste à déposer une requête en **déclaration d'absence** auprès du tribunal judiciaire (ex-TGI) du lieu de la dernière résidence de l'intéressé, afin que celui-ci soit déclaré absent. Cette requête ne peut être déposée que neuf ans après le jugement de présomption d'absence ou vingt ans après que la personne a cessé de paraître, si les proches ont choisi de ne pas avoir recours au préalable à la procédure de présomption d'absence. Cette requête doit être publiée afin que l'intéressé puisse être prévenu. Le jugement déclaratif d'absence ne peut intervenir qu'un an après cette requête, soit dix ans après celui prononçant la présomption d'absence. Il doit également être publié. Le jugement déclaratif d'absence a la même valeur qu'un acte de décès et en tient lieu. Les biens de l'absent sont dévolus à ses héritiers et son mariage est dissous. En cas de réapparition de l'absent, le jugement déclaratif peut être annulé. L'absent reprend alors la possession de ses biens, mais son mariage reste dissous.

La disparition. C'est l'état d'une personne dont on a la quasi-certitude qu'elle est morte. Son cadavre n'a cependant pu être retrouvé. L'article 88 du Code civil précise que le régime de la disparition s'applique à la personne disparue « dans des circonstances de nature à mettre sa vie en danger, lorsque son corps n'a pu être retrouvé ». En l'absence de cadavre, l'acte de décès ne peut pas être dressé. Il faut donc adresser une requête au tribunal judiciaire (ex-TGI) du lieu de la disparition pour la faire constater. Après enquête, le tribunal rend un jugement déclaratif de décès, qui tient lieu d'acte de décès. En cas de réapparition de l'individu, on applique les mêmes dispositions que pour l'absent.

En tout état de cause, la personne décédée reste un être humain, et à ce titre, le droit positif impose qu'il soit traité avec respect. Le cadavre est une chose protégée, une chose « sacrée », pour reprendre une expression courante en doctrine.

Texte de loi

En vertu de l'**article 16-1-1 du Code civil** : « Le respect dû au corps humain ne cesse pas avec la mort. Les restes de la personne décédée, y compris les cendres de celle dont le corps a donné lieu à crémation, doivent être traités avec respect, dignité et décence. »

Ainsi, dans l'affaire « *Our body* », la Cour de cassation a jugé que l'exposition de cadavres à des fins commerciales méconnaît les dispositions de l'article précité dont il s'agissait d'ailleurs de la première application jurisprudentielle (Cass. 1re civ., 16 septembre 2010).

De même, l'article 16-2 du Code civil autorise le juge à prendre toutes les mesures propres à faire cesser une atteinte illicite au corps humain, y compris après la mort. Le Code pénal sanctionne également toute atteinte à l'intégrité du cadavre (art. 225-17 du Code pénal). Du reste, l'article 16-11, alinéa 5 du Code civil dispose que sauf accord exprès de la personne manifesté de son vivant, aucune identification par empreintes génétiques ne peut être réalisée après sa mort.

B L'individualisation de la personne physique

Il existe un certain nombre d'éléments permettant d'identifier et d'individualiser avec précision la personne physique. Il s'agit de la nationalité, du nom, du domicile et de l'état civil de la personne.

La nationalité a pour objectif l'identification de la personne dans la communauté internationale. C'est le lien juridique et politique défini par la loi d'un État, unissant un individu à l'État en question. Elle permet de faire accéder la personne physique au statut que réserve l'État à ses nationaux.

Les dispositions relatives à la nationalité sont contenues dans le Code civil. Celui-ci en fixe les modes d'acquisition : par attribution, en se fondant soit sur la filiation (droit du sang), soit sur la naissance en France (droit du sol) ; par acquisition, à la suite d'événements personnels (mariage avec un Français, par exemple) ou d'une décision des autorités françaises (naturalisation d'un étranger).

ATTENTION

Contrairement à une idée reçue, le mariage entre deux personnes, l'une française et l'autre étrangère, n'entraîne pas automatiquement l'acquisition de la nationalité française au profit de cette dernière. Parmi les conditions à respecter, la déclaration de nationalité ne peut être souscrite qu'après un délai de quatre ans à compter de la date du mariage (cinq ans si l'union a été célébrée à l'étranger).

Le nom est une appellation qui sert à désigner la personne. Le terme « nom » recouvre en fait un ensemble de mots désignant la personne physique : le nom de famille, obligatoire, doit impérativement être précédé d'au moins un prénom servant à distinguer les membres d'une même famille.

Le nom s'acquiert par la filiation ou par voie administrative (enfants nés sous X) ou judiciaire (enfants adoptés). Il peut aussi faire l'objet d'un simple usage (port du nom de l'époux). L'attribution du nom à la naissance est réglementée par le Code civil (art. 311-21 et suivants). Ainsi, les parents ont le choix du nom dévolu à l'enfant, qui peut être celui du père, celui de la mère ou les deux noms accolés dans l'ordre choisi, dans la limite d'un nom de famille pour chacun d'eux. En l'absence de choix des parents, l'enfant prend le nom du père. En cas de désaccord parental, l'enfant prend leurs deux noms, dans la limite du premier nom de famille pour chacun d'eux, accolés selon l'ordre alphabétique.

En principe, il est impossible de changer le nom qui figure dans l'acte de naissance (loi du 6 fructidor an II). Mais certains événements (mariage, adoption, procédure de changement de nom) peuvent aboutir à sa modification.

Texte de loi

La loi n° 2016-1547 du 18 novembre 2016 de modernisation de la justice du XXIe siècle modifie l'**article 60 du Code civil** qui dispose désormais que : « Toute personne peut demander à l'officier de l'état civil à changer de prénom. » Ainsi, la demande de changement de prénom n'est plus portée devant le juge aux affaires familiales mais devant l'officier d'état civil, c'est-à-dire en mairie. Néanmoins, comme auparavant, le demandeur devra toujours démontrer un intérêt légitime pour que sa demande soit favorablement accueillie.

Le domicile situe la personne, la localise dans l'espace, la rattache à un point du territoire. Du point de vue du droit civil, il est unique, stable et nécessaire pour l'exercice des droits civils (exemples : droit de vote, tribunal compétent en cas de litige, etc.)

Texte de loi

L'**article 102 du Code civil** indique que : « Le domicile de tout Français, quant à l'exercice de ses droits civils, est au lieu où il a son principal établissement. »

Le domicile est le lieu où se trouve en droit une personne, par opposition à la résidence, où elle est située en fait.

L'état civil est un instrument privilégié d'identification de la personne, dans la mesure où il regroupe l'ensemble des caractéristiques qui définissent son statut juridique civil, que ce soit au niveau individuel (naissance, sexe, âge, nom, domicile, capacité) ou familial (filiation, parenté, mariage, pacs). C'est finalement le profil juridique de la personne au regard du droit civil.

ATTENTION

L'état civil ne doit pas être confondu avec l'état des personnes. Ce dernier est constitué de l'ensemble des éléments qui permettent d'identifier un individu par rapport aux autres. Les actes de l'état civil attestent, quant à eux, de cet état des personnes qui, par principe, est à la fois indisponible (on ne peut en changer) et indivisible (on ne peut en avoir qu'un).

L'état civil a une origine ancienne. Dès 1539, l'ordonnance royale de Villers-Cotterêts avait ainsi imposé aux paroisses la tenue de registres de baptême. Puis, du fait de la sécularisation intervenue en 1792, l'état civil a été confié à une autorité publique : le maire. Celui-ci exerce sa mission sous le contrôle du procureur de la République.

Pour conclure sur l'état civil, il convient de faire état de problématiques d'actualité liées au sexe des personnes.

En premier lieu, pour tenir compte de la situation des **transsexuels**, qui ont le sentiment insoutenable d'appartenir au sexe opposé, le plus souvent associé au désir de changer de sexe, la loi n° 2016-1547 du 18 novembre 2016 de modernisation de la justice du XXIe siècle a introduit, au sein du Code civil, une nouvelle section consacrée à la modification de la mention du sexe à l'état civil. Désormais, « toute personne majeure ou mineure émancipée qui démontre par une réunion suffisante de faits que la mention relative à son sexe dans les actes de l'état civil ne correspond pas à celui dans lequel elle se présente et dans lequel elle est connue peut en obtenir la modification » (C. civ., art. 61-5).

En deuxième lieu, dans un arrêt du 4 mai 2017, la première chambre civile de la Cour de cassation a jugé que la loi française ne permet pas de faire figurer dans les actes de l'état civil l'indication d'un sexe autre que masculin ou féminin (Cass. 1re civ., 4 mai 2017, n° 16-17.189). Autrement dit, la Cour a rejeté la possibilité d'inscrire la mention « **sexe neutre** » sur les actes d'état civil.

En dernier lieu, dans un arrêt du 14 novembre 2018, la cour d'appel de Montpellier a autorisé pour la première fois l'inscription de la mention « **parent biologique** » sur l'acte de naissance d'un enfant dont le père, transsexuel ayant conservé ses attributs masculins, avait préalablement changé de sexe à l'état civil. Ce faisant, la cour a souhaité éviter la reconnaissance d'une double filiation maternelle interdite par la loi.

II. La protection des personnes physiques

En principe, toute personne est capable, c'est-à-dire apte à être titulaire de droits et à les exercer. Mais certains individus sont frappés d'incapacité, le plus souvent dans un souci de protection. Il en va ainsi des mineurs, ainsi que des majeurs dont les facultés mentales et/ou corporelles sont altérées.

A La protection des mineurs

Les mineurs sont les personnes de **moins de dix-huit ans**. Ils sont frappés à la fois d'une incapacité de jouissance, car ils sont privés de certains droits (exemples : droit de se marier, droit de vote) et d'une incapacité générale d'exercice : ils ne peuvent exercer des actes juridiques et ils sont représentés le plus souvent par leurs parents titulaires de l'autorité parentale. Cette incapacité s'explique par un manque de maturité dû à un âge trop peu élevé.

ATTENTION

On distingue deux types d'incapacités.

Les **incapacités de jouissance** entraînent une inaptitude à être titulaire de prérogatives juridiques et sont donc spéciales, sous peine de nier l'existence même de la personnalité juridique (par exemple, l'interdiction du tuteur d'acquérir les biens de la personne protégée : art. 509 C. civ.).

Les **incapacités d'exercice** peuvent, quant à elles, être générales et ont pour objet de protéger l'incapable en l'empêchant de mettre en œuvre seul tout ou partie des droits dont il est titulaire. L'idée est posée à l'article 1145 du Code civil : « Toute personne physique peut contracter sauf en cas d'incapacité prévue par la loi. » Qui peut être déclaré incapable ? L'article 1146 nous apporte la réponse : « Sont incapables de contracter, dans la mesure définie par la loi : 1. Les mineurs non émancipés ; 2. Les majeurs protégés au sens de l'article 425. »

Par exception, l'article 413-6 du Code civil énonce que : « Le mineur émancipé est capable, comme un majeur, de tous les actes de la vie civile. Il doit néanmoins, pour se marier ou se donner en adoption, observer les mêmes règles que s'il n'était point émancipé. » L'**émancipation** résulte soit du mariage du mineur soit d'une décision judiciaire. Le mineur est émancipé de plein droit par le mariage, quel que soit son âge, dans les cas aujourd'hui rares où le mariage peut avoir lieu avant dix-huit ans (C. civ., art. 413-1). Sinon, l'émancipation ne peut être que judiciaire et ne concerne que les mineurs âgés de seize ans révolus (C. civ., art. 413-2, al. 1er).

En dehors de ce cas particulier, les mineurs, frappés d'incapacité, sont protégés dans leur personne ainsi que pour la gestion de leurs biens. Quand le mineur a au moins un de ses parents vivant et capable d'exprimer sa volonté, la protection de sa personne est assurée par les règles de l'autorité parentale relatives à la personne de l'enfant et les règles de l'autorité parentale relatives à la gestion du patrimoine du mineur, se traduisant par l'**administration légale** de ses biens. Si les parents sont tous deux décédés ou incapables d'exprimer leur volonté, ou encore privés de l'exercice de l'autorité parentale, il y aura protection et de la personne et des biens du mineur par le biais d'une **tutelle**.

B La protection des majeurs

Les majeurs protégés sont les personnes qui sont dans l'impossibilité de pourvoir seules à leurs intérêts en raison de l'altération soit de leurs facultés mentales, soit de leurs facultés corporelles, de nature à empêcher l'expression de leur volonté, et qui bénéficient à ce titre d'une **mesure de protection juridique** résultant soit d'une décision de justice (tutelle, curatelle, sauvegarde de justice, habilitation familiale), soit d'un mandat de protection future.

L'**habilitation familiale** permet au juge des tutelles d'habiliter un proche du majeur protégé à le représenter ou passer des actes en son nom. Le dispositif créé en 2015 n'est pas soumis au formalisme des mesures de protection judiciaire que sont, dans un ordre croissant de protection, la sauvegarde de justice, la curatelle et la tutelle.

La **sauvegarde de justice** est recommandée pour les personnes qui ont besoin d'une protection temporaire ou d'être représentées pour l'accomplissement de certains actes.

La **curatelle** est destinée aux personnes ayant besoin d'être assistées ou contrôlées d'une manière continue pour les actes importants de la vie civile.

La **tutelle** est indiquée pour les personnes ayant besoin d'être représentées de manière continue dans les actes de la vie civile. C'est le régime le plus protecteur.

Enfin, par le biais du **mandat de protection future**, toute personne majeure ou mineure émancipée (mandant) ne faisant pas l'objet d'une mesure de tutelle ou d'une habilitation familiale peut désigner à l'avance une ou plusieurs personnes (mandataire) pour la représenter. Le jour où le mandant ne sera plus en état, physique ou mental, de pourvoir seul à ses intérêts, le mandataire pourra protéger les intérêts personnels et/ou patrimoniaux du mandant.

ATTENTION

La **loi du 23 mars 2019 de programmation 2018-2022 et de réforme pour la Justice** a rénové en profondeur les règles applicables aux majeurs vulnérables.

Parmi les mesures les plus notables, il faut citer : la suppression de l'autorisation à mariage du juge des tutelles au profit d'un droit d'opposition de la personne chargée de la protection, l'ouverture du divorce accepté aux majeurs protégés, la restitution immédiate du droit de vote aux personnes sous tutelle qui devront l'exercer personnellement, la primauté donnée au mandat de protection future sur les mesures de représentation légale ou judiciaire, l'élargissement de l'habilitation familiale, etc.

QCM

Choisissez, parmi les propositions suivantes, la ou les bonne(s) réponse(s).

1. La durée de la vie humaine et celle de la personnalité juridique coïncident-elles toujours ?
a. Oui.
b. Non.

2. Le délai pour déclarer une naissance à la mairie est de :
a. 3 jours.
b. 5 jours.

3. Tous les êtres humains ont-ils la personnalité juridique ?
a. Oui.
b. Non.

4. La demande de changement de prénom est adressée :
a. au maire.
b. au juge.

5. Sur un plan juridique, tous les mineurs sont considérés comme des incapables :
a. Oui.
b. Non.

EXERCICE

Cas pratique

Enceinte d'une petite fille de 8 mois, Mme Dedroit est mariée à un militaire de carrière qui, dans le cadre de l'opération Barkhane, lutte contre les groupes armés djihadistes salafistes dans toute la région du Sahel. Au cours de sa grossesse, elle apprend que son mari a été tué à la suite d'un accrochage avec plusieurs terroristes. Sous l'effet du choc, elle perd les eaux et accouche quelques heures plus tard à l'hôpital. Cependant, sa fille meurt deux jours plus tard en raison d'une malformation très grave et inopérable. Elle se demande alors si son enfant pourra hériter de son père.

CORRIGÉS DES QCM

1. b. Par principe, le début de la vie humaine commence à la conception, alors que la personnalité juridique commence à la naissance. Les deux ne coïncident qu'exceptionnellement, lorsqu'on fait rétroagir la personnalité juridique au moment de la conception, en appliquant l'adage *infans conceptus* dans l'intérêt de l'enfant. En outre, si la fin de la vie humaine (mort) coïncide normalement avec la perte de la personnalité juridique, cela n'est pas le cas dans l'éventualité d'un doute sur la mort du sujet de droit (absence/disparition).

2. b. La loi n° 2016-1547 du 18 novembre 2016 de modernisation de la justice du XXIe siècle, dite « J21 », porte le délai pour déclarer la naissance en mairie de 3 à 5 jours.

3. b. Un être humain n'a la personnalité juridique que s'il naît vivant et viable. Par conséquent, l'enfant à naître et l'enfant mort-né ne sont pas des personnes physiques.

4. a. La loi n° 2016-1547 du 18 novembre 2016 de modernisation de la justice du XXIe siècle donne compétence aux maires afin de permettre aux juges de se concentrer sur le cœur de leur mission : trancher les litiges.

5. b. Par principe, les mineurs sont incapables. Mais il existe le cas particulier du mineur émancipé, qui est assimilé à un majeur (C. civ., art. 413-6).

CORRIGÉ DE L'EXERCICE

L'enfant était-il au moment du décès de son père un sujet de droit apte à hériter ?

A priori, on pourrait s'interroger sur la pertinence de la question, l'enfant étant mort. Toutefois, il faut savoir que si l'enfant est successible, c'est-à-dire en droit de recueillir la succession de son père, il obtient de fait une part de ses biens. En effet, quand une mère ou un père décède avant d'avoir recueilli la part d'un héritage auquel il a droit, ce droit à héritage est transmis à ses descendants, et en premier lieu à ses enfants, qui viennent donc en « représentation » et se partagent la part de leur père ou de leur mère. Autrement dit, dans l'hypothèse où les parents de M. Dedroit décéderaient à l'annonce de la mort de leur fils, tout en laissant deux enfants (par exemple, M. Dedroit et son frère), la petite fille, personne physique, récupérerait la moitié de la succession. En son absence, le frère de M. Dedroit aurait au contraire la main sur la totalité de l'héritage. Dès lors, il est important de savoir si l'enfant décédé a acquis la qualité de sujet de droit.

Un individu accède à la personnalité juridique à l'instant où il naît. Mais il ne suffit pas de naître pour acquérir la personnalité juridique, il faut également être né vivant et viable. En effet, l'enfant mort-né n'a jamais été une personne juridique. De même, l'enfant non viable, c'est-à-dire l'enfant qui ne dispose pas des aptitudes suffisantes pour survivre à sa naissance en raison d'une malformation ou parce qu'il est né trop tôt ne sera jamais un sujet de droit. Le droit a préféré ne pas tenir compte d'une vie aussi brève qui n'était pas faite pour durer. En l'espèce, l'enfant est né vivant, mais il n'avait pas l'aptitude naturelle à la vie, puisqu'il souffrait d'une grave malformation qui l'a empêché de survivre. Il était donc non viable et donc, en principe, il n'a pas été un sujet de droit. Peu importe l'application de l'adage *infans conceptus* dans ce cas, puisqu'en tout état de cause, l'enfant doit naître vivant et viable. En conséquence, la fille de Mme Dedroit ne peut hériter de son père.

Les titulaires des droits subjectifs : les personnes morales

FICHE
16

NOTIONS CLÉS

- ✔ Association
- ✔ Groupement
- ✔ Personnalité juridique
- ✔ Société

I. La présentation des personnes morales

Les personnes morales sont essentiellement des groupements de personnes physiques, ou parfois des masses de biens, constituant des entités autonomes dotées d'une personnalité juridique propre. Traditionnellement, on distingue les personnes morales de droit public, les personnes morales de droit privé et les personnes morales à caractère mixte.

A Les personnes morales de droit public

Parmi les personnes morales de droit public régies par le droit administratif, il y a d'abord l'État. Dans ses *Contributions à la théorie générale de l'État* (1921), le juriste R. Carré de Malberg le définit comme une « communauté d'hommes, fixée sur un territoire propre et possédant une organisation d'où résulte pour le groupe envisagé dans ses rapports avec ses membres une puissance suprême d'action, de commandement et de coercition ». Il souligne ainsi la double acception de la notion d'État, qui correspond à un **mode d'organisation sociale territorialement défini** et à un **ensemble d'institutions** caractérisées par la détention du monopole de l'édiction de la règle de droit et de l'emploi de la force publique.

Il s'agit ensuite des collectivités territoriales (communes, départements, régions) et des groupements interdépartementaux ou intercommunaux (exemple : le district). En revanche, ni le canton ni l'arrondissement n'ont la personnalité morale. Sont également des personnes morales de droit public les établissements publics qui sont des services publics ayant une autonomie administrative (c'est-à-dire un pouvoir de décision) et financière (c'est-à-dire un patrimoine autonome ; c'est le cas des universités et des hôpitaux).

B Les personnes morales de droit privé

Ce sont la plupart du temps des groupements de personnes, mais il arrive qu'il s'agisse de groupements de biens.

Les groupements de personnes

Les groupements de personnes dotés de la personnalité morale peuvent prendre diverses formes.

Les sociétés sont des groupements à but lucratif qui ont pour objectif de faire des bénéfices.

> *Texte de loi*
>
> Selon l'**article 1832 du Code civil** : « La société est instituée par deux ou plusieurs personnes qui conviennent par un contrat d'affecter à une entreprise commune des biens ou leur industrie en vue de partager le bénéfice ou de profiter de l'économie qui pourra en résulter. »

Ainsi, la société est caractérisée par la volonté des associés de collaborer à une entreprise commune et d'en partager les bénéfices et les pertes. C'est ce qu'on appelle l'*affectio societatis*.

> **ATTENTION**
>
> L'article 169 de la **Loi n° 2019-486 du 22 mai 2019 relative à la croissance et la transformation des entreprises,** dite « loi PACTE » suit les préconisations du rapport Notat-Senard (mars 2018) en ne procédant pas à une réécriture de l'article 1832 du Code civil qui réduit la finalité de la société à la recherche du profit des associés (but lucratif). Or, de nombreuses voix s'étaient élevées pour que la définition juridique de la société intègre désormais une finalité sociale et environnementale. Pour autant, la loi procède à une modification des articles 1833 et 1835 du Code civil. L'article 1833 modifié instaure un nouveau devoir à la charge des dirigeants, celui de prendre en considération d'autres enjeux que la performance financière et consacre la notion d'intérêt social de l'entreprise (intérêt propre distinct de celui des associés) : « *La société est gérée dans son intérêt social, en prenant en considération les enjeux sociaux et environnementaux de son activité* ». L'article 1835 modifié, quant à lui, offre la possibilité aux entreprises qui le souhaitent de se fixer une « raison d'être » dans leurs statuts, notamment des objectifs sociaux et environnementaux, au-delà de la recherche du profit.

Les différents types de sociétés peuvent être classés en deux catégories : les **sociétés commerciales** et les **sociétés civiles**. Le critère de distinction repose sur l'activité ou la forme juridique de la société. Ainsi, quelle que soit la nature de son activité, est réputée commerciale toute société qui adopte une des formes régies par la loi du 24 juillet 1966, à savoir : société anonyme (SA), société à responsabilité limitée (SARL), société en commandite simple (SCS), société en nom collectif (SNC). La société civile, quant à elle, exerce une activité civile ; elle est régie par les articles 1845 et suivants du Code civil (exemple : une société professionnelle entre médecins ou avocats).

Cette classification a des conséquences notamment sur l'étendue de la responsabilité des associés ainsi que sur leur qualité (commerçant ou non) ; ou encore la juridiction compétente (tribunal de commerce ou juridictions civiles).

L'association est définie par l'article 1er de la loi du 1er juillet 1901 comme « la convention par laquelle deux ou plusieurs personnes mettent en commun d'une façon permanente leurs connaissances ou leur activité dans un but autre que de partager des bénéfices.

On distingue traditionnellement **trois catégories d'associations** : les associations non déclarées (sans personnalité morale), les associations déclarées à la préfecture, qui, bien que dotées de la personnalité juridique, ne peuvent acquérir à titre gratuit (elles vivent donc des cotisations de leurs membres et de leurs bénéfices) et, enfin, les associations reconnues d'utilité publique par décret en Conseil d'État qui peuvent acquérir à titre gratuit, sans limitation.

Contrairement à une idée reçue, une association peut parfaitement avoir des bénéfices. Ce qui est prohibé, c'est que le groupement recherche des bénéfices à titre principal et que ses membres se les partagent. Il existe donc des associations sans but lucratif et d'autres à but lucratif (qui sont soumises à l'impôt sur les sociétés).

Les groupements d'intérêt économique (GIE) ont été institués par une ordonnance du 23 septembre 1967 et sont aujourd'hui régis par l'article L. 251-1 du Code de commerce. Les GIE permettent aux industriels et commerçants de mettre en commun tous les moyens propres à faciliter ou à développer leur activité économique, à améliorer ou accroître les résultats de cette activité. Ils n'ont pas pour objet de rechercher des bénéfices et de les distribuer à leurs membres. Sans être à but lucratif comme les sociétés, ils ne sont pas non plus à caractère désintéressé comme les associations.

Depuis 1985, il existe aussi un groupement européen d'intérêt économique (CGIE) ayant pour objet le développement d'activités économiques au sein de l'Union européenne (C. com., art. L. 252-1 et s.)

Les syndicats sont des groupements dotés de la personnalité morale en raison de la qualité particulière des buts qu'ils poursuivent.

Texte de loi

L'**article L. 2131-1 du Code du travail** dispose que : « Les syndicats professionnels ont exclusivement pour objet l'étude et la défense des droits ainsi que des intérêts matériels et moraux, tant collectifs qu'individuels, des personnes visées par leurs statuts. »

La liberté syndicale a été reconnue en France par la loi dite Waldeck-Rousseau de 1884. Depuis lors, le droit positif a reconnu aux syndicats la personnalité juridique dès leur déclaration en mairie (C. trav., art. L2132-1) et la capacité d'ester en justice afin d'assurer la défense des intérêts de leurs membres (C. trav., art. L2132-3).

Les congrégations religieuses peuvent se former licitement sans autorisation de l'État, mais ne jouissent de la personnalité juridique que si elles sont reconnues par décret rendu après un avis du Conseil d'État. De façon générale, ces congrégations sont soumises à un régime juridique plus strict qu'en droit commun. Elles sont notamment tenues à un contrôle renforcé de leurs comptes.

Les groupements de biens

Les fondations sont définies pour la première fois par la loi n° 87-571 sur le mécénat du 23 juillet 1987 : « La fondation est l'acte par lequel une ou plusieurs personnes physiques ou morales décident l'affectation irrévocable de biens, droits ou ressources à la réalisation d'une œuvre d'intérêt général et à but non lucratif. » L'objectif d'une fondation ne doit donc pas être de servir des intérêts privés. Par rapport à l'association, elle repose sur l'engagement financier de ses créateurs et ne comporte pas des membres mais des donateurs.

Pour jouir de la pleine capacité juridique, une fondation doit se voir accorder la reconnaissance d'utilité publique par décret en Conseil d'État. Elle acquiert alors le statut de fondation reconnue d'utilité publique et peut recevoir des donations de particuliers ou d'entreprises.

L'entreprise unipersonnelle est apparue il y a une trentaine d'années environ. Les lois successives ont autorisé la création de sociétés constituées par un associé unique, remettant ainsi en cause le principe ancien d'unité de patrimoine, qui veut qu'une personne n'ait qu'un patrimoine. Il s'agit de **conférer une autonomie à une masse de biens** afin que les créanciers professionnels de l'entrepreneur ne s'en prennent qu'à ce patrimoine professionnel et non à son patrimoine personnel.

Ainsi, la loi du 11 juillet 1985 a créé l'entreprise unipersonnelle à responsabilité limitée (EURL) et l'entreprise agricole à responsabilité limitée (EARL). De même, une loi du 12 juillet 1999 a ouvert la possibilité pour une personne physique de constituer, toute seule, une société par action simplifiée unipersonnelle (SASU).

En revanche, l'entrepreneur individuel à responsabilité limitée (EIRL) instauré par la loi du 15 juin 2010 n'a pas la personnalité morale. En effet, dans ce cas, l'entrepreneur individuel décide d'affecter à son activité professionnelle un patrimoine séparé de son patrimoine personnel, sans création d'une personne morale.

C Les personnes morales à caractère mixte

Il y a des personnes morales de droit public soumises pour tout ou partie de leur fonctionnement au droit privé. Il en est ainsi des entreprises nationalisées et des établissements publics à caractère industriel et commercial (EPIC).

EXEMPLE

Parmi les EPIC, on peut citer : la Régie autonome des transports parisiens (RATP), l'Institut national de l'audiovisuel (INA), la Société nationale des chemins de fer français (SNCF) ou l'Opéra de Paris.

Les personnes morales de droit privé sont parfois composées en tout ou partie de représentants des pouvoirs publics.

EXEMPLE

Rentrent dans cette catégorie les sociétés d'économie mixte mêlant capitaux privés et publics (exemple : la SEMAPA, Société d'économie mixte d'aménagement de Paris) et les ordres professionnels qui sont des organes privés chargés d'un service public dans la mesure où ils exercent des fonctions disciplinaires juridictionnelles relevant du Conseil d'État par voie de cassation (exemple : le conseil de l'ordre des médecins ou celui des avocats).

II. Le statut des personnes morales

Les personnes morales disposent d'un statut juridique qui peut varier d'une catégorie à l'autre. Malgré cette diversité, on peut dégager tout de même quelques traits communs, en examinant les règles régissant l'attribution et la disparition de la personnalité juridique.

A L'attribution de la personnalité morale

Passée la reconnaissance de leur personnalité juridique, les personnes morales posent la question de l'organisation de leur activité juridique, c'est-à-dire de la détermination de leurs prérogatives.

La reconnaissance de la personnalité morale

La personnalité morale n'est pas accordée systématiquement aux groupements. Elle ne leur est reconnue que si certaines conditions sont remplies. Cela n'est pas sans intérêt, car à la personnalité juridique sont attachés un certain nombre d'attributs. Si les personnes physiques acquièrent la personnalité juridique du fait de leur naissance, l'acquisition de la personnalité juridique par une personne morale est un processus plus complexe. La constitution d'une personne morale exige un certain nombre de formalités qui s'inscrivent dans le temps.

Il faut tout d'abord un acte volontaire, une **manifestation de volonté** : contrat, souscription ou déclaration unilatérale (exemple : EURL, fondation) accompagnés de formalités (simple déclaration, dépôt de statuts ou enregistrement).

Vient ensuite le temps de l'**intervention étatique**, qui prend la forme d'un agrément, d'une autorisation administrative, d'une reconnaissance d'utilité publique, etc.

Suivent enfin des mesures de **publicité** : dans des journaux d'annonces légales au BODAC pour les sociétés civiles et commerciales ou au Journal officiel pour les associations. L'exigence de publicité est fondamentale, car elle permet aux tiers de prendre connaissance de l'existence du groupement.

Ce n'est qu'à la fin de cet ensemble de formalités que la personne morale est réellement constituée. Mais, à l'instar des personnes physiques avec l'adage *infans conceptus*, les personnes morales connaissent une fiction d'anticipation, puisqu'on admet que les actes passés pendant la période de formation de la société l'ont été par la société elle-même si elle les ratifie une fois régulièrement constituée.

Ces développements nous amènent à nous interroger sur la **nature des personnes morales**. En effet, l'existence de la personne morale ne soulève pas de problème lorsqu'il s'agit de groupements reconnus par le législateur. Il suffit alors d'en faire le recensement. En revanche, les difficultés se présentent lorsque les groupements ne sont pas reconnus. Une controverse classique a opposé, sur cette question, les partisans de la thèse de la ***fiction*** aux tenants de celle de la ***réalité*** des personnes morales.

Pour les premiers, les seules véritables personnes sont les êtres humains. Il est commode de dire qu'un groupement a des droits, mais que ce n'est qu'un artifice, une fiction. Seule la loi peut décider d'user de cette fiction en attribuant cette personnalité factice à certains groupements.

Pour les seconds, la personnalité morale appartient naturellement aux groupements ayant une cohésion suffisante, constitués pour la défense d'un intérêt collectif et dotés de structures propres à permettre l'expression d'une volonté collective représentative de cet intérêt. Ces éléments pouvant se constater, la personnalité morale résulte de l'observation de la réalité.

Le droit positif a oscillé entre ces divergences.

ATTENTION

Par un arrêt de principe en date du 28 janvier 1954, la Cour de cassation, à propos des comités d'établissement, a paru se rallier de façon claire à la théorie de la réalité. L'attendu de la haute juridiction fait en effet figure de position de principe : « Attendu que la personnalité civile n'est pas une création de la loi ; qu'elle appartient, en principe, à tout groupement pourvu d'une possibilité d'expression collective pour la défense d'intérêts licites, dignes, par suite d'être juridiquement reconnus et protégés ; que si le législateur a le pouvoir, dans un but de haute police, de priver de la personnalité civile, telle catégorie déterminée de groupement, il en reconnaît, au contraire, implicitement mais nécessairement l'existence en faveur d'organismes créés par la loi elle-même, avec mission de gérer certains intérêts collectifs. »

Depuis, **la thèse de la réalité a paru s'effacer devant celle de la fiction**, dans la mesure où le législateur, à plusieurs reprises, en créant de nouvelles formes de groupement, a expressément précisé s'ils avaient la personnalité morale (voir par exemple l'Ordonnance du 23 septembre 1967 créant le GIE et spécifiant que le groupement était doté de la personnalité morale) ou ne l'avaient pas (voir par exemple la loi du 13 juillet 1979 créant le fonds commun de placement, à qui la personnalité n'est pas reconnue).

Toutefois, les décisions les plus récentes semblent témoigner d'un **regain de la théorie de la réalité**. Ainsi, des groupements auxquels le législateur n'accorde pas expressément la personnalité morale se sont vus reconnaître des droits ou imposer des obligations. La chambre sociale de la Cour de cassation, dans un arrêt en date du 17 avril 1991, a même repris à la lettre l'attendu de la décision de 1954, marquant ainsi son intention ferme de s'extraire du giron étatique et de prendre ainsi ses distances avec la théorie de la fiction.

Néanmoins, force est de reconnaître que si la théorie de la réalité a connu un certain succès en droit du travail (l'ensemble des décisions citées relève de cette matière), le droit civil tarde à la consacrer. Ainsi, bien des groupements à la réalité pourtant difficilement contestable ne se sont toujours pas vu reconnaître la personnalité morale. La famille, la communauté conjugale ou l'indivision attendent toujours l'onction de la personnalité. Comme pouvait si joliment l'écrire le doyen Carbonnier, le droit civil n'a pas encore découvert « l'étincelle qui fait jaillir la personnalité ».

Les attributs de la personnalité morale

En premier lieu, même si les personnes morales n'ont pas à proprement parler un état, comme les personnes physiques, elles ont besoin d'être identifiables, pour les mêmes motifs d'ordre public que ces dernières. Cette identification s'effectue avec des instruments communs : un nom, un domicile et une nationalité.

Pour faire simple, le **nom** est choisi librement par les membres du groupement, sous réserve qu'il ne soit pas déjà utilisé. Il s'agira d'une dénomination sociale pour les sociétés, d'une étiquette pour les syndicats et d'un titre pour les associations. Le **domicile** de la personne morale est le siège social désigné dans les statuts. Il bénéficie d'une protection au même titre que le domicile des personnes physiques. Enfin, la **nationalité** du groupement est déterminée en fonction de plusieurs critères. On peut en effet s'attacher à la situation du siège social, avec la difficulté que celui-ci peut être fictif, d'où la nécessité de tenir compte du siège réel pour éviter les fraudes. On peut également avoir égard à la nationalité des dirigeants ou au lieu où se situe le centre de décision, ou encore le lieu d'exploitation. Parmi ces multiples critères, le lieu du siège social est en principe déterminant.

En deuxième lieu, la personne morale dispose d'un **patrimoine propre**. Elle a une autonomie patrimoniale par rapport à ses membres.

En dernier lieu, un groupement reconnu comme personne morale a une **capacité juridique** singulière. Les personnes morales n'ont jamais une totale **capacité de jouissance**. D'abord, d'après leur nature même, elles ne peuvent jouir de certains droits réservés aux êtres humains, comme le droit à l'image et le droit au respect de la vie privée. Cela ne les empêche pas d'avoir dans certains cas les mêmes droits que les individus : droit au nom, à l'honneur, au secret des correspondances, etc. De surcroît, il y a des restrictions qui dépendent du type de personne morale. Ainsi, contrairement à l'association reconnue d'utilité publique, l'association simplement déclarée ne peut recevoir de dons et legs. Les personnes morales sont en outre limitées par la règle de la **spécialité**, qui interdit au groupement d'accomplir les actes sortant de son objet tel que défini dans ses statuts ou dans la loi. En revanche, les personnes morales peuvent ester en justice, c'est-à-dire défendre leurs intérêts devant les tribunaux. Inversement, elles peuvent engager leur responsabilité civile et pénale. S'agissant de la **capacité d'exercice**, les personnes morales ne peuvent agir que par l'intermédiaire d'organes qui sont nécessairement des personnes physiques.

B La disparition de la personnalité morale

N'étant pas soumises à des lois biologiques, les personnes morales ont vocation à durer indéfiniment. Mais cette perpétuité de principe n'empêche pas qu'il existe de nombreuses causes de disparition.

Celle-ci peut intervenir **de plein droit** (exemples : arrivée du terme, réalisation de l'objet de la personne morale, mort, faillite), **par une manifestation de volonté** (exemples : volonté des associés dans le cas d'une dissolution anticipée ou volonté du législateur en cas de menace à l'ordre public) ou **par une décision judiciaire** (exemple : décision ordonnant la liquidation judiciaire d'une société).

QCM

Choisissez, parmi les propositions suivantes, la ou les bonne(s) réponse(s).

1. Laquelle de ces entités n'est pas considérée comme une personne de droit public ?
- a. L'État.
- b. L'arrondissement.
- c. Le département.

2. Laquelle de ces entités n'est pas considérée comme une personne de droit privé ?
- a. Une université.
- b. Une association.
- c. Une fondation.

3. Laquelle de ces entités est considérée comme une personne morale à caractère mixte ?
- a. Le groupement d'intérêt économique (GIE).
- b. L'entreprise unipersonnelle à responsabilité limitée (EURL).
- c. L'établissement public à caractère industriel et commercial (EPIC).

4. Un groupement acquiert la personnalité morale à compter de :
- a. la signature de ses statuts.
- b. l'accord de volonté de ses membres.
- c. l'accomplissement des formalités de publicité.

5. Les personnes morales jouissent-elles des mêmes droits que les personnes physiques ?
- a. Oui.
- b. Non.

EXERCICE

Rédigez une introduction et un plan détaillé pour la dissertation suivante : « Comparez les personnes physiques et les personnes morales ».

CORRIGÉS DES QCM

1. b. L'arrondissement est une circonscription électorale qui n'a pas la personnalité juridique.

2. a. Une université est une personne morale de droit public.

3. c. Les GIE et les EURL sont classées parmi les personnes morales de droit privé.

4. c. Le plus fréquemment, le groupement n'est doté de la personnalité morale qu'une fois qu'il a fait l'objet de mesures de publicité prévues par le législateur. En effet, la publicité détermine l'efficacité du groupement vis-à-vis des tiers, c'est-à-dire son opposabilité. Autrement dit, c'est par son opposabilité aux tiers que le groupement est constitué en une personne morale, en un sujet de droit autonome.

5. b. Certains droits sont réservés aux êtres humains. Ainsi, dans un arrêt rendu le 17 mars 2016, la première chambre civile de la Cour de cassation juge que « si les personnes morales disposent, notamment, d'un droit à la protection de leur nom, de leur domicile, de leurs correspondances et de leur réputation, seules les personnes physiques peuvent se prévaloir d'une atteinte à la vie privée au sens de l'article 9 du Code civil » (Cass. 1re civ., 17 mars 2016, 15-14.072).

CORRIGÉ DE L'EXERCICE

Au célèbre aphorisme attribué à Léon Duguit selon lequel on ne dîne pas avec une personne morale, Jean-Claude Soyer répondait qu'il en avait pourtant souvent vu payer l'addition. En deux phrases, on a là tout le paradoxe des personnes morales : à la fois très différentes des personnes physiques et pourtant parfois très proches en ce qui concerne les prérogatives ou le régime juridique applicable.

Les deux titulaires de droits et d'obligations que reconnaît notre droit positif partagent en effet bien des mécanismes juridiques, bien des concepts qui incontestablement les rapprochent. Personnalité juridique, capacité, éléments d'individualisation, nom, nationalité, domicile, sont autant de notions communes aux personnes morales et aux personnes physiques. La proximité des personnes morales et des personnes physiques dans leur participation à l'activité juridique, dans le cadre du commerce, dans l'exercice des actes juridiques et dans le cadre des actions en justice incite à l'analogie. Au reste, comment pourrait-il en être autrement, dès lors que notre droit a construit de concert la réalité juridique des unes et des autres ? Les mêmes dispositifs juridiques permettent de les instituer et de les animer sur la scène juridique. Techniquement, la comparaison des personnes morales et des personnes physiques est possible (I).

Qui ne voit pourtant que poussée jusqu'au bout de sa logique, la comparaison est artificielle ? Comment peut-on rapprocher l'acquisition de la personnalité juridique de l'embryon humain et l'acquisition de la personnalité juridique des personnes morales en formation ? Qui prétendra que les enjeux d'une dissolution anticipée de la personne morale sont les mêmes que ceux d'une euthanasie ? Les fusions-absorptions de sociétés sont-elles assimilables aux unions entre personnes de chair et de sang ? Évidemment non. La différence profonde de nature des personnes morales et des personnes physiques fait obstacle à leur assimilation. Des distinctions radicales sont nécessaires entre elles. On ne saurait les confondre. On ne saurait confondre l'être humain et les groupements de personnes et de biens, fussent-ils dotés de la personnalité juridique, qui demeure un instrument juridique au service de fins diverses. L'être humain ne saurait se réduire à une telle instrumentalisation sauf à devenir objet de réification. Menée jusqu'à son terme, la comparaison est ontologiquement artificielle (II).

I. Une comparaison techniquement possible

Sur un plan technique, les deux catégories de personnes disposent de procédés d'identification similaires (A) et de mécanismes juridiques communs (B).

A. Des procédés d'identification similaires

1. Des formalités de publicité comparables

Comparez l'inscription au registre du commerce et des sociétés avec les registres de l'état civil.

2. Des éléments d'individualisation comparables

Passez en revue les éléments d'individualisation qui sont utilisés pour les personnes morales et pour les personnes physiques : dénomination, domicile, nationalité. On s'aperçoit qu'ils sont adossés aux mêmes finalités d'identification d'ordre public.

B. Des mécanismes juridiques communs

1. La capacité juridique

On retrouve avec les personnes morales la distinction entre capacité de jouissance et capacité d'exercice. On peut même observer que la tendance est au rapprochement (prendre l'exemple de la responsabilité pénale).

2. La personnalité juridique.

L'ensemble des conséquences juridiques attachées à la reconnaissance de la personnalité juridique se retrouve avec les personnes morales : aptitude à être sujet de droit et d'obligations, détention d'un patrimoine autonome, etc.

II. Une comparaison ontologiquement artificielle

Les personnes physiques et morales ont des natures fondamentalement différentes (A), de sorte qu'il est nécessaire de les distinguer (B).

A. Une nature fondamentalement différente

Les personnes morales sont affectées à des fins diverses (de droit privé, de droit public, à but lucratif ou non, etc.). Cette dimension instrumentale explique leur capacité de jouissance limitée par le principe de spécialité.

À l'opposé, les personnes physiques ne s'inscrivent pas dans une telle dimension téléologique ; leur nature relève de l'être. Aussi, certains droits sont inhérents à la personne humaine et inaccessibles pour les personnes morales (droit à l'intégrité physique, droit de la personnalité, etc.).

B. Des distinctions radicales nécessaires

Le début et la fin de la personnalité juridique sont appréhendés différemment selon qu'on a affaire à un être humain ou à un groupement (exemple: la cessation de plein droit n'a pas d'équivalent pour les personnes physiques).

FICHE 17

L'invocation des droits subjectifs : l'administration de la preuve

NOTIONS CLÉS

- ✓ Charge de la preuve
- ✓ Objet de la preuve
- ✓ Présomption
- ✓ Risque de la preuve

I. L'objet de la preuve

Il ne suffit pas qu'une personne invoque l'existence d'un droit subjectif à son profit pour qu'elle soit considérée comme titulaire de ce droit dans ses rapports avec les tiers. Il faut qu'elle soit en mesure de prouver ses allégations. Mais que doit-on prouver exactement ? Répondre à cette question revient à s'intéresser à l'objet de la preuve. En la matière, le principe est que seuls des faits doivent être prouvés, mais il souffre des exceptions.

A Le principe : la preuve d'un fait

En principe, la preuve ne peut porter que sur un fait. C'est ce que révèlent l'article 9 du Code de procédure civile mais également l'adage romain « *Da mihi factum, dabo tibi jus* » (dis-moi les faits, je te dirai le droit). Les faits doivent être exposés au juge pour que celui-ci puisse dire le droit. Il en résulte que **les parties n'ont pas à prouver l'existence ou l'inexistence de la règle de droit**, d'autant que « nul n'est censé ignorer la loi ».

> *Texte de loi*
>
> **Article 9 du Code de procédure civile** : « Il incombe à chaque partie de prouver conformément à la loi les faits nécessaires au succès de sa prétention. »

Cependant, tous les faits n'ont pas à être prouvés. En effet, la preuve de certains faits est **interdite**, notamment parce que le droit subjectif correspondant n'existe pas (tel est le cas de l'adultérinité d'un enfant, puisqu'autrefois celui-ci n'avait aucun droit dans la succession de son géniteur) ou parce que le fait rapporté est évident ou absurde (exemple : il n'y a pas à prouver la loi de la pesanteur en cas de dommage causé par la chute d'une branche d'arbre).

EXEMPLE

La preuve d'un fait couvert par le secret professionnel est prohibée (secret médical, secret bancaire, secret ecclésiastique, etc.).

Il arrive aussi que la preuve de certains faits soit **impossible** (exemple : le décès d'une personne disparue).

EXEMPLE

La science ne permet pas encore de connaître la date exacte de la conception d'un enfant (on ne peut retenir qu'une période). Pour contourner la difficulté, la loi recourt à des présomptions. D'une part, « la loi présume que l'enfant a été conçu pendant la période qui s'étend du trois centième au cent quatre-vingtième jour, inclusivement, avant la date de la naissance » (C. civ., art. 311, al. 1er). D'autre part, « l'enfant conçu ou né pendant le mariage a pour père le mari » (C. civ., art. 312). Cette dernière règle, propre au mariage, est connue sous le nom de présomption *pater is est* (présomption de paternité : la filiation paternelle s'établit automatiquement, car le mari est présumé être le père de l'enfant).

Pour les parties, prouver un fait revient en réalité à prouver **l'événement générateur du droit subjectif** invoqué devant le juge, c'est-à-dire soit l'acte juridique, soit le fait juridique qui lui a donné naissance. Cela consiste, pour celui qui allègue d'une prétention, à dire que tel acte ou tel fait juridique lui a conféré un droit.

Définition

Selon l'article 1100-1 du Code civil : « Les **actes juridiques** sont des manifestations de volonté destinées à produire des effets de droit. Ils peuvent être conventionnels ou unilatéraux. » Les conséquences juridiques engendrées par l'acte ont été recherchées par son auteur (exemple : contrat).

Selon l'article 1100-2 du Code civil : « Les **faits juridiques** sont des agissements ou des événements auxquels la loi attache des effets de droit. » Il s'agit donc d'événements susceptibles de produire des effets de droit indépendamment de toute volonté. Leurs conséquences juridiques dérivent directement de la loi (exemples : accident, naissance, décès, etc.).

Ainsi, lorsqu'une personne réclame un droit (exemples : propriété, créance, etc.) dont la source est un fait juridique, elle doit établir le fait auquel la loi attache des conséquences juridiques.

EXEMPLE

Les héritiers qui réclament la succession du défunt doivent prouver la mort de celui dont ils héritent et le lien de parenté qui les unit au défunt.

Pareillement, si le droit subjectif invoqué en justice a pour source un acte juridique, celui qui s'en prévaut doit en prouver l'existence. Il s'agit alors de rapporter la preuve d'un contrat ou d'un acte juridique unilatéral.

Définition

D'après l'article 1101 du Code civil : « Le **contrat** est un accord de volontés entre deux ou plusieurs personnes, destiné à créer, modifier, transmettre ou éteindre des obligations. »

Quelles que soient ses formes, le contrat est toujours fondé sur un **échange des consentements** : les cocontractants s'accordent pour faire produire à l'acte conventionnel un effet juridique quelconque (exemple : prêt).

En cela, il diffère de l'acte juridique unilatéral.

Définition

L'**acte juridique unilatéral** se définit comme la manifestation d'une seule volonté émise en vue de produire des conséquences juridiques voulues par l'auteur de l'acte.

Ainsi, le testament est l'acte par lequel le testateur désigne unilatéralement ceux qui après son décès seront ses légataires.

ATTENTION

Il ne faut pas confondre **acte juridique unilatéral et contrat unilatéral.** Le premier est issu d'une volonté unique, alors que le second est un accord de volontés entre plusieurs personnes qui fait naître des obligations à l'égard d'une seule d'entre elles.

Dès lors, contrairement au testament, que le testateur peut toujours révoquer, la donation est un contrat unilatéral, parce qu'elle exige l'acceptation de celui qui la reçoit (le donataire) et qu'elle ne peut être révoquée librement par son auteur (le donateur).

Au final, les parties doivent prouver des **faits pertinents**, c'est-à-dire en rapport avec le litige, et **concluants**, c'est-à-dire susceptibles d'influencer le juge dans sa prise de décision. En d'autres termes, le plaideur doit soumettre au juge des éléments factuels (acte ou fait juridique) de nature à déclencher l'application d'une règle de droit dont la mise en œuvre lui donnera satisfaction. L'idée est contenue dans les articles 6 et 9 du Code de procédure civile.

Texte de loi

Article 6 du Code de procédure civile : « À l'appui de leurs prétentions, les parties ont la charge d'alléguer les faits propres à les fonder. »

Reste à savoir si ces faits pertinents doivent être ou non **contestés**. En effet, selon Henri Motulsky, inspirateur du Code de procédure civile : « Un fait reconnu ou simplement non contesté n'a pas besoin d'être prouvé. » Dans le cas contraire, le juge devrait examiner une multitude d'éléments de preuve superflus. On retrouve, semble-t-il, cette idée à l'article 7 du Code de procédure civile.

Texte de loi

Article 7 du Code de procédure civile : « Le juge ne peut fonder sa décision sur des faits qui ne sont pas dans le débat. »

Toutefois, cette théorie est aujourd'hui remise en cause, même si la doctrine continue de s'y référer. Combattue parfois par la jurisprudence (Cass. 2e civ., 10 mai 1991), elle s'accorde mal avec l'intervention croissante du juge dans la recherche des preuves. Pour faire éclater la vérité, celui-ci s'est vu reconnaître un large pouvoir d'initiative, et notamment celui de mettre en doute ce qui, entre les parties, n'a pas été contesté.

B L'exception : la preuve du droit

La partie qui réclame l'application d'une règle de droit n'a pas à en apporter la preuve. En effet, le juge est censé connaître la règle de droit applicable (*jura novit curia*).

EXEMPLE

Lorsqu'une partie invoque une convention collective précise, il incombe au juge de se procurer ce texte qui contient la règle de droit éventuellement applicable au litige, au besoin en invitant les parties à lui en faire parvenir un exemplaire (Cass. soc., 3 mars 1993). La raison de cette jurisprudence tient à la nature de la convention collective : conclue comme un contrat, elle a en réalité la nature d'un véritable règlement. Elle doit en conséquence être traitée comme la loi au sens large.

Certes, la règle de droit est invoquée par les parties au soutien de leurs demandes, mais elles n'ont à en prouver ni l'existence ni l'interprétation. Cette charge revient au juge, qui a pour rôle de dire le droit.

EXEMPLE

L'article 753 du Code de procédure civile prévoit que les avocats, devant le TGI, doivent formuler, dans leurs conclusions, les prétentions de leurs clients, ainsi que les moyens en fait et en droit sur lesquels chacune de ces prétentions est fondée.

Toutefois, de façon exceptionnelle, certaines règles de droit doivent être prouvées par les parties.

Il en est ainsi de la **coutume** (fiche 11) lorsqu'elle n'est pas consacrée par une loi. Dans ce cas, elle n'est pas réputée connue, surtout s'il s'agit d'un usage local ou professionnel. C'est pourquoi le juge n'est pas tenu de rechercher lui-même son existence : celui qui s'en prévaut doit en établir la réalité (Cass., ass. plén., 26 février 1988). Pour ce faire, la preuve est libre et peut donc être faite par tous les moyens.

EXEMPLE

La preuve d'une coutume (ou d'un usage) peut être réalisée au moyen de témoins, d'experts ou de parères. Les parères sont un mode particulier de preuve utilisé surtout en matière commerciale. Ce sont des certificats de coutume que délivrent soit des personnes qualifiées, soit des chambres de commerce, soit des groupements ou syndicats professionnels.

Autrefois, la Cour de cassation décidait que les juges du fond n'avaient pas l'obligation de rechercher le contenu de la **loi étrangère** et que c'était à la partie dont la prétention était soumise à celle-ci d'en établir la teneur (Cass. 1re civ., 17 novembre 1969). À la suite d'un revirement de jurisprudence opéré en 1998 (Cass. 1re civ., 27 janvier 1998), le fardeau de la preuve pèse désormais sur le juge. Il appartient aujourd'hui à ce dernier, saisi de l'application d'une loi étrangère, de procéder à sa mise en œuvre et, spécialement, d'en rechercher la teneur, afin de trancher le litige selon cette norme.

II. La charge de la preuve

Qui doit prouver ? Répondre à cette question revient à s'intéresser à la charge de la preuve, qui pèse essentiellement sur les parties. Toutefois, leur rôle actif ne saurait occulter l'accroissement du rôle du juge dans l'administration de la preuve et, partant, l'atténuation du caractère accusatoire du système procédural en matière civile.

A La preuve produite par les parties

Dans le cadre du procès civil, chaque partie doit prouver le fait qu'elle invoque au soutien de sa prétention, sauf lorsque la loi aménage des présomptions.

Le principe : celui qui invoque un fait doit le prouver

En vertu de l'adage *actori incubit probatio*, la charge de la preuve incombe logiquement au **demandeur**, c'est-à-dire à celui qui formule une prétention juridique. La notion de « demandeur » doit donc être comprise au sens large et non pas au sens procédural de demandeur à l'instance (ou au procès).

Ce principe est fondé sur l'exigence de sécurité juridique. En effet, celui qui forme une action en justice prend la responsabilité de troubler l'ordre juridique. Or, il ne faut pas modifier inutilement les situations paisibles (*quieta non movere*).

EXEMPLE

La victime d'un dommage devra, pour en obtenir réparation sur le fondement de l'article 1240 du Code civil, démontrer son préjudice, la faute du défendeur et un lien de causalité entre les deux.

Mais, en réponse à la prétention du demandeur, le **défendeur** peut soulever un moyen de défense, une « exception », pour détruire la vraisemblance du fait allégué par son adversaire. Ce faisant, il devient à son tour demandeur à la preuve (*reus in excipiendo fit actor*).

En somme, celui qui invoque un fait doit le prouver. Ce principe est consacré à l'article 1353 du Code civil qui, dans sa rédaction issue de l'ordonnance n° 2016-131 du 10 février 2016 portant réforme du droit des contrats, du régime général et de la preuve des obligations, reprend les dispositions de l'ancien article 1315.

Texte de loi

Article 1353 du Code civil : « Celui qui réclame l'exécution d'une obligation doit la prouver.

Réciproquement, celui qui se prétend libéré doit justifier le paiement ou le fait qui a produit l'extinction de son obligation. »

Il en résulte une espèce de va-et-vient de la preuve, de ping-pong ou de tennis judiciaire, chaque partie s'efforçant de détruire par une nouvelle preuve la vraisemblance créée par l'autre. Mais, à l'origine, la charge de la preuve pèse bien sur le demandeur au procès. Si celui-ci ne peut démontrer sa prétention, sa demande est rejetée.

Il est donc important de déterminer à qui incombe la charge de la preuve, car cela permet de savoir sur qui pèse le **risque de la preuve**. En effet, selon l'adage *idem est non esse et non probari* (« ne pas être ou ne pas être prouvé, c'est tout un »), celui qui ne parvient pas à prouver le fait à l'appui de sa prétention prenne le risque de perdre le procès.

Néanmoins, il arrive parfois que le législateur dissocie la charge de la preuve du risque de la preuve pour protéger la partie la plus faible.

EXEMPLE

En matière de licenciement, la charge de la preuve de la cause réelle et sérieuse n'incombe ni au salarié ni à l'employeur (C. trav., art. L. 1235-1). En revanche, ce dernier supporte le risque de la preuve.

Par convention, les parties peuvent également modifier la charge de la preuve. Cette faculté est reconnue expressément par l'article 1356 du Code civil, dans sa rédaction issue de la réforme du droit des contrats de 2016. Le nouveau texte détermine les conditions de validité des **contrats sur la preuve**, mais ne précise pas si le plaideur qui offre de prouver un fait qu'il n'était pas légalement tenu d'établir accepte par là même de prendre à sa charge le risque de la preuve en cas d'échec.

Texte de loi

Article 1356 du Code civil : « Les contrats sur la preuve sont valables lorsqu'ils portent sur des droits dont les parties ont la libre disposition. Néanmoins, ils ne peuvent contredire les présomptions irréfragables établies par la loi, ni modifier la foi attachée à l'aveu ou au serment. Ils ne peuvent davantage établir au profit de l'une des parties une présomption irréfragable. »

Le renversement de la charge de la preuve : les présomptions

L'article 1353 du Code civil fixe un ordre de production des preuves qui peut être renversé par le jeu des présomptions.

Avant la réforme du droit des contrats de 2016, l'article 1349 du Code civil définissait les présomptions comme « **des conséquences que la loi ou le magistrat tire d'un fait connu à un fait inconnu** ». Cette définition générale n'a pas été reprise par les nouveaux textes, mais elle n'en demeure pas moins valable : une présomption est un procédé technique reposant sur la logique, par lequel on admet l'existence d'un fait incertain dont on cherche la preuve, à partir d'un fait dont on a la preuve et qui rend le premier vraisemblable.

L'intérêt de ce mode de raisonnement par induction est d'alléger le fardeau de la preuve pesant sur l'une des parties en substituant à l'objet initial de la preuve un autre objet plus facile à prouver. La présomption se présente alors comme un avantage probatoire, une faveur législative, puisque son bénéficiaire jouit d'une **dispense de preuve**.

Encore faut-il préciser que seules sont concernées ici les **présomptions légales**, par opposition aux **présomptions du fait de l'homme**. Les premières sont imposées au juge par la loi ; elles intéressent la charge de la preuve qu'elles permettent de renverser (C. civ., art. 1354). Les secondes sont proposées au juge par les plaideurs et constituent des modes de preuve laissés à sa libre appréciation (C. civ., art. 1382). Plus précisément, il s'agit de circonstances de fait, sur lesquelles le juge fonde un raisonnement lui permettant de conclure à la vraisemblance de l'événement à prouver. Elles n'intéressent donc pas la charge de la preuve.

Texte de loi

Article 1354 du Code civil : « La présomption que la loi attache à certains actes ou à certains faits en les tenant pour certains dispense celui au profit duquel elle existe d'en rapporter la preuve. »

Article 1382 du Code civil : « Les présomptions qui ne sont pas établies par la loi, sont laissées à l'appréciation du juge, qui ne doit les admettre que si elles sont graves, précises et concordantes, et dans les cas seulement où la loi admet la preuve par tout moyen. »

Il y a trois catégories de présomptions légales. La présomption est dite **simple** lorsque la loi réserve la preuve contraire, et peut alors être renversée par tout moyen de preuve ; elle est dite **mixte** lorsque la loi limite les moyens par lesquels elle peut être renversée ou l'objet sur lequel elle peut être renversée ; elle est dite **irréfragable** lorsqu'elle ne peut être renversée.

EXEMPLE

La présomption de paternité est une présomption légale simple, le mari pouvant prouver qu'il n'est pas le père de l'enfant à l'occasion d'une action en contestation de paternité (C. civ., art. 332, al. 2).

En revanche, l'article 909 du Code civil pose une présomption légale irréfragable, appelée « présomption de suggestion et de captation », qui interdit aux professionnels de santé et aux mandataires judiciaires à la protection des majeurs de recevoir une libéralité des personnes protégées dont ils ont la charge.

B La preuve ordonnée par le juge

À lire les articles 9 et 12 du Code de procédure civile, on pourrait croire que dans le procès civil, le juge ne participe pas à l'administration de la preuve et n'est que le témoin du duel judiciaire qui oppose les parties.

Texte de loi

Article 12 du Code de procédure civile : « Le juge tranche le litige conformément aux règles de droit qui lui sont applicables. »

En réalité, le rôle du juge dépend de la nature de la procédure : accusatoire ou inquisitoire.

Dans le **système accusatoire**, le juge est une espèce d'acteur neutre et passif qui ne s'immisce pas dans la recherche des preuves et ne fait que rendre sa décision sur la base des éléments fournis par les parties.

Au contraire, dans le **système inquisitoire**, le juge intervient activement dans le procès et donc directement dans la collecte des preuves. C'est ce qui caractérise le procès pénal : tel est le rôle des juridictions d'instruction.

Cette distinction classique tend aujourd'hui à s'estomper, car l'on trouve dans le procès civil un **net développement de l'intervention du juge dans la recherche de la preuve** et, par conséquent, des manifestations du système inquisitoire.

Le juge dispose d'un **pouvoir d'injonction**, mais également d'un **pouvoir d'instruction**. D'une part, le juge peut enjoindre à une partie de produire, sous astreinte, un élément de preuve (C. pr. civ., art. 11, al. 2). Un tiers peut même se voir ordonner de produire des documents « s'il n'existe pas d'empêchement légitime » (C. pr. civ., art. 11, al. 2 et art. 138). En cas de refus des parties de communiquer l'élément de preuve demandé, le juge pourra en tirer toutes les conséquences (C. pr. civ., art. 11 et 446-3). D'autre part, le juge a le pouvoir d'ordonner toutes les mesures d'instruction légalement admissibles (C. pr. civ., art. 10), à condition qu'il ne le fasse pas « en vue de suppléer la carence de la partie dans l'administration de la preuve » (C. pr. civ., art. 146). Ces mesures sont de deux types : celles décidées en cours d'instance (C. pr. civ., art. 144) et celles prescrites *in futurum*, c'est-à-dire avant tout procès, « lorsqu'il existe un motif légitime de conserver ou d'établir [...] la preuve de faits dont pourrait dépendre la solution d'un litige » (C. pr. civ., art. 145).

EXEMPLE

Parmi les mesures d'instruction pouvant être ordonnées par le juge, on peut citer la comparution personnelle des parties, l'enquête, le recours à un expert, la descente sur les lieux, les attestations des tiers et les vérifications personnelles du juge.

L'extension des pouvoirs du juge civil dans la recherche des preuves serait à l'origine d'un « droit à la preuve », expression contestée par certains auteurs.

Définition

Le **droit à la preuve** peut être défini comme le droit pour chaque partie au procès de, d'une part, produire en justice les preuves licites nécessaires au succès de sa prétention et, d'autre part, de demander au juge qu'il ordonne les mesures nécessaires à la recherche ou à la production en justice des preuves utiles à la solution du litige.

Reconnu en premier lieu par la Cour européenne des droits de l'homme, sur le fondement du droit au procès équitable de l'article 6§1 de la Convention (CEDH, 10 octobre 2006, n° 7508/02, L.L. c/ France), ce principe a été solennellement affirmé par la Cour de cassation par un arrêt du 5 avril 2012 (Cass. 1re civ., 5 avr. 2012, n° 11-14.177). Son application est subordonnée à la réunion de deux conditions : la preuve produite doit être « indispensable » et « proportionnée aux intérêts antinomiques en présence » (pour une application en matière bancaire, Cass. com., 24 mai 2018, n° 17-27.969). Le droit à la preuve est donc relatif en ce qu'il doit être concilié avec d'autres impératifs, tels que certains secrets professionnels (exemple : secret des correspondances de l'avocat).

ENTRAÎNEMENT

QCM

Choisissez, parmi les propositions suivantes, la ou les bonne(s) réponse(s).

1. Que doivent prouver les parties au procès ?
- **a.** Les faits pertinents, concluants et contestés.
- **b.** Un acte ou un fait juridique.

2. Selon l'adage *Actori incubit probatio*, la charge de la preuve pèse sur :
- **a.** le demandeur.
- **b.** le défendeur.

3. La présomption de paternité est :
- **a.** une présomption légale simple.
- **b.** une présomption légale irréfragable.

4. Quelle présomption constitue un mode de preuve et n'intéresse donc pas la charge de la preuve ?
- **a.** Une présomption du fait de l'homme.
- **b.** Une présomption légale irréfragable.

5. La procédure civile est :
- **a.** une procédure accusatoire.
- **b.** une procédure mixte.

EXERCICE

Résoudre le cas pratique suivant.

Marion vient d'acquérir une maison de campagne aux environs de Nantes. Lors de la crémaillère, son ami Hervé boit plus que de raison et, devant l'assistance, casse un vase ancien en cristal que Marion tenait de sa grand-mère.

Le lendemain, Marion se rend chez Hervé afin qu'il la rembourse. Mais celui-ci refuse au prétexte qu'il ne se souvient pas de l'incident. Surprise par sa mauvaise foi, Marion exige du coup que son ami lui restitue la somme de 1 500 € qu'elle lui avait prêtée il y a trois mois pour la réparation de son véhicule. Hervé lui rétorque alors qu'aucun acte écrit n'a été établi et qu'en conséquence, il ne s'exécutera pas.

Déterminez l'objet et la charge de la preuve.

CORRIGÉS DES QCM

1. a. b. À l'appui de leurs prétentions juridiques, les parties doivent rapporter des faits pertinents, concluants et contestés, ce qui revient à prouver l'existence d'un acte ou d'un fait juridique.

2. a. La charge de la preuve pèse sur le demandeur. Mais il est plus juste de dire que chaque partie doit prouver le fait qu'elle invoque au soutien de sa prétention (C. pr. civ., art. 1353), sauf lorsque la loi aménage des présomptions.

3. a. Dans le cadre d'une action en contestation de paternité (C. civ., art. 332, al. 2), le mari peut prouver qu'il n'est pas le père de l'enfant, par exemple en arguant qu'il était séparé de sa mère au moment de la conception.

4. a. Les présomptions du fait de l'homme sont des circonstances de fait (ou indices) relevées par les parties, sur lesquelles le juge peut se fonder pour conclure à la vraisemblance de l'événement à prouver (C. civ., art. 1382).

5. b. La procédure civile est une procédure mixte, car si elle est à l'origine de type accusatoire, le juge s'est vu reconnaître progressivement divers pouvoirs en matière probatoire, qui sont autant de manifestations d'un système inquisitoire.

CORRIGÉ DE L'EXERCICE

Face à l'attitude d'Hervé, Marion doit saisir la justice (tribunal judiciaire ou tribunal de proximité selon le lieu) pour obtenir, d'une part, la réparation du préjudice résultant de la destruction de son vase et, d'autre part, le remboursement du prêt de 1 500 € qu'elle a consenti à son ami.

S'agissant du vase, il s'agit de prouver un fait juridique, c'est-à-dire un agissement ou un événement auquel la loi attache des effets de droit (C. civ., art. 1100-2). En effet, Hervé a cassé le vase spontanément ; il s'agit d'un accident dont les effets juridiques n'ont pas été recherchés par son auteur.

Par ailleurs, l'article 1353 du Code civil impose à celui qui se prévaut de l'existence d'une obligation de la prouver (C. civ., art. 1353). Au regard des faits, c'est Marion qui se prévaut d'une créance d'indemnisation en raison de la destruction de son vase. Réclamant l'exécution d'une obligation, elle supportera donc la charge de la prouver. La preuve d'un fait juridique se faisant par tous les moyens, elle pourra produire les témoignages des invités présents au moment des faits.

S'agissant du prêt d'argent, il s'agit de prouver un acte juridique, c'est-à-dire une manifestation de volonté destinée à produire des effets de droit (C. civ., art. 1100-1). Plus précisément, l'opération consiste en un contrat de prêt d'argent par lequel le prêteur met à la disposition de l'emprunteur une somme d'argent, à charge par l'emprunteur de la rembourser. Le rapport de droit entre les parties est appelé obligation. Il met en présence un débiteur (Hervé) et un créancier (Marion).

En tant que créancière, Marion réclame le remboursement du prêt, de sorte qu'elle supporte la charge de la preuve de cet acte juridique par application de l'article 1353 du Code civil. Cependant, si Hervé avait invoqué qu'il avait déjà remboursé son amie, ce serait à lui d'apporter la preuve d'un tel remboursement, puisque celui qui se prétend libéré d'une obligation doit le prouver (C. civ., art. 1353, al. 2).

FICHE 18

L'invocation des droits subjectifs : l'admissibilité de la preuve

NOTIONS CLÉS

- ✓ **Légalité de la preuve**
- ✓ **Liberté de la preuve**
- ✓ **Loyauté de la preuve**
- ✓ **Preuve littérale**

I. L'exposé des modes de preuve

Comment doit-on prouver ? C'est la question des modes de preuve et de leur admissibilité. Il existe une hiérarchie entre les modes de preuve selon la sécurité qui s'y rattache. Certains modes, jugés plus fiables par le législateur, s'imposent au juge et sont qualifiés de « parfaits ». D'autres, en revanche, sont plus aléatoires et donc « imparfaits », de sorte qu'ils sont soumis à l'appréciation souveraine du juge, qui peut les refuser.

A Les preuves parfaites

Ces modes de preuves se suffisent à eux-mêmes et n'ont pas besoin d'être complétés.

La preuve littérale ou preuve par écrit

En droit civil, la preuve littérale occupe une place prépondérante dès lors qu'elle est érigée en principe pour les actes juridiques et qu'elle est imposée à titre exceptionnel pour les faits juridiques.

La loi définit de façon très large l'écrit en se contentant de la condition d'intelligibilité.

Texte de loi

Article 1365 du Code civil : « L'écrit consiste en une suite de lettres, de caractères, de chiffres ou de tous autres signes ou symboles dotés d'une signification intelligible, quel que soit leur support. »

Dès lors, l'écrit peut être **sur support papier ou sous forme électronique**, possibilité ouverte sous certaines conditions depuis l'entrée en vigueur de la loi n° 2000-230 du 13 mars 2000 (C. civ., art. 1366 et 1369).

Texte de loi

Article 1366 du Code civil : « L'écrit électronique a la même force probante que l'écrit sur support papier, sous réserve que puisse être dûment identifiée la personne dont il émane et qu'il soit établi et conservé dans des conditions de nature à en garantir l'intégrité. »

Par ailleurs, l'« écrit » désigne tantôt le support sur lequel est mentionné le contenu de l'acte (*instrumentum*), tantôt l'opération juridique elle-même (*negotium*). En matière probatoire, il faut retenir la première acception.

EXEMPLE

Lorsqu'on parle de « contrat », on se réfère soit à l'accord de volontés des parties, soit au document contractuel remis à chacune d'elles.

La preuve par écrit – ou preuve littérale – peut prendre la forme d'un acte sous signature privée ou d'un acte authentique, ce dernier ayant une force probante plus élevée.

Texte de loi

Article 1364 du Code civil : « La preuve d'un acte juridique peut être préconstituée par un écrit en la forme authentique ou sous signature privée. »

L'**acte sous signature privée** est un acte écrit et signé par les parties elles-mêmes sans avoir recours à un tiers. Par conséquent, il tire sa force probante de la signature des parties à l'acte.

EXEMPLE

La reconnaissance de dette est très répandue en pratique. Elle est soumise à une double formalité, à savoir la signature du débiteur et la mention de la somme en lettres et en chiffres (C. civ., art. 1376).

Distinct de l'acte authentique dont il n'adopte pas le régime juridique, l'acte contresigné par avocat est un type particulier d'acte sous signature privée, dans la mesure où il bénéficie d'une efficacité et d'une sécurité juridiques renforcées grâce à la signature du ou des avocats prenant part à sa conclusion. En effet, en signant l'acte, le ou les avocats attestent avoir éclairé pleinement la ou les parties qu'ils conseillent sur ses conséquences juridiques. En outre, un tel acte fait foi de l'écriture et de la signature des parties (C. civ., art. 1374).

L'acte sous signature privée fait foi de son contenu et de sa date jusqu'à preuve contraire. La partie à laquelle on l'oppose peut désavouer son écriture ou sa signature selon la procédure de **vérification d'écriture** (C. civ., art. 1373).

L'acte sous signature privée qui constate un contrat synallagmatique (convention par laquelle les parties s'obligent réciproquement l'une envers l'autre) ne fait preuve que s'il a été fait en **autant d'originaux qu'il y a de parties** ayant un intérêt distinct, à moins que les parties ne soient convenues de remettre à un tiers l'unique exemplaire dressé. Chaque original doit mentionner le nombre des originaux qui en ont été faits (C. civ., art. 1375).

L'**acte authentique**, quant à lui, est un acte qui a été reçu, avec les solennités requises, par un officier public ayant compétence et qualité pour instrumenter (C. civ., art. 1369).

EXEMPLE

Les actes notariés sont des actes authentiques qui peuvent prendre des formes variées : contrat de mariage, contrat de vente d'un immeuble, testament, etc.

L'acte authentique fait foi jusqu'à **inscription de faux** de ce que l'officier public dit avoir accompli ou constaté (C. civ., art. 1371). Cela signifie qu'il ne peut être attaqué que dans le cadre d'une procédure spéciale, dont le succès suppose la démonstration d'une affirmation mensongère de l'officier public dans l'acte qu'il a eu à connaître. Autant dire que cette procédure a très peu de chances d'aboutir.

L'acte authentique dispose de la **force exécutoire** : il est exécutoire de plein droit. Ainsi, lorsque le débiteur n'exécute pas ses obligations pécuniaires, l'acte authentique évite au créancier d'avoir à obtenir un jugement s'il veut poursuivre le débiteur en paiement de sa dette, alors que c'est indispensable pour l'acte sous signature privé.

L'aveu judiciaire

Considéré comme « la reine des preuves », l'aveu est la reconnaissance par une personne d'un acte ou d'un fait juridique qui lui est **défavorable**. Il est formulé oralement ou par écrit.

> *Texte de loi*
>
> **Article 1383, alinéa 1er du Code civil** : « L'aveu est la déclaration par laquelle une personne reconnaît pour vrai un fait de nature à produire contre elle des conséquences juridiques. »

L'aveu peut être judiciaire ou extrajudiciaire selon qu'il est fait au cours respectivement d'une instance ou en dehors. Seul l'aveu judiciaire a une force probante absolue, car « il fait pleine foi contre celui qui l'a fait » (C. civ., art. 1383-2) et, à ce titre, il s'impose au juge, qui ne peut l'écarter.

L'aveu judiciaire est **irrévocable** sauf s'il a été fait par erreur, et **indivisible**, en ce sens qu'un plaideur ne peut pas retenir seulement la partie de l'aveu qui lui est favorable (C. civ., art. 1383-2).

Le serment décisoire

Le serment est l'affirmation solennelle faite par l'un des plaideurs de la réalité d'un acte ou d'un fait juridique qui lui est **favorable**. En cela, il se distingue de l'aveu, qui est la reconnaissance d'une circonstance défavorable à son auteur.

> *Texte de loi*
>
> **Article 1384 du Code civil** : « Le serment peut être déféré, à titre décisoire, par une partie à l'autre pour en faire dépendre le jugement de la cause. Il peut aussi être déféré d'office par le juge à l'une des parties. »

On trouve **deux catégories de serments** : le serment décisoire, que l'on utilise en l'absence de tout autre élément de preuve, et le serment supplétoire, qui permet de compléter une preuve. Cependant, les deux n'ont pas la même force probante. **Seul le serment décisoire constitue une preuve parfaite**, car il fait foi absolue et s'impose au juge.

Cela correspond au cas où une partie, dépourvue de toute preuve préconstituée, n'arrive pas à apporter la preuve de ses prétentions et, dans un ultime recours, demande à l'autre partie de jurer que tel fait (utile à la cause de cette dernière) est exact ou, au contraire, inexact.

Si l'adversaire prête le serment déféré, il gagne le procès ; s'il refuse de jurer, il perd le procès, car le refus équivaut alors à un aveu judiciaire ; il peut aussi choisir de « référer » le serment à l'autre partie en lui demandant, à son tour, de jurer de la véracité de ce qu'elle soutient. Cette dernière ne peut alors que prêter le serment référé et gagner le procès ou refuser de jurer et perdre (C. civ., art. 1385-2).

EXEMPLE

Jacques a prêté de l'argent à Pierre mais il ne possède aucune preuve de cette transaction, que ce soit un écrit ou autres (témoins, par exemple). Dans ce contexte, Jacques défère le serment à Pierre. Celui-ci ne devra rien payer s'il prête serment qu'il n'y a pas eu transaction, ou s'il réfère le serment à Jacques qui refuse de jurer qu'il y a eu transaction. Pierre devra rembourser la somme prêtée s'il refuse de prêter serment, ou s'il réfère le serment à Jacques qui accepte de jurer.

En définitive, le serment décisoire fait reposer l'issue du litige sur le serment imposé au défendeur par l'autre partie. **Il dépend donc de l'honnêteté des parties**, ce qui en fait un procédé dangereux et rarement utilisé.

B Les preuves imparfaites

Ce sont des modes de preuve qui laissent au juge un large pouvoir d'appréciation.

Les présomptions du fait de l'homme

À la différence des présomptions légales que la loi impose au juge, les présomptions de l'homme (ou du fait de l'homme) sont un mode de raisonnement proposé au juge par les plaideurs. Pourtant, le mécanisme est similaire : **de l'établissement d'un fait connu, le juge induit un autre fait qui n'est pas prouvé**.

EXEMPLE

De l'exécution d'une prestation par une personne, on déduit l'existence d'un contrat.

Ces modes de preuve sont laissés à l'appréciation du juge, qui ne doit les admettre que si elles sont **graves, précises et concordantes**, et dans les cas seulement où la loi admet la preuve par tout moyen (C. civ., art. 1382).

L'aveu extrajudiciaire

L'aveu extrajudiciaire est une reconnaissance de circonstances défavorables à son auteur qui est réalisée **en dehors de la présence d'un juge**. Il peut être consigné dans un écrit ou être seulement verbal mais, dans ce cas, il ne peut être reçu que dans les cas où la loi permet la preuve par tout moyen (C. civ., art. 1383-1).

EXEMPLE

Il s'agit, par exemple, de l'aveu fait dans une lettre missive qui est produite en justice.

Sa valeur probante est laissée à l'appréciation souveraine du juge. Ce dernier peut donc écarter les faits avoués.

Le serment supplétoire

Le serment supplétoire (ou déféré d'office) permet au juge d'avoir un **complément de preuve** lorsque celles fournies sont insuffisamment convaincantes (C. civ., art. 1386). Le juge demande à l'une des parties de prêter serment pour compléter son information.

En ce qui concerne ses effets, le serment supplétoire a une force probante moindre que celle du serment décisoire. Il ne lie pas le juge, qui est libre d'en tirer les conclusions qu'il lui plaira.

La preuve testimoniale

La **preuve par témoignage** (ou preuve testimoniale) consiste en la déclaration d'une personne ayant connaissance directement des faits dont la preuve doit être établie (C. civ., art. 1381). Il s'agit donc d'un mode de preuve qui n'émane pas des parties, mais de tiers.

Le témoignage peut être une déclaration orale, mais la loi admet qu'il soit formalisé par une attestation écrite.

La preuve testimoniale bénéficie d'une **force probante faible**. En tant que preuve imparfaite, elle est soumise à la libre appréciation du juge (C. civ., art. 1381).

En principe, elle est exclue pour la preuve d'actes juridiques portant sur une valeur supérieure à 1 500 € (exigence d'une preuve littérale) et pour prouver contre et outre le contenu d'actes écrits.

II. La recevabilité des modes de preuve

La recevabilité d'un moyen de preuve dépend du système de preuve applicable. Il existe en effet deux systèmes totalement opposés.

Dans le système de la preuve légale, basé sur l'impératif de sécurité, la loi détermine les seuls modes de preuve admissibles et leur force probante, c'est-à-dire leur valeur en tant que preuve. Le juge est donc lié.

Dans le système de la preuve morale, basé sur l'impératif de vérité, tous les modes de preuve sont admis devant le juge, qui les apprécie librement, et ont la même valeur probante. C'est le système qui prévaut en droit administratif, pénal ou commercial.

Le droit civil consacre un **système mixte** : il soumet les actes juridiques au système de la preuve légale et les faits juridiques à celui de la preuve morale.

A La preuve des actes juridiques

Le principe : l'exigence d'un écrit

En matière civile, la preuve de l'acte juridique ne peut pas être rapportée librement. Depuis **l'ordonnance des Moulins de 1566**, le droit français privilégie l'écrit en lieu et place des témoignages, qui sont jugés moins fiables.

Le principe de la preuve par écrit, énoncé à l'article 1341 du Code civil, a été repris par l'article 1359, alinéa du même Code, dans sa rédaction issue de l'ordonnance n° 2016-131 du 10 février 2016. Il comporte deux facettes : d'une part, l'acte doit être prouvé par écrit ; d'autre part, la preuve contraire à un écrit ne peut elle-même être faite que par écrit. Ainsi, la preuve « outre ou contre » ce qui a été écrit ne peut être faite que par écrit.

> *Texte de loi*
>
> **Article 1359, alinéa 1er du Code civil** : « L'acte juridique portant sur une somme ou une valeur excédant un montant fixé par décret doit être prouvé par écrit sous signature privée ou authentique.
>
> Il ne peut être prouvé outre ou contre un écrit établissant un acte juridique, même si la somme ou la valeur n'excède pas ce montant, que par un autre écrit sous signature privée ou authentique.
>
> Celui dont la créance excède le seuil mentionné au premier alinéa ne peut pas être dispensé de la preuve par écrit en restreignant sa demande.
>
> Il en est de même de celui dont la demande, même inférieure à ce montant, porte sur le solde ou sur une partie d'une créance supérieure à ce montant. »

La supériorité de la preuve écrite, qualifiée par certains de « reine des preuves » au même titre que l'aveu judiciaire, s'explique par la nature de l'acte juridique : en tant que manifestation de volonté ayant vocation à produire des effets de droit, l'écrit permet à ses auteurs de se ménager une preuve à l'avance, c'est-à-dire avant la survenance de tout litige. On parle alors d'**écrit « préconstitué »**.

Il en résulte que chaque partie à l'acte doit en posséder un exemplaire original. Il s'agit là de la **règle du « double original »**, qui s'applique aux actes sous signature privée qui constatent un contrat synallagmatique, sous réserve de l'accord des parties, pour remettre à un tiers l'unique exemplaire dressé. En tout état de cause, chaque original doit mentionner le nombre des originaux qui en ont été faits (C. civ., art. 1375).

Toutefois, la règle posée à l'article 1359, alinéa 1er du Code civil ne vaut que pour les **actes juridiques dont le montant est supérieur à 1 500 €** (décret n° 2004-836 du 20 août 2004).

ATTENTION

L'article 1359 al. 1er du Code civil énonce une règle de preuve (exigence *ad probationem*) et non une condition de validité de l'acte juridique (exigence *ad validitatem*). Dès lors, l'acte juridique d'un montant supérieur à 1 500 €, conclu sans la rédaction d'un écrit, est néanmoins valable pourvu que les conditions de l'article 1128 du Code civil soient respectées (C. civ., art. 1128 : consentement, capacité, contenu licite et certain).

Il en va différemment des contrats solennels où la loi érige la rédaction d'un écrit en condition de validité. Le défaut d'écrit entraîne alors la nullité de l'acte (exemple : le contrat de mariage et le contrat de vente d'un immeuble sont des actes nécessairement notariés).

Dans ce cas, l'acte écrit peut en principe prendre n'importe quelle forme, ne serait-ce que celle d'un simple bon de commande (Cass. com., 1er juillet 1997, n° 95-16.704).

En outre, la règle ne s'applique pas au **paiement**, qui se prouve par tout moyen (C. civ., art. 1342-8), alors que la doctrine estime généralement qu'il s'agit d'un acte juridique.

ATTENTION

Selon l'adage « nul ne peut se créer de titre à soi-même », le créancier ne peut produire que des éléments probatoires qui lui sont extérieurs, qu'il s'agisse d'écrits ou de témoignages. Il ne peut donc pas se fonder sur ses propres affirmations ou sur des documents dont il serait le seul auteur. Par exemple, un fournisseur ne peut pas réclamer paiement en se fondant sur la facture qu'il a lui-même établie. Mais la règle ne vaut que pour établir un titre de créance ; elle ne s'applique pas à la preuve des faits juridiques.

Les exceptions à l'exigence d'un écrit

Le principe de la preuve par écrit des actes juridiques est assorti de plusieurs exceptions, qui permettent d'apporter la preuve par tous moyens.

1re exception : les actes d'une valeur égale ou inférieure à 1 500 € (C. civ., art. 1359, al. 1er, interprétation *a contrario*). En effet, le législateur n'a pas souhaité exiger un écrit pour les actes dont le montant est modique (exemple : actes de la vie courante).

ATTENTION

Selon l'article 1359 alinéa 4 du Code civil, celui dont la créance excède le seuil de 1 500 € ne peut être dispensé de la preuve par écrit lorsque sa demande, même inférieure à ce montant, porte sur le solde ou sur une partie d'une créance supérieure à ce montant. Par conséquent, une personne qui a conclu un contrat de vente où le prix du bien est de 2 000 €, mais qui sollicite en justice le paiement de la somme de 1 000 €, correspondant au reste à payer par l'acquéreur, ne pourra pas pour autant prouver sa créance par tous moyens. Il devra nécessairement apporter la preuve par écrit de l'acte juridique venant au support de sa créance, puisqu'il est d'une valeur supérieure à 1 500 €.

2e exception : l'existence d'un commencement de preuve par écrit (C. civ., art. 1361 et 1362).

Texte de loi

Article 1362 du Code civil : « Constitue un commencement de preuve par écrit tout écrit qui, émanant de celui qui conteste un acte ou de celui qu'il représente, rend vraisemblable ce qui est allégué.

Peuvent être considérés par le juge comme équivalant à un commencement de preuve par écrit les déclarations faites par une partie lors de sa comparution personnelle, son refus de répondre ou son absence à la comparution.

La mention d'un écrit authentique ou sous signature privée sur un registre public vaut commencement de preuve par écrit. »

Autrement dit, il s'agit d'un document écrit qui ne constitue pas une preuve littérale au sens strict, faute de présenter certaines caractéristiques d'origine légale. En étant irrégulier (ou incomplet), il perd sa force probante et devient une preuve imparfaite.

Ce faisant, **un commencement de preuve par écrit ne se suffit pas à lui-même**, il ne fait pas « pleine foi ». Il constitue un adminicule, c'est-à-dire un premier élément probatoire qui doit être complété par un autre moyen de preuve (exemples : témoignages, présomptions).

EXEMPLE

Marie prête une somme d'argent à son amie Chloé. Une reconnaissance de dette est rédigée. Cependant, sur l'acte, la somme ne figure qu'en chiffres. Les deux amies se disputent à propos du remboursement de la dette. Si Marie produit la reconnaissance de dette en justice, le juge aura besoin d'autres éléments de preuve. En effet, l'article 1376 du Code civil impose que l'acte comporte la mention écrite de la somme en toutes lettres et en chiffres. À défaut, il perd sa force probatoire et devient un commencement de preuve par écrit, qui devra être complété par d'autres éléments probatoires (exemples : témoignages, photocopie de chèque, correspondances, avis de virement bancaire, etc.).

3e exception : l'impossibilité matérielle ou morale de produire un écrit (C. civ., art. 1360). L'impossibilité matérielle résulte des circonstances (exemple : la conclusion d'un contrat par voie téléphonique, l'incapacité pour une partie d'écrire). L'impossibilité morale résulte le plus souvent de liens particuliers entre les parties à l'acte (exemples : liens familiaux, d'affection, d'amitié ou de subordination).

EXEMPLE

En général, lorsque des parents prêtent de l'argent à leurs enfants, ils ne formalisent pas ce contrat de prêt dans un document écrit.

4e exception : lorsqu'il est d'usage ne pas établir un écrit (C. civ., art. 1360). Cette exception, qui a été consacrée par l'ordonnance du 10 février 2016, est admise depuis longtemps par la jurisprudence (exemple : Cass. 1re civ., 11 février 2010, n° 09-11.527, entre passionnés de voitures anciennes). Celui qui se prévaut d'un usage contraire doit en démontrer l'existence pour pouvoir rapporter par tous moyens la preuve de l'acte invoqué.

5e exception : la perte de l'écrit original par un événement de force majeure (C. civ., art. 1360). Lorsque la perte de l'écrit préconstitué résulte d'un événement présentant les caractères de la force majeure (irrésistibilité, imprévisibilité et extériorité), l'exigence d'un écrit est écartée (exemple : perte à la suite d'un incendie). L'impossibilité de présenter l'écrit préconstitué ne doit donc pas être due à un fait personnel (exemples : fraude, négligence).

6e exception : la production d'une copie fiable. Avant l'ordonnance du 10 février 2016, cette exception figurait à l'ancien article 1348 du Code civil, mais sous l'expression « copie fidèle et durable ». Toutefois, elle n'a pas été reprise explicitement par la loi nouvelle car, désormais, « la copie fiable a la même force probante que l'original » (C. civ., art. 1379). Elle se suffit donc à elle-même et n'a pas besoin d'être complétée par un autre moyen de preuve.

La fiabilité de la copie est laissée à l'appréciation du juge. Néanmoins, est réputée fiable la copie exécutoire ou authentique d'un acte authentique. S'agissant d'un acte sous signature privé, est présumée fiable jusqu'à preuve du contraire toute copie résultant d'une reproduction à l'identique de la forme et du contenu de l'acte, et dont l'intégrité est garantie dans le temps par un procédé conforme à des conditions fixées par décret en Conseil d'État (C. civ., art. 1379).

7e exception : l'acte juridique relève de la matière commerciale (C. com., art. L. 110-3). Pour s'adapter à la pratique commerciale, où les actes juridiques sont souvent conclus oralement, l'exigence d'une preuve littérale est écartée. Ainsi, à l'égard des commerçants, les actes de commerce peuvent se prouver par tous moyens à moins qu'il n'en soit autrement disposé par la loi (exemples : bons de commande, témoignages, livres de commerce, etc.).

ATTENTION

En présence d'un acte conclu entre commerçants, ceux-ci sont libres de faire la preuve de leurs prétentions par tous moyens, et ce quel que soit le montant de l'acte en cause.

En revanche, pour un **acte mixte** conclu entre un commerçant et un non-commerçant (exemple : consommateur), la preuve n'est libre que pour ce dernier. Le commerçant, quant à lui, doit respecter les règles du droit civil et donc l'exigence d'un écrit.

8e exception : la renonciation des parties. La règle de l'article 1359 du Code civil n'étant pas d'ordre public (elle est donc supplétive), les parties peuvent l'écarter par convention et déterminer leurs propres règles de preuve. Toutefois, un contrat sur la preuve n'est possible que pour les droits dont elles ont la libre disposition (C. civ., art. 1356).

9e exception : l'aveu judiciaire et le serment décisoire. Parce qu'elles s'imposent au juge et jouissent d'une force probante absolue, ces preuves parfaites peuvent suppléer un écrit (C. civ., art. 1361). Cependant, ce ne sont pas là des modes de preuve très fréquents.

B La preuve des faits juridiques

Le principe : la liberté de la preuve

Les faits juridiques sont des agissements ou des événements auxquels la loi attache des effets de droit (C. civ., art. 1100-2). Ils sont souvent imprévisibles et involontaires. Contrairement aux actes juridiques, ils produisent des effets de droit, mais sans que ceux-ci ne soient nécessairement anticipés ni même recherchés.

EXEMPLE

Parmi les faits juridiques les plus connus, on peut citer la naissance, le décès ou un accident.

En principe, la preuve des faits juridiques est libre en raison de **l'impossibilité de se ménager une preuve préconstituée** avant tout conflit.

Texte de loi

Article 1358 du Code civil : « Hors les cas où la loi en dispose autrement, la preuve peut être apportée par tout moyen. »

En conséquence, la preuve peut se faire **par tous moyens**, à moins qu'un texte spécial impose un mode de preuve particulier. Tel est le cas si certains faits juridiques présentent une importance particulière.

EXEMPLE

Les faits relatifs à l'état des personnes physiques (naissance, décès) doivent être prouvés par les actes de l'état civil. La preuve de la filiation est également réglementée.

Le tempérament : la loyauté de la preuve

Le principe de la liberté de la preuve pour les faits juridiques ne signifie pas que la preuve peut être recueillie par n'importe quel moyen : en aucun cas, des procédés déloyaux ne peuvent être employés.

EXEMPLE

Si l'employeur a le droit de contrôler et de surveiller l'activité de ses salariés pendant le temps de travail, tout enregistrement, quels qu'en soient les motifs, d'images ou de paroles à leur insu, constitue un mode de preuve illicite (Cass. soc. 20 nov. 1991).

En effet, bien qu'il n'ait pas été introduit dans le Code civil lors de la réforme du droit des contrats (2016), le principe principe de loyauté dans l'administration des preuves est implicitement contenu dans de nombreuses dispositions du Code de procédure civile (par exemple, C. pr. civ., art. 9 et 763).

Il a également été consacré par la jurisprudence qui l'a élevé au rang de principe général du droit (Cass. ass. plén., 7 janvier 2011, n° 09-14.316). Mais certains auteurs vont plus loin, en l'érigeant en nouveau principe directeur du procès civil. Une telle analyse ne fait pas l'unanimité, plusieurs processualistes estimant au contraire que la loyauté n'est qu'un aspect du principe de contradiction, et non un principe directeur autonome.

Quoi qu'il en soit, il appartiendra à la jurisprudence et à la doctrine de préciser cette notion de loyauté dans les prochaines années. En attendant, on peut la définir de façon générale comme « *le comportement fait de droiture et de probité attendu du plaideur envers le juge et envers son adversaire* » (M.-E. Boursier).

ENTRAÎNEMENT

QCM

Choisissez, parmi les propositions suivantes, la ou les bonne(s) réponse(s).

1. Un acte sous signature privée dispose-t-il de la force exécutoire ?
- a. Oui.
- b. Non.

2. Parmi ces modes de preuve, lequel n'est pas parfait ?
- a. L'aveu judiciaire.
- b. Le serment décisoire.
- c. Le serment supplétoire.

3. La preuve littérale est exigée pour :
- a. tous les actes juridiques.
- b. les actes juridiques d'un montant égal ou supérieur à 1 500 €.
- c. les actes juridiques d'un montant supérieur à 1 500 €.

4. En matière civile, le système de preuve applicable est :
- a. le système de la preuve légale.
- b. le système de la preuve morale.
- c. un système mixte.

EXERCICE

Résoudre le cas pratique suivant.

Philippe a acheté un ordinateur pour un montant de 2 000 €. Cependant, il n'a pas cru bon d'exiger une facture. Seule une photocopie du bon de livraison lui a été remise. Ce document à l'en-tête de la société Picard-Belle mentionne la remise d'un ordinateur de bureau le 9 juin 2017, avec un versement de 1 000 €, mais ne porte pas mention de son nom. Philippe ayant payé par carte bancaire, il détient aussi la facturette du paiement des 1 000 €.

Malheureusement, quelques jours plus tard, le PC ne fonctionne plus. Pour échanger le produit, le vendeur, qui prétend ne pas avoir gardé trace de la transaction, exige de Philippe qu'il prouve que l'achat a bien été effectué dans son magasin.

Que conseillez-vous à Philippe pour qu'il puisse échanger l'ordinateur défectueux ?

CORRIGÉS DES QCM

1. b. Seul l'acte authentique dispose de la force exécutoire et peut faire l'objet d'une exécution forcée sans qu'il soit nécessaire d'obtenir un jugement au préalable.

2. c. Le serment supplétoire est celui que le juge demande aux parties pour compléter une preuve. Il ne lie pas le magistrat, qui est libre de l'accepter ou de le rejeter.

3. c. La preuve littérale (ou par écrit) est exigée pour les actes juridiques d'un montant supérieur à 1 500 € (C. civ., art. 1359). *A contrario*, elle n'est pas exigée pour les actes d'un montant inférieur ou égal à cette somme.

4. c. En matière civile, le système de preuve applicable est dit « mixte », car le législateur soumet les actes juridiques au système de la preuve légale et les faits juridiques à celui de la preuve morale.

CORRIGÉ DE L'EXERCICE

Dans le cadre du litige l'opposant à la société Picard-Belle, Philippe est le demandeur, car il exige le remplacement de son ordinateur. Par application de l'article 1353 alinéa 1er du Code civil, il lui appartient de rapporter la preuve d'un contrat de vente, qui est un acte juridique, c'est-à-dire une manifestation de volonté destinée à produire des effets juridiques (C. civ., art. 1100-1).

D'emblée, il faut préciser quel est le système de preuve applicable. Nous avons affaire à un litige commercial opposant un commerçant (la société Picard-Belle) à un non-commerçant (Philippe). Or, en présence d'un acte mixte, la preuve est libre pour ce dernier, ce qui lui permet d'échapper à l'exigence d'un écrit.

En effet, selon l'article 1359 du Code civil, les actes juridiques se prouvent en principe par écrit quand leur valeur dépasse le montant de 1 500 €. C'est bien le cas en l'espèce : la vente porte sur un montant de 2 000 €. Un écrit doit donc normalement être présenté par Philippe.

Cependant, la loi prévoit des exceptions à la règle de l'article 1359 du Code civil, en particulier lorsque celui qui a la charge de la preuve ne possède pas d'écrit préconstitué. Ainsi, l'article 1361 du Code civil permet, quand on dispose d'un commencement de preuve par écrit, de recourir à une preuve libre par tous moyens. L'article 1362 du Code civil définit ce qu'il faut entendre par commencement de preuve par écrit. Il s'agit de « tout écrit qui, émanant de celui qui conteste un acte ou de celui qu'il représente, rend vraisemblable ce qui est allégué ».

En l'espèce, la copie du bon de livraison et la facturette remplissent ces conditions. Ce sont des écrits qui émanent du vendeur et rendent vraisemblable la vente. L'un des deux documents pourra servir de commencement de preuve par écrit, l'autre de complément de preuve, puisque l'article 1361 du Code civil exige ensuite de compléter l'adminicule que constitue le commencement de preuve par écrit.

Enfin, Philippe ne doit pas s'inquiéter du fait qu'il ne dispose que d'une copie du bon de livraison et non de l'original. L'article 1379 du Code civil prévoit en effet que « la copie fiable a la même force probante que l'original ». Ce texte présume fiable jusqu'à preuve du contraire toute copie résultant d'une reproduction à l'identique de la forme et du contenu de l'acte, et dont l'intégrité est garantie dans le temps. Or, la jurisprudence considère que la photocopie remplit ces conditions. Elle conservera donc toute sa force probante.

En conclusion, Philippe a de grandes chances d'obtenir satisfaction.

FICHE 19 L'organisation juridictionnelle

NOTIONS CLÉS

- ✔ Juridictions du fond
- ✔ Ministère public
- ✔ Taux de ressort
- ✔ Tribunal judiciaire

I. Les juridictions judiciaires

A Les juridictions civiles

Les juridictions du premier degré

Les juridictions civiles sont les organes chargés, en matière civile, de trancher les litiges au moyen d'une décision à laquelle, dans un sens très large, on donne le nom de jugement. Elles sont à la fois nombreuses et diversifiées. Mais à travers cet ensemble disparate apparaît une structure pyramidale ayant à son sommet la Cour de cassation, qui est la juridiction suprême et dont la fonction essentielle est d'assurer la cohésion de notre droit.

Pour tenir compte de la diversité des contentieux, la loi offre un éventail de juridictions ayant chacune sa compétence propre. propre. Toutefois, afin d'améliorer la lisibilité de la répartition des contentieux en première instance, **la loi n° 2019-222 du 23 mars 2019 de programmation 2018-2022 et de réforme pour la justice (art. 95) prévoit la fusion du tribunal de grande instance (TGI) et du tribunal d'instance (TI)**. Lorsque le TGI et le TI sont situés dans la même ville, ils deviennent une juridiction unique, située sur un ou plusieurs sites, dénommée **tribunal judiciaire**. En revanche, dans les villes dans lesquelles il n'existe qu'un tribunal d'instance, celui-ci devient une chambre de proximité du tribunal judiciaire, dénommée « **tribunal de proximité** » (COJ, art. L. 212-8). Cette réforme, dont l'entrée en vigueur est fixée au 1er janvier 2020, est le fruit d'une vaste consultation lancée en octobre 2017 dans cinq domaines qualifiés de « Chantiers de la justice » (la transformation numérique, l'amélioration et la simplification de la procédure pénale, l'amélioration et la simplification de la procédure civile, l'adaptation du réseau des juridictions, le sens et l'efficacité des peines).

Ainsi, **le tribunal judiciaire devient la juridiction civile de droit commun en première instance** : il connaît de toutes les affaires civiles et commerciales pour lesquelles compétence n'est pas attribuée, en raison de la nature de la demande, à une autre juridiction (COJ, art. L. 211-3). Il a également compétence exclusive dans les matières déterminées par les lois et règlements (ex : les actions en réparation d'un dommage corporel, COJ, art. L. 211-4-1).

ATTENTION

Le tribunal judiciaire statue en première instance en matière civile et pénale. Lorsqu'il statue en matière pénale, il est dénommé tribunal correctionnel (délits) ou tribunal de police (contraventions).

Le tribunal judiciaire comprend un président, des vice-présidents et des juges professionnels. Ces magistrats composent ce qu'on appelle la magistrature « assise » (les magistrats du siège disent le droit en tranchant les litiges qui leur sont soumis). Certains sont spécialisés (ex : juge d'instruction, juge des enfants, juge de l'application des peines) ; d'autres ne le sont pas (ex : le juge aux affaires familiales est un magistrat du tribunal judiciaire, délégué dans ses fonctions par le président du tribunal).

ATTENTION

La fusion des TGI et des TI s'accompagne de la disparition du juge d'instance. **La loi organique n° 2019-221 du 23 mars 2019 relative au renforcement de l'organisation des juridictions** y substitue **le juge des contentieux de la protection** à compter du 1er janvier 2020. Au sein du tribunal judiciaire, ce magistrat spécialisé reprend sensiblement les attributions de son prédécesseur : tutelles des majeurs, expulsion, surendettement des particuliers, crédits à la consommation, etc.).

À l'opposé, il y a les représentants du ministère public (ou parquet) qui forment la magistrature « debout » (parce qu'ils requièrent debout l'application de la loi, sans pour autant avoir le pouvoir de juger). Le parquet est dirigé par le procureur de la République, éventuellement assisté de procureurs adjoints, de vice-procureurs et de substituts.

Définition

Le **parquet**, dont la dénomination doit son origine au « petit parc » clos dans lequel se tenaient à l'audience les procureurs du roi sous l'Ancien Régime, désigne l'organisation, au niveau du tribunal de grande instance, de l'ensemble des magistrats du ministère public qui sont chargés de requérir l'application de la loi et de conduire l'action pénale au nom des intérêts de la société.

D'autres juridictions ont en revanche une compétence spécialisée en certaines matières : les conseils de prud'hommes, les tribunaux de commerce et les tribunaux paritaires des baux ruraux.

Institués en 1806, les **conseils de prud'hommes** sont compétents pour les litiges entre salariés ou apprentis et employeurs portant sur le respect des contrats de travail ou d'apprentissage. Depuis 2017, le conseil de prud'hommes est composé de juges non professionnels qui ont été désignés paritairement sur proposition des organisations syndicales et patronales représentatives en fonction de leur audience respective.

Les **tribunaux de commerce** tranchent, de manière générale, les litiges entre commerçants, ou entre commerçants et sociétés commerciales, et ceux qui portent sur les actes de commerce. La loi « J21 » du 18 novembre 2016 a prévu que les litiges entre artisans leur seront transférés au plus tard le 1er janvier 2022.

Les **tribunaux paritaires des baux ruraux** statuent sur les litiges entre propriétaires et exploitants de terre ou de bâtiments agricoles. Ils sont composés d'un juge du tribunal judiciaire (anciennement juge d'instance) qui préside les audiences, et de quatre juges non professionnels (assesseurs) : deux représentants des propriétaires (bailleurs) et deux représentants des exploitants (preneurs). Depuis le renouvellement des tribunaux paritaires des baux ruraux en 2018, les assesseurs ne sont plus élus, mais désignés pour six ans sur proposition des organisations professionnelles les plus représentatives, intéressées en fonction de leur audience respective.

Enfin, notons que le **tribunal des affaires de sécurité sociale**, qui tranchait les litiges entre les organismes de sécurité sociale et les personnes assujetties, est supprimé depuis le 1er janvier 2019.

La loi de modernisation de la justice du XXIe siècle (dite loi « J21) du 18 novembre 2016 a réformé le contentieux de la sécurité sociale et de l'aide sociale. Sur le fondement de cette loi, **deux ordonnances n° 2018-358 et 2018-359 du 16 mai 2018** ont été publiées afin de préciser les modalités de mise en œuvre de la réforme.

En première instance, les tribunaux des affaires de sécurité sociale (TASS), chargés du contentieux général de la sécurité sociale, et les tribunaux du contentieux de l'incapacité (TCI), en charge du contentieux technique de la sécurité sociale, seront supprimés **au profit d'un pôle social constitué au sein des tribunaux judiciaires (ex-TGI)** spécialement désignés (CSS. art. L. 142-8 ; COJ. art. L. 211-16). Les commissions départementales d'aide sociale (CDAS), dont l'impartialité structurelle avait été mise en cause par le Conseil constitutionnel (Cons. const. 25 mars 2011, n° 2010-110 QPC), disparaitront également au profit des tribunaux judiciaires (ex-TGI) spécialisés (CSS, art. L. 134-1 et s.), ou bien des juridictions administratives de droit commun pour certains contentieux (allocation personnalisée d'autonomie, aide-ménagère, aide à domicile, aide sociale aux personnes sans domicile fixe, revenu de solidarité active, aide médicale d'État).

En appel, les recours seront formés auprès des chambres sociales de cours d'appel spécialement désignées (COJ, art. L. 311-15). La Cour nationale de l'incapacité et de la tarification de l'assurance des accidents du travail (CNITAAT) sera donc supprimée. Toutefois, la tarification des accidents du travail sera de la compétence de la cour d'appel d'Amiens, qui statuera en premier et dernier ressort (COJ, art. L. 311-16 et D. 311-12).

Le **décret n° 2018-772 du 4 septembre 2018** désigne les tribunaux judiciaires (ex-TGI) et cours d'appel compétents en matière de contentieux général et technique de la sécurité sociale et d'admission à l'aide sociale.

Les cours d'appel

Toute décision juridictionnelle rendue par une juridiction civile de première instance est, en principe, susceptible d'appel (CPC, art. 543). C'est ce qu'on appelle **le principe du double degré de juridiction**. Sauf disposition expresse, la juridiction compétente pour en connaître (ou statuer) est la cour d'appel (COJ, art. L. 311-1). Il en existe actuellement 36.

> ***Définition***
>
> Lorsque le principe du double degré de juridiction peut être écarté en raison de la simplicité et de la modicité du litige, on dit que le jugement est rendu « en premier et dernier ressort ». Dans ce cas, seul un pourvoi en cassation est possible, étant entendu que la Cour de cassation n'est jamais constitutive d'un troisième degré de juridiction, dans la mesure où elle ne rejuge pas les faits. Ainsi, l'exercice de l'appel est exclu lorsque le montant de l'affaire est inférieur à un seuil financier, appelé **taux de ressort**. Celui-ci est fixé à 4 000 €, pour l'ensemble des juridictions civiles du premier degré, par le décret n° 2005-460 du 13 mai 2005. En dessous de ce seuil, il n'y a pas d'appel.

Constituée de plusieurs chambres spécialisées (en matière civile, sociale, commerciale et pénale), la cour d'appel rejuge l'affaire en fait et en droit. Elle peut soit confirmer la décision rendue par les premiers juges, soit l'infirmer (c'est-à-dire l'annuler, la réformer) en tout ou partie. Dans cette dernière hypothèse, elle tranche à nouveau le débat au fond.

La cour d'appel se compose d'un premier président, de présidents de chambre et de conseillers. Le ministère public (ou parquet général), qui défend les intérêts de la société, comprend à sa tête le procureur général, secondé par des avocats généraux et substituts généraux.

La Cour de cassation

Juridiction suprême (ou haute juridiction) de l'ordre judiciaire, la Cour de cassation est unique et siège à Paris. Sa compétence est donc nationale. Sa fonction est de **vérifier la conformité des décisions des juridictions civiles et pénales des premier et second degrés aux règles de droit**. Elle est juge du droit et ne rejuge pas l'affaire au fond. Ce faisant, elle contribue à unifier la jurisprudence sur tout le territoire, en veillant au respect de la règle de droit par les juridictions inférieures. Traditionnellement, la Cour de cassation exerce cette fonction en statuant sur les pourvois formés contre les arrêts rendus par les cours d'appel, et plus exceptionnellement contre les jugements rendus en dernier ressort par les tribunaux de première instance.

La Cour de cassation a aussi des attributions non juridictionnelles. En effet, depuis la loi du 15 mai 1991, un rôle préventif lui a été reconnu, car elle peut désormais être saisie « pour avis » par toute juridiction civile (et, depuis la loi du 25 juin 2001, par les juridictions pénales), indépendamment de tout pourvoi. Cet avis ne lie pas les juges du fond. En outre, la Haute Juridiction rend chaque année un rapport public, qu'elle adresse au garde des Sceaux.

La Cour de cassation est composée d'un **premier président** (Chantal Arens depuis juillet 2019), des présidents de chambre et de conseillers, tous magistrats du siège.

Le ministère public (ou parquet général) est représenté à sa tête par le **procureur général** (François Molins depuis octobre 2018), secondé par sept **premiers avocats généraux** et trente-huit **avocats généraux**.

La Cour comprend des formations permanentes, à savoir cinq chambres civiles (trois chambres pour les affaires civiles, une chambre commerciale et financière, une chambre sociale) et une chambre criminelle. La formation ordinaire de la Cour est l'audience de la chambre, où siègent, en principe, au moins cinq membres (trois en formation restreinte). Par ailleurs, la Haute Juridiction comprend des formations non permanentes. D'une part, lorsqu'un pourvoi relève de la compétence de plusieurs chambres, la Cour de cassation siège en **chambre mixte**. D'autre part, **l'assemblée plénière**, formation la plus solennelle, statue sur les seconds pourvois invoquant les mêmes moyens, ainsi que sur les premiers pourvois, depuis 1979, lorsqu'une question de principe lui est posée.

EXEMPLE

Les chambres civiles sont compétentes en droit civil et procédure civile : contrats et responsabilité civile, mariage, divorce, régimes matrimoniaux et successions, droit des biens, etc.

La chambre commerciale et financière est compétente en matière de litiges commerciaux.

La chambre sociale est compétente pour les litiges en droit du travail.

La chambre criminelle est compétente en matière pénale (contraventions, délits, crimes).

B Les juridictions pénales

En matière pénale, les juridictions jugent les personnes soupçonnées d'avoir commis une infraction. On distingue trois catégories d'infractions classées selon leur gravité :

- les **contraventions** (infractions les moins graves) sont jugées par le tribunal de police ;
- les **délits** (plus graves que les contraventions) sont jugés par le tribunal correctionnel ;
- les **crimes** (les infractions les plus graves) sont jugés par la cour d'assises.

Le tribunal de police

Statuant à juge unique, le tribunal de police est une formation pénale du tribunal judiciaire qui est compétent en **matière contraventionnelle**, c'est-à-dire pour les infractions pénales les moins graves. Dès lors, il prononce essentiellement des amendes dont le montant augmente en fonction d'un système de classement reposant sur la gravité des faits reprochés.

Le Code pénal distingue en effet cinq classes de contraventions, la cinquième classe correspondant aux infractions les plus graves. Les contraventions de première classe sont passibles d'amendes de 38 € maximum, alors que celles de cinquième classe sont passibles d'amendes de 1 500 € maximum (3 000 € en cas de récidive) et de peines privatives ou restrictives de droit (par exemple, la suspension du permis de conduire, l'interdiction de vote ou d'exercer une activité professionnelle, etc.). Jusqu'au 1er juillet 2017, date de leur suppression, les juridictions de proximité connaissaient des quatre premières classes de contraventions.

Devant le tribunal de police, le ministère public est représenté par le procureur de la République ou l'un de ses substituts.

Le tribunal correctionnel

Formation pénale du tribunal judiciaire, le tribunal correctionnel est composé de trois magistrats professionnels, sauf lorsque le Code de procédure pénale prévoit qu'il peut statuer à juge unique. Le ministère public est représenté par le procureur de la République ou un de ses substituts.

Le tribunal correctionnel juge **les délits** (vol, escroquerie, abus de confiance, coups et blessures graves, etc.) commis par des personnes majeures. Il peut prononcer des peines allant jusqu'à 10 ans d'emprisonnement (20 ans en cas de récidive), mais aussi des peines alternatives à l'emprisonnement (travail d'intérêt général, stage de citoyenneté, etc.), des amendes ou encore des peines complémentaires (interdiction d'exercer une activité professionnelle, retrait de permis, etc.).

La cour d'assises

Émanation de la cour d'appel, la cour d'assises est compétente pour tous **les crimes** de droit commun commis par les majeurs. Les peines peuvent aller jusqu'à la réclusion criminelle à perpétuité. **Ce n'est pas une formation permanente** : elle se réunit généralement tous les trois mois pendant une quinzaine de jours.

La cour d'assises est composée de **trois juges professionnels et d'un jury composé de citoyens tirés au sort** : six citoyens en première instance, neuf en appel (l'appel est possible depuis une loi du 15 juin 2000). Certains crimes relatifs aux crimes terroristes, militaires ou relatifs au trafic de drogue sont jugés par une cour d'assises spéciale. Dans ce cas, les jurés sont remplacés par des magistrats professionnels.

Le ministère public est représenté par l'avocat général, magistrat membre du parquet, qui ne doit pas être confondu avec l'avocat de chaque partie au procès (accusé et/ou victime).

Dans le cadre de la loi n° 2019-222 du 23 mars 2019 de programmation 2018-2022 et de réforme pour la justice (art. 63), une **cour criminelle départementale** - initialement dénommée « tribunal criminel départemental » - est créée afin de désengorger les cours d'assises. Cette juridiction composée de cinq magistrats professionnels, et donc sans jury populaire, pourra juger des crimes commis par des personnes majeures et punis de 15 à 20 ans de réclusion hors cas de récidive légale, c'est-à-dire essentiellement des crimes sexuels. Elle sera expérimentée de 2019 à 2022 dans plusieurs départements.

À côté de ces juridictions pénales de droit commun, il existe des **juridictions d'exception**. Les plus connues sont la Cour de justice de la République, qui juge les ministres, les juridictions militaires et les juridictions pour mineurs.

ATTENTION

Présenté en Conseil des ministres le 9 mai 2018, le projet de loi constitutionnelle « pour une démocratie plus représentative, responsable et efficace » envisage de supprimer la **Cour de justice de la République** (art. 13). Il s'agit de mettre fin à une justice « d'exception » réservée aux ministres. Mais une telle réforme suppose la révision de la Constitution et donc une majorité des 3/5 des parlementaires pour adopter le texte.

Depuis l'ordonnance du 2 février 1945, la justice des mineurs bénéficie d'un traitement particulier et de juridictions spécialisées : le juge des enfants, le tribunal pour enfants et la cour d'assises des mineurs.

Magistrat du tribunal judiciaire, le **juge des enfants** protège les mineurs en danger et juge les mineurs délinquants. Il intervient donc en matière civile et pénale. En ce domaine, il est compétent pour les délits et contraventions de la cinquième classe commis par un mineur.

Le **tribunal pour enfants** juge les auteurs de contraventions de cinquième classe et de délits, lorsque le juge des enfants lui a renvoyé l'affaire, en raison notamment de sa gravité ou de sa complexité. Il est également compétent en matière criminelle, lorsque les mineurs sont âgés de moins de 16 ans au moment des faits.

La **cour d'assises des mineurs** juge les crimes commis par les mineurs de plus de 16 ans. Les magistrats assesseurs sont, sauf impossibilité, des juges des enfants.

ATTENTION

L'article 93 de la loi n° 2019-222 du 23 mars 2019 de programmation 2018-2022 et de réforme pour la justice autorise le Gouvernement à modifier par ordonnance la législation applicable aux mineurs délinquants. Il est question notamment de créer un **Code de la justice pénale des mineurs** rassemblant les règles applicables en la matière.

II. Les juridictions administratives

A Les juridictions du fond

La justice administrative est compétente pour juger les litiges opposant une personne privée à l'État, à une collectivité territoriale, à un établissement public ou à un organisme privé chargé d'une mission de service public. Elle assure donc la soumission de l'Administration au droit et contribue ainsi à la protection des citoyens.

Au sein de l'ordre administratif, il existe **trois niveaux de juridictions** : les tribunaux administratifs, les cours administratives d'appel et le Conseil d'État, étant précisé que ces dernières sont à la fois distinctes des juridictions judiciaires et indépendantes de l'Administration. Mais certains litiges spécifiques relèvent, en première instance puis en appel, de juridictions administratives spécialisées : Cour nationale du droit d'asile (contentieux des étrangers), Cour des comptes (finances publiques), Conseil supérieur de la magistrature (discipline des magistrats), etc. Leurs décisions peuvent ensuite être portées devant le Conseil d'État, juge de cassation.

Définition

Les tribunaux administratifs et les cours administratives d'appel sont appelés « **juridictions du fond** », car ils tranchent le fond des affaires qui leur sont soumises ; ils l'examinent aussi bien en fait qu'en droit.

Le tribunal administratif

Au nombre de 42, les tribunaux administratifs (TA) sont les juges administratifs de droit commun compétents en premier ressort, sauf exceptions, pour connaître du contentieux administratif. Ils ont succédé en 1953 aux conseils de préfecture qui avaient été institués en l'an VIII dans chaque département, avec des compétences alors limitées. La réforme introduite par le **décret-loi du 30 septembre 1953** a permis de désencombrer le Conseil d'État et de mieux asseoir l'indépendance de ces juridictions, jusqu'alors très proches à tous égards des préfets.

Les tribunaux administratifs possèdent des attributions consultatives et contentieuses. S'agissant des premières, l'article R. 212-1 du Code de justice administrative prévoit que les tribunaux administratifs « peuvent être appelés à donner leur avis sur les questions qui leur sont soumises par les préfets ». S'agissant des secondes, les tribunaux administratifs statuent sur toutes les contestations dirigées contre les actes et décisions de l'Administration, à l'exception des affaires attribuées spécialement par la loi à d'autres juridictions administratives, comme le Conseil d'État.

EXEMPLE

Le tribunal administratif examine notamment les recours contre les actes de l'État d'une collectivité locale, les actions en responsabilité dirigées contre les services publics administratifs et les dommages causés par l'activité des services publics, les actions en matière de recouvrement des créances publiques, les contestations portant sur un contrat administratif (exemple : marché de travaux publics).

La cour administrative d'appel

Créées par la **loi du 31 décembre 1987** pour désengorger le Conseil d'État menacé d'asphyxie, les cours administratives d'appel (CAA) sont désormais au nombre de huit. Elles ont été installées dans les villes de tradition judiciaire comme Bordeaux, Douai, Lyon, Marseille, Nancy, Nantes, Paris et Versailles. Elles sont devenues **juges d'appel de droit commun** avec l'entrée en vigueur de la loi du 8 février 1995.

Dans les faits, les attributions exercées au sein d'une cour administrative d'appel sont surtout de nature contentieuse. Par principe, les appels des jugements des tribunaux administratifs, tant en matière de plein contentieux que d'excès de pouvoir, relèvent de cette juridiction du second degré. La fonction consultative des CAA est, quant à elle, essentiellement limitée aux demandes d'avis des préfets des régions relativement à leurs attributions, afin de les délimiter de celles exercées au titre du département.

B Le Conseil d'État

Créé en 1799 et siégeant à Paris, au palais Royal, le Conseil d'État est la juridiction suprême (ou la haute juridiction) de l'ordre administratif. Il est composé d'auditeurs, de maîtres des requêtes et de conseillers d'État. **Sa présidence est assurée par son vice-président** (Bruno Lasserre depuis mai 2018), le Premier ministre pouvant, à titre honorifique, présider son assemblée générale. Cette originalité organisationnelle a un fondement historique : autrefois, le Conseil d'État était présidé par le chef de l'État ou par une autorité politique, preuve que cette juridiction était alors sous l'influence du pouvoir exécutif.

Le Conseil d'État a deux fonctions, celle de **juridiction suprême de l'ordre administratif** et celle de **conseiller juridique du gouvernement**.

Les **attributions contentieuses** du Conseil d'État sont variées. Tout d'abord, la haute juridiction administrative est juge de cassation des arrêts rendus par les cours administratives d'appel. Le Conseil d'État ne juge pas une troisième fois le litige, mais vérifie le respect des règles de procédure et la correcte application des règles de droit par les tribunaux administratifs et les cours administratives d'appel. Ensuite, le Conseil d'État est compétent en premier et dernier ressort notamment pour juger les requêtes formées contre les décrets, les actes réglementaires des ministres, le contentieux des élections régionales ou européennes (25 % des décisions du Conseil d'État sont rendues en premier et dernier ressort). Enfin, le Conseil d'État est, à titre exceptionnel, juge d'appel, et connaît ainsi des appels formés contre les jugements des tribunaux administratifs rendus en matière d'élections municipales et cantonales (entre 1 % et 6 % des décisions du Conseil d'État relèvent de sa compétence d'appel).

Les attributions juridictionnelles du Conseil d'État sont exercées par **la section du contentieux**, qui est composée d'une dizaine de chambres. Les affaires sont distribuées entre ces chambres en fonction de leur nature et de leur difficulté. Une chambre peut juger seule si l'affaire n'est pas complexe. Des chambres peuvent se réunir lorsqu'il existe une difficulté juridique particulière. Au niveau supérieur, il existe aussi des formations solennelles du Conseil d'État, qui jugent les affaires présentant une importance remarquable : la section du contentieux, statuant en formation de jugement, et l'Assemblée du contentieux.

En tant que conseiller du gouvernement, le Conseil d'État examine et donne un avis sur les projets de loi et sur les projets de décret les plus importants. Ce rôle est historiquement sa mission première.

La consultation du Conseil d'État est tantôt facultative, tantôt obligatoire, en fonction des projets de loi ou de décret qui lui sont soumis. Depuis la révision constitutionnelle du 23 juillet 2008, le président de l'Assemblée nationale et celui du Sénat ont également la faculté de saisir pour avis le Conseil d'État d'une proposition de loi émanant d'un membre de leur assemblée avant son examen en commission. Afin de ne pas porter atteinte au droit d'initiative individuelle reconnu à chaque parlementaire, l'auteur d'une proposition de loi peut s'opposer à sa transmission au Conseil d'État.

L'organisation du Conseil en matière consultative est la suivante : cinq sections administratives donnent des avis, chacune dans un champ de compétence particulier (section des finances, section de l'intérieur, section sociale, section des travaux publics, section de l'administration). Les avis les plus importants sont rendus par l'assemblée générale, présidée par le vice-président du Conseil d'État, après avoir été examinés par la section compétente. À cela s'ajoute la section du rapport et des études qui prépare le rapport annuel ainsi que des études.

Pour conclure, précisons qu'il existe une juridiction particulière chargée de régler les conflits de compétence qui peuvent survenir entre les juridictions de l'ordre judiciaire et celles de l'ordre administratif : le **tribunal des conflits**. Créé en 1848 et réformé en 2015, ce tribunal est composé à parité de membres du Conseil d'État et de la Cour de cassation. Désormais, il est présidé par un magistrat élu par ses pairs et non plus par le garde des Sceaux.

Figure 19.1. L'organisation juridictionnelle française

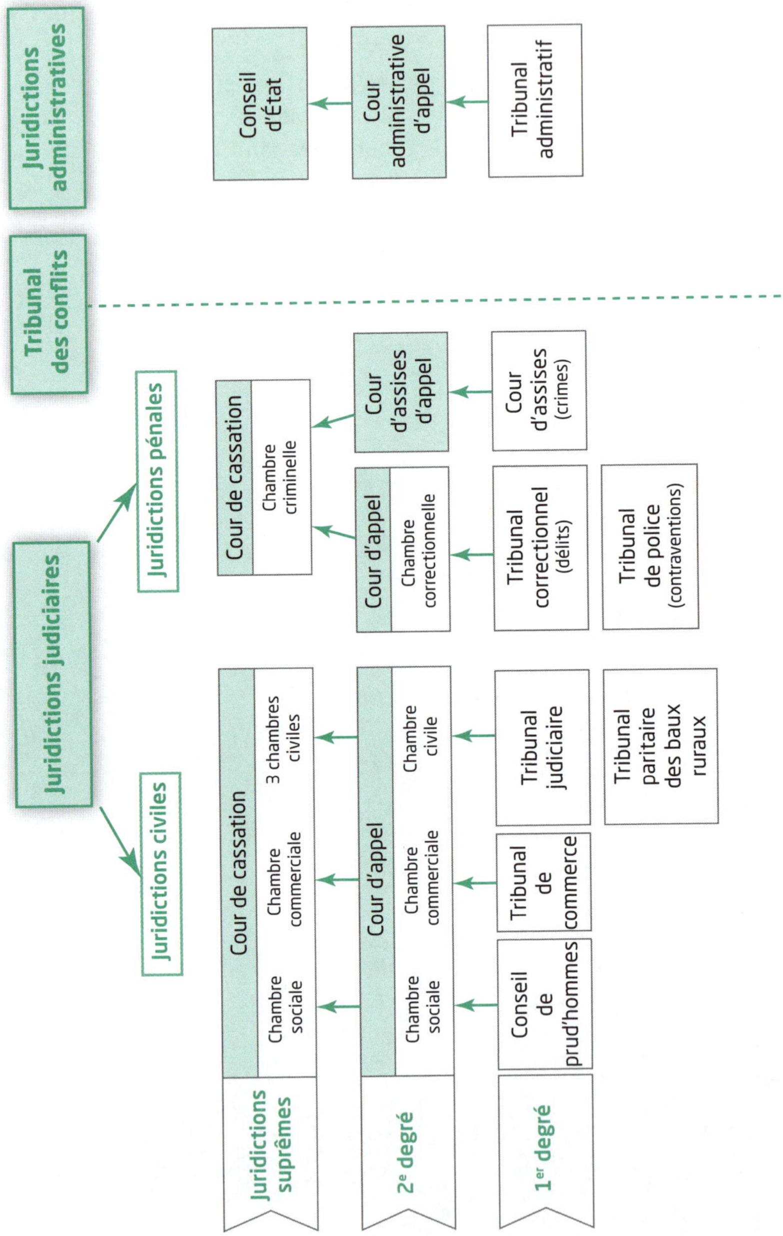

QCM

Choisissez, parmi les propositions suivantes, la ou les bonne(s) réponse(s).

1. **Depuis 2017, le conseil de prud'hommes est composé de :**
   a. conseillers élus.
   b. conseillers nommés par le ministre de la Justice.
   c. conseillers désignés par les organismes syndicaux représentatifs.
2. **Quelle juridiction pénale est compétente pour statuer sur les crimes commis par des majeurs ?**
   a. le tribunal correctionnel.
   b. la cour d'assises.
   c. la cour criminelle départementale.
3. **Au 1er janvier 2020, le tribunal de police est une formation pénale du :**
   a. tribunal d'instance.
   b. tribunal de grande instance.
   c. tribunal judiciaire.
4. **Les cours administratives d'appel ont été créées en :**
   a. 1799.
   b. 1953.
   c. 1987.
5. **Le Conseil d'État a été créé en :**
   a. 1799.
   b. 1953.
   c. 1987.

EXERCICE

Traitez le cas pratique suivant.

La famille Galère est au centre de plusieurs contentieux. Le père est en litige avec son voisin, qui lui a abîmé sa boîte aux lettres. Il lui réclame 150 € à titre de dédommagement devant le juge civil. En tant que vendeur de vélos, il est également en litige avec son fournisseur.

De son côté, la mère a décidé d'agir contre son employeur qui vient de la licencier. En retour, ce dernier l'accuse d'avoir volé de l'argent dans la caisse de l'entreprise et compte déposer plainte à son encontre.

Les enfants du couple, quant à eux, ne sont pas en reste, puisque, d'une part, la fille aînée, âgée de 21 ans, est en conflit avec sa faculté de médecine à propos du paiement de ses droits d'inscription et, d'autre part, le fils cadet, âgé de 17 ans, est accusé du viol d'une camarade de classe.

Déterminez les juridictions compétentes au 1er janvier 2020.

CORRIGÉS

CORRIGÉS DES QCM

1. c. Le gouvernement avait été autorisé, par l'article 1er de la loi n° 2014-1528 du 18 décembre 2014 relative à la désignation des conseillers prud'hommes, à prendre par ordonnance les mesures destinées à remplacer l'élection par une désignation. Sur le fondement de cette loi d'habilitation, l'Ordonnance n° 2016-388 du 31 mars 2016 a mis en place les nouvelles modalités de désignation des conseillers prud'hommes qui sont applicables depuis le renouvellement de ces conseillers en 2017. Cette Ordonnance a acquis valeur de loi en raison de sa ratification par la Loi Travail (ou « El Khomri ») du 8 août 2016.

2. b et c. La cour d'assises est compétente par principe mais la loi n° 2019-222 du 23 mars 2019 de programmation 2018-2022 et de réforme pour la justice a lancé l'expérimentation d'une cour criminelle départementale composée exclusivement de magistrats professionnels. Elle sera compétente pour les crimes commis par des personnes majeures et punis de 15 à 20 ans de réclusion hors cas de récidive légale, c'est-à-dire essentiellement des crimes sexuels.

3. c. Depuis le 1er juillet 2017, le tribunal de police relève du TGI et non plus du TI. Mais au 1er janvier 2020, le TGI se transforme en tribunal judiciaire de sorte que le tribunal de police devient par la même occasion une formation pénale du tribunal judiciaire. Ainsi, ce dernier devient la juridiction pénale de droit commun (puisqu'il regroupe le tribunal de police et le tribunal correctionnel).

4. c. Cela signifie qu'avant cette date, le Conseil d'État examinait directement les appels des jugements rendus par les tribunaux administratifs. Face au risque d'engorgement, les CAA ont été instituées pour soulager la juridiction suprême qui conserve toutefois une compétence d'appel dans certains cas particuliers prévus par la loi.

5. a. Sous la Révolution (loi des 16 et 24 août 1790 et décret du 16 fructidor an III), les révolutionnaires estiment que les juges ne peuvent pas intervenir dans les affaires de l'Administration. C'est l'apparition du principe de la séparation des autorités administratives et judiciaires. Mais il n'existe pas encore de juridiction administrative. Un administré en conflit avec une administration doit s'adresser en dernier lieu au ministre, qui est à la fois juge et partie (système dit du « *ministre juge* »). En 1799 et 1800, **la Constitution de l'an VIII crée le Conseil d'État**, héritier du Conseil du Roi, dont la compétence est essentiellement consultative : la décision juridictionnelle demeure théoriquement celle du chef d'État, le Conseil ne faisant que proposer une solution. Mais, dans la majorité des cas, ses projets d'arrêts sont suivis (système dit de la « *justice retenue* »). Ce n'est qu'avec **la loi du 24 mai 1872** que le Conseil d'État devient un juge administratif à part entière décidant lui-même sans intervention du pouvoir exécutif (système dit de la « *justice déléguée* »).

CORRIGÉ DE L'EXERCICE

Le père Galère est en litige avec son voisin qui lui a abîmé sa boîte aux lettres. Il lui réclame 150 € à titre de dédommagement devant le juge civil.

Le litige civil doit être porté devant le tribunal judiciaire qui, depuis la fusion des TI et TGI au 1er janvier 2020, est devenu la juridiction civile de droit commun.

Relevons qu'avant cette date, l'affaire aurait été portée devant le tribunal d'instance car le montant du litige est inférieur à 10 000 € (taux de compétence). En effet, le taux de compétence désignait la somme répartissant la compétence entre le TI et le TGI, à savoir 10 000 €. Le TGI était compétent pour les affaires civiles dont le montant était supérieur à 10 000 €, hormis les cas particuliers où le TI disposait d'une compétence exclusive. Avec la fusion-absorption des TI par les TGI, ce taux de compétence a vocation à disparaître.

Relevons également que si le litige a lieu dans une ville où il n'existait qu'un tribunal d'instance, ce dernier sera compétent en tant que « tribunal de proximité » (chambre de proximité hors du siège du tribunal judiciaire).

En tant que vendeur de vélos, le père Galère est également en litige avec son fournisseur.

M. Galère est considéré en l'espèce comme un professionnel et non comme un simple particulier. Or, le tribunal de commerce est compétent pour trancher les litiges entre commerçants.

De son côté, la mère a décidé d'agir contre son employeur qui vient de la licencier. En retour, ce dernier l'accuse d'avoir volé de l'argent dans la caisse de l'entreprise et compte déposer plainte à son encontre.

Mme Galère devra saisir le conseil de prud'hommes pour son litige avec son employeur (sauf si celui-ci est un organisme public, car dans ce cas, il faudra saisir le tribunal administratif). De son côté, l'employeur a déposé plainte pour vol, lequel est un délit pénal. Le tribunal correctionnel est compétent en la matière.

Par ailleurs, les enfants du couple sont impliqués dans des contentieux.

La fille aînée a un litige avec une université, c'est-à-dire un organisme public. Le tribunal administratif est compétent puisque le différend oppose l'Administration à l'un de ses usagers.

Le fils, mineur âgé de 17 ans, est accusé de viol. Le viol étant une infraction pénale qualifiée de crime en raison de sa gravité, la cour d'assises des mineurs est compétente. Elle appliquera alors des peines moindres que pour un majeur en raison de l'excuse de minorité. Cependant, si l'infraction a été commise avant que son auteur atteigne l'âge de 16 ans, le tribunal pour enfants sera compétent.

FICHE 20

Le personnel judiciaire

NOTIONS CLÉS

- ✔ **Auxiliaire du juge**
- ✔ **Auxiliaire des parties**
- ✔ **Magistrature du siège**
- ✔ **Parquet**

I. Les magistrats

A Les magistrats du siège

Les magistrats du siège, également prénommés « juges », composent ce que l'on appelle la magistrature « assise ». Ils sont chargés de **dire le droit** en tranchant les litiges qui leur sont soumis.

EXEMPLE

Parmi les magistrats du siège, on peut citer le juge aux affaires familiales, le juge d'instruction, le juge d'application des peines, le juge des enfants, le président du tribunal judiciaire, le premier président près la cour d'appel, le premier président près la Cour de cassation, etc.

Pour exercer leur fonction juridictionnelle en toute sérénité, les magistrats du siège jouissent de certaines garanties destinées à assurer leur **indépendance**, spécialement à l'égard du pouvoir exécutif, et leur **impartialité**. Dès lors, ils bénéficient de certaines prérogatives telles que **l'avancement** (une commission dresse des listes d'aptitudes et un tableau d'avancement) et **l'inamovibilité** (un magistrat ne peut être déplacé, mis à la retraite d'office ou révoqué qu'au terme d'une procédure disciplinaire). Le tout est contenu dans l'ordonnance du 22 décembre 1958.

Les magistrats ont aussi des **obligations**. Celles-ci ont pour objectif la protection des justiciables contre la partialité éventuelle des juges. Ainsi, la fonction de magistrat est incompatible avec toute autre activité professionnelle publique ou privée (exception faite des activités littéraires, scientifiques, artistiques et d'enseignement), et avec tout mandat électif. La loi envisage aussi des incapacités de juger lorsque l'impartialité du juge n'est pas assurée (existence de liens de parenté ou d'alliance pouvant donner lieu à récusation, etc.).

En cas de manquement du magistrat du siège à ses obligations, des sanctions peuvent être prononcées par la formation disciplinaire compétente du **Conseil supérieur de la magistrature**, présidée par le premier président de la Cour de cassation. Les sanctions applicables sont l'avertissement, le blâme, l'abaissement d'échelon, la rétrogradation, la mise à la retraite et la révocation avec ou sans suspension de droits à pension. À cela, la loi du 5 mars 2007 rajoute l'interdiction d'exercer des fonctions à juge unique pendant une durée maximum de cinq ans.

B Les magistrats du parquet

Les magistrats du parquet (ou du ministère public) ne sont pas des « juges » au sens propre du terme, car ils ne tranchent pas eux-mêmes les litiges qui leur sont soumis. **Ils représentent la société** et, à l'audience, ils requièrent debout l'application de la loi (ils composent donc ce que l'on appelle la magistrature « debout »).

Définition

Au niveau de chaque tribunal judiciaire, le parquet comprend un procureur de la République, éventuellement assisté de procureurs adjoints, de vice-procureurs et de substituts. À l'échelle de la cour d'appel, le parquet est dit « général » et il comprend un procureur général assisté d'avocats généraux et de substituts généraux. En dépit de leur nom, les avocats généraux ne sont pas des avocats mais des magistrats : ils sont « avocats de l'intérêt général ».

Au niveau de la Cour de cassation, il y a le procureur général près la Cour de cassation (au sommet donc de la hiérarchie judiciaire), les premiers avocats généraux et les avocats généraux.

La magistrature debout est placée sous l'autorité du garde des Sceaux (art. 5, ord. du 22 décembre 1958), même si depuis la réforme de 2013, celui-ci ne peut plus leur adresser des instructions individuelles. Le parquet se caractérise par sa **structure très hiérarchisée** : chacun de ses membres est subordonné à son supérieur hiérarchique duquel il reçoit des ordres. Néanmoins, cette subordination n'est pas absolue, car oralement, le magistrat peut s'exprimer avec une certaine liberté et dire ce qu'il n'a pu écrire, ce que traduit l'adage « *la plume est serve, mais la parole est libre* ». En outre, les représentants du parquet sont amovibles, voire même interchangeables, lorsque le ministère public est indivisible. Il est cependant impossible de les récuser, dès lors qu'ils interviennent en qualité de partie principale au procès.

Définition

Par une décision n° 2017-680 QPC du 8 décembre 2017, le Conseil constitutionnel a estimé que la **subordination du parquet au pouvoir exécutif est conforme à la Constitution**. En effet, selon les Sages, l'indépendance de l'autorité judiciaire (art. 64) doit être conciliée avec les prérogatives du gouvernement qui « détermine et conduit la politique de la Nation » (art. 20). Cependant, l'absence d'indépendance complète du parquet explique que la Cour européenne des droits de l'homme refuse d'assimiler le ministère public français à une véritable autorité judiciaire au sens de l'article 5 de la Convention qui garantit le droit à la liberté et à la sûreté (CEDH 29 mars 2010, *Medvedyev et a. c. France*, n°3394/03 ; CEDH 23 nov. 2010, *Moulin c. France*, n° 37104/06). Et la prochaine réforme de la justice ne changera rien à cela. Hostile par principe à un lien « totalement rompu » entre le pouvoir exécutif et l'autorité judiciaire, le président de la République Emmanuel Macron a simplement annoncé que dans le cadre du **projet de loi constitutionnelle « pour une démocratie plus représentative, responsable et efficace »** (avril 2018), les membres du parquet seront nommés sur avis conforme de la formation compétente du Conseil supérieur de la magistrature, et non plus sur avis simple. Dans cet esprit, la même formation statuera comme conseil de discipline des magistrats du parquet, comme pour ceux du siège.

En vertu de l'ordonnance de 1958, tout manquement par un magistrat du parquet aux devoirs de son état, à l'honneur, à la délicatesse ou à la dignité, peut donner lieu à une sanction prononcée par le Conseil supérieur de la magistrature, qui est alors présidé par le procureur général près la Cour de cassation. Les sanctions sont les mêmes que pour les magistrats du siège.

II. Les auxiliaires de justice

A Les auxiliaires du juge

Les auxiliaires de justice désignent les différentes personnes qui, bien que n'étant pas investies de la fonction de trancher les litiges à l'instar des magistrats, participent par l'exercice de leur profession au fonctionnement quotidien du service public de la justice. On distingue généralement les **auxiliaires du juge**, qui apportent directement leur concours à l'exercice de sa mission juridictionnelle, des **auxiliaires des parties**, qui, pour l'essentiel, assistent ou représentent ces derniers dans le cadre de procédures judiciaires. Certains sont fonctionnaires, d'autres sont officiers ministériels titulaires de leur charge ou exercent une profession libérale.

Les personnels de greffe

Les **greffiers** sont des fonctionnaires de catégorie B recrutés, nommés et titularisés par arrêté du garde des Sceaux, ministre de la Justice. Avant d'être fonctionnarisés par la loi du 30 novembre 1965, les greffiers étaient des officiers ministériels titulaires de leur charge. Aujourd'hui, ce sont des fonctionnaires de l'État recrutés par concours, exception faite des greffiers des tribunaux de commerce, qui demeurent officiers ministériels. Leur formation est dispensée par l'École nationale des greffes de Dijon.

Techniciens de la procédure, ils assistent les magistrats dans les actes de leur juridiction et authentifient les actes juridictionnels dans les cas et suivant les conditions prévus par le Code de l'organisation judiciaire, le Code du travail et les textes particuliers. Les greffiers exercent également des fonctions d'assistance des magistrats dans le cadre de la mise en état et du traitement des dossiers ainsi que dans le cadre des recherches juridiques. Selon les directives des magistrats, ils rédigent des projets de décisions et de réquisitoires.

Dans le cadre d'un service d'accueil unique du justiciable (SAUJ), les greffiers peuvent être chargés de fonctions consistant à renseigner, orienter et accompagner les usagers dans l'accomplissement des formalités ou procédures judiciaires. Ils peuvent également être en charge de fonctions d'enseignement professionnel ou accomplir, à titre accessoire ou temporaire, les actes de gestion nécessaires au fonctionnement des juridictions dans les domaines administratif, budgétaire et des ressources humaines.

EXEMPLE

La loi n° 2016-1547 du 18 novembre 2016 de modernisation de la justice du XXIe siècle transfère à l'officier d'état civil de la mairie la mission d'enregistrement du pacs qui incombait jusque-là au greffier du tribunal d'instance. Ce transfert est effectif depuis novembre 2017.

Appelés « greffiers en chef » jusqu'à la réforme statutaire du 13 octobre 2015, les **directeurs des services de greffe judiciaires** sont des fonctionnaires de catégorie A recrutés, nommés et titularisés par arrêté du garde des Sceaux, ministre de la Justice. Ils exercent des fonctions d'encadrement, de direction, d'administration, de conception, d'animation et de coordination dans les greffes des juridictions, dans les services administratifs régionaux (SAR), à l'École nationale des greffes, à l'École nationale de la magistrature, à l'administration centrale du ministère de la Justice et dans les conseils départementaux de l'accès au droit.

Ils exercent les attributions judiciaires qui leur sont conférées par les lois et règlements, par le Code de l'organisation judiciaire, le Code du travail et les textes particuliers. Ils peuvent être chargés de fonctions de contrôle et de missions d'expertise et d'études. Ils peuvent également exercer des fonctions d'enseignement professionnel, notamment au sein de l'ENG de Dijon.

EXEMPLE

Le directeur de greffe est dépositaire des minutes et archives de la juridiction dont il assure la conservation. Il appose les scellés, assure la délivrance de certificats de nationalité, la certification de certains frais de justice et la surveillance du bon déroulement des opérations de saisie des rémunérations.

Les experts

Pour pouvoir trancher un litige, le juge a parfois recours à un expert afin de l'éclairer sur des questions techniques de pur fait. L'expert est un professionnel en activité dont la mission et la rémunération sont fixées par le juge (CPC, art. 263). Son avis ne lie pas le magistrat. En revanche, il peut voir sa responsabilité engagée en cas de fautes commises dans l'accomplissement de sa mission.

Pour devenir expert auprès des tribunaux, il faut solliciter son inscription sur une liste officielle établie à deux niveaux : une liste nationale dressée par le bureau de la Cour de cassation et une liste dressée par la cour d'appel. Chaque candidature doit remplir un certain nombre de critères : moralité, compétence professionnelle, incompatibilités, etc. Une fois retenus, les experts prêtent serment devant la cour d'appel. Ils doivent dresser un rapport annuel de leur activité, qui permet aux autorités judiciaires d'exercer à leur égard un pouvoir disciplinaire de contrôle et de sanction. En cas de manquement, le juge pourra demander la radiation d'un expert des listes.

Les conciliateurs et médiateurs

De nos jours, la tentative de conciliation des parties tend à devenir le préalable obligatoire à toute saisine d'une juridiction civile, car l'objectif est de désengorger au maximum les tribunaux.

ATTENTION

L'article 3 de **la loi n° 2019-222 du 23 mars 2019 de programmation 2018-2022 et de réforme pour la justice** étend le champ de l'obligation imposée aux parties de tentative de règlement amiable de leur différend avant toute saisine du juge.

Auparavant, le préalable de conciliation n'était imposé par la loi « J21 » du 18 novembre 2016 que pour les petits litiges relevant du tribunal d'instance saisi par déclaration au greffe, c'est-à-dire lorsque le montant de la demande n'excédait pas 4 000 € (C. pr. civ., art. 843). Désormais, toute demande tendant au paiement d'une somme n'excédant pas « un certain montant » fixé par décret en Conseil d'État (5 000 € a priori), à l'exception des conflits de voisinage définis par ce même décret, seront soumis à cette obligation. La tentative préalable obligatoire de résolution amiable est donc étendue aux litiges portés devant le tribunal judiciaire (ex-TGI). Par ailleurs, la loi du 22 mars 2019 diversifie les modes de règlement des différends admis : outre la conciliation, le texte ajoute la tentative de médiation ou de procédure participative.

La distinction entre médiation et conciliation est malaisée, car dans d'autres pays ces deux missions sont confondues. En effet, les deux procédés peuvent être extra-judiciaires (en dehors de tout procès) ou judiciaires, et ils tendent vers le même but : parvenir à un accord négocié par les parties. Certains auteurs expliquent que la médiation suppose la présence d'un tiers qui va favoriser l'accord amiable des parties, alors que la conciliation n'implique pas nécessairement la présence d'un tiers, dès lors que les parties peuvent insérer dans les contrats des clauses de conciliation. À dire vrai, les médiateurs et conciliateurs exercent des missions identiques. Leur différence principale réside dans leur statut : les uns sont bénévoles (conciliateurs), les autres, rémunérés (médiateurs).

Le **décret n° 2018-931 du 29 octobre 2018** réforme le statut des conciliateurs de justice, jusqu'ici régi par le décret n° 78-381 du 20 mars 1978. Leur formation à l'ENM est devenue obligatoire depuis le 1er janvier 2019.

B Les auxiliaires des parties

Les avocats

La profession d'avocat, profondément réformée par la loi du 11 février 2004, est une profession libérale et indépendante, structurée en ordres qui portent le nom de barreaux, jouissent de la personnalité juridique et sont autonomes. Il existe un **barreau** auprès de chaque tribunal judiciaire, comprenant l'ensemble des avocats obligatoirement inscrits. Chaque barreau est administré par un conseil de l'ordre élu, présidé par le bâtonnier, et par une assemblée générale des avocats. Au niveau national, il existe une structure représentative : le Conseil national des barreaux (loi du 31 décembre 1990).

Pour accéder à la profession, il faut réussir l'examen d'entrée au centre régional de formation professionnelle (CRFPA) qui est devenu national en octobre 2016, et suivre une formation théorique et pratique de dix-huit mois. À l'issue de cette scolarité, l'élève-avocat doit satisfaire aux épreuves du certificat d'aptitude à la profession d'avocat (CAPA). Il prête alors serment et est inscrit au tableau d'un ordre, en qualité d'avocat de plein exercice. Le jeune avocat exercera alors trois types de fonctions : de conseil, de représentation (ou « postulation ») et d'assistance. En cas de faute, il pourra engager sa responsabilité civile ou pénale. Des sanctions disciplinaires peuvent aussi être prononcées par un conseil de discipline, composé des représentants des **conseils de l'ordre** du ressort de la cour d'appel concernée.

Les officiers ministériels

Les officiers ministériels sont nombreux et variés. On peut citer par exemple les avocats aux conseils (Cour de cassation et Conseil d'État) qui jouissent d'un monopole devant ces juridictions, les huissiers, qui notifient les actes de procédure et assurent l'exécution des jugements, les greffiers des tribunaux de commerce et les notaires, qui ont surtout une mission d'authentification des actes qu'ils dressent.

Ces professionnels sont tous titulaires d'un **office** qui leur confère un monopole sous le contrôle strict de l'Administration. Cet office comprend le titre, qui est « hors commerce », car c'est l'État qui l'octroie, et la finance, c'est-à-dire le droit pour le titulaire de l'office de présenter son successeur. Certaines charges ont un coût très élevé.

ATTENTION

La loi n° 2016-1547 du 18 novembre 2016 de modernisation de la justice du XXIe siècle a déjudiciarisé la procédure de divorce par consentement mutuel. Hors cas particuliers (majeurs protégés, enfants mineurs souhaitant être entendus par le juge aux affaires familiales), ce divorce se fera désormais par acte sous signature privée contresigné par avocats, déposé au rang des minutes d'un notaire. Le législateur voulant recentrer les missions du juge, le notaire acquiert donc une nouvelle compétence en enregistrant la convention de divorce des époux, qui aura été rédigée par les avocats des parties.

QCM

Choisissez, parmi les propositions suivantes, la ou les bonne(s) réponse(s).

1. **Parmi ces magistrats, lequel n'appartient pas au ministère public ?**
   a. L'avocat général.
   b. Le procureur de la République.
   c. Le juge d'instruction.
2. **Lorsqu'elle doit se prononcer sur le comportement d'un magistrat du siège, la formation disciplinaire du Conseil supérieur de la magistrature est présidée par :**
   a. le président de la République.
   b. le premier président près la Cour de cassation.
   c. le procureur général près la Cour de cassation.
3. **Parmi ces fonctions, laquelle est occupée par un officier ministériel ?**
   a. Procureur de la République.
   b. Expert judiciaire.
   c. Notaire.
4. **Les greffiers ont été fonctionnarisés en :**
   a. 1945.
   b. 1955.
   c. 1965.
5. **Quel auxiliaire n'est pas rémunéré par les justiciables ?**
   a. Le greffier des services judiciaires.
   b. L'avocat.
   c. Le notaire.

EXERCICE

Traitez la QRC suivante : « Le magistrat ».

CORRIGÉS DES QCM

1. c. Le juge d'instruction est un magistrat du siège du tribunal judiciaire. Comme son nom l'indique, il instruit à charge et à décharge les enquêtes judiciaires afin de faire éclater la vérité. Pour ce faire, il dispose de pouvoirs importants. Il est saisi par le parquet ou par une victime qui se constitue partie civile.

2. b. La formation disciplinaire est alors présidée par le plus haut magistrat de France. En revanche, lorsqu'un membre du ministère public est en cause, la formation est présidée par le procureur général près la Cour de cassation.

3. c. Les notaires sont des officiers publics établis pour recevoir tous les actes et contrats auxquels les parties doivent ou veulent faire donner le caractère d'authenticité attaché aux actes de l'autorité publique. Il a donc le pouvoir d'authentifier les actes en apposant son sceau et sa propre signature.

4. c. Auparavant, les greffiers étaient titulaires de leur charge. Seul le greffier du tribunal de commerce conserve ce statut particulier d'officier ministériel.

5. a. Le greffier est un fonctionnaire, alors que l'avocat et le notaire sont considérés comme des auxiliaires des parties. L'avocat négocie sa rémunération avec son client *via* une convention d'honoraires. Le notaire, quant à lui, se voit généralement imposer ses tarifs par l'État.

CORRIGÉ DE L'EXERCICE

La magistrature française regroupe deux catégories de magistrats : ceux du siège et ceux du parquet. Au cours d'une carrière, on peut passer d'une fonction à l'autre.

Le magistrat du siège est à proprement parler un juge, c'est-à-dire qu'il dit le droit, le plus souvent en tranchant le litige qui lui est soumis. Selon sa spécialisation, il est juge des enfants, des contentieux de la protection, d'instruction, d'application des peines, etc. Indépendant et inamovible, il tranche les conflits entre les personnes (famille, logement, consommation, etc.) et sanctionne les auteurs d'infractions pénales, tout en veillant aux intérêts des victimes et de la société. Il rend des décisions conformément au droit. Il est garant du bon déroulement des procès.

Le magistrat du parquet ne rend pas de jugement. Représentant la société, il est chargé de défendre l'intérêt général en requérant l'application de la loi. Il dirige l'action de la police judiciaire, décide des suites à donner lorsqu'une infraction est commise et veille à l'exécution des peines. Au cours des audiences, il propose au juge une peine au nom de la société. Il s'assure également que les droits des personnes vulnérables soient garantis. Placés sous l'autorité du garde des Sceaux, les membres du ministère public appartiennent à un corps très hiérarchisé.

Le procès

FICHE 21

NOTIONS CLÉS

- ✔ **Demande en justice**
- ✔ **Droit à un procès équitable**
- ✔ **Intérêt et qualité à agir**
- ✔ **Moyen de défense**

I. L'action en justice

L'article 30 du Code de procédure civile, inspiré des travaux d'Henri Motulsky, définit l'action en justice comme « le droit pour l'auteur d'une prétention, d'être entendu sur le fond de celle-ci afin que le juge la dise bien ou mal fondée. Pour l'adversaire, l'action est le droit de discuter du bien-fondé de cette prétention ». Il s'agit d'un droit subjectif processuel qui obéit à certaines conditions et se matérialise de différentes manières.

A Les conditions de l'action en justice

Les conditions d'existence de l'action en justice

Il ressort de l'article 31 du Code de procédure civile que les conditions d'existence de l'action en justice sont l'intérêt et la qualité. Il faut, en effet, avoir **intérêt à agir** et **qualité pour agir** pour pouvoir bénéficier d'une action en justice.

> *Texte de loi*
>
> **Article 31 du Code de procédure civile** : « L'action est ouverte à tous ceux qui ont un intérêt légitime au succès ou au rejet d'une prétention, sous réserve des cas dans lesquels la loi attribue le droit d'agir aux seules personnes qu'elle qualifie pour élever ou combattre une prétention, ou pour défendre un intérêt déterminé. »

L'**intérêt à agir** est une **condition nécessaire et permanente**. Le titulaire du droit d'action doit justifier d'un intérêt à agir, défini comme l'**avantage moral ou matériel** que l'action est susceptible de procurer au plaideur. La maxime « pas d'intérêt, pas d'action » reflète ce principe. Cet intérêt est apprécié souverainement par les juges du fond au jour où la demande est introduite (Cass. 2e civ., 11 mai 2006). En outre, il doit être « **né et actuel** », et non pas seulement éventuel ou hypothétique.

EXEMPLE

Un bailleur n'a pas d'intérêt né et actuel à agir pour faire déclarer un congé valable avant sa date d'effet (Cass. 3e civ., 8 février 2006).

L'intérêt à agir doit être **légitime** (C. pr. civ., art. 31). En d'autres termes, le droit d'agir ne peut appartenir qu'à une personne qui justifie d'un intérêt légitime juridiquement protégé. Ce caractère opère une confusion entre la recevabilité de l'action et le bien-fondé de la demande, et conduit donc certains juges à porter un jugement de valeur sur la demande en justice, ce qui est fortement critiqué en doctrine. Quoi qu'il en soit, la légitimité de l'intérêt a longtemps été un obstacle à la demande d'indemnisation de la concubine en cas de décès accidentel de son concubin, le concubinage ayant été tardivement reconnu par le droit français. Mais ce n'est plus le cas aujourd'hui (Cass. ch. mixte, 27 février 1970, arrêt *Dangereux*).

Par ailleurs, l'action doit être exercée pour défendre son intérêt **personnel et direct** et non l'intérêt d'autrui. Cela signifie que le titulaire de l'action doit agir pour la défense ou la reconnaissance d'une situation qui le touche personnellement. Il faut qu'il se prévale de l'atteinte à un droit dont il se prétend titulaire.

La **qualité à agir** est une **condition subsidiaire et intermittente**. Le plus souvent, l'intérêt à agir suffit à ouvrir l'action en justice : l'action est dite « banale ». Par exception, la loi peut restreindre le droit d'agir à certaines personnes, auxquelles elle donne qualité, parmi l'ensemble de celles qui auraient eu un intérêt personnel à agir. On parle alors d'action « attitrée ».

EXEMPLE

L'action en divorce est une action attitrée réservée aux époux. De même, l'action en nullité relative d'un contrat pour dol n'est ouverte qu'à la victime des manœuvres.

La qualité à agir s'entend alors comme l'**habilitation légale à élever ou combattre une prétention, ou à défendre un intérêt déterminé**.

Lorsque l'action tend à la défense de l'intérêt d'autrui, le législateur attribue parfois qualité à agir à des personnes physiques ou morales. L'intérêt d'autrui est soit personnel soit collectif.

Dans le cas d'un intérêt personnel, le législateur autorise exceptionnellement une personne à agir à la place d'une autre pour la défense de ses droits personnels.

EXEMPLE

L'action sociale *ut singuli* est exercée par un associé, au nom de la société, contre un de ses mandataires (C. com., art. L. 223-22). Pareillement, l'action de substitution est exercée par un syndicat dans l'intérêt personnel d'un salarié victime de discrimination (C. trav., art. L. 1134-2).

Dans le cas d'un intérêt collectif, le législateur autorise exceptionnellement une personne à agir pour la défense de l'intérêt collectif d'un groupe d'individus.

EXEMPLE

La loi donne ainsi aux syndicats qualité pour agir dans l'intérêt collectif de la profession qu'ils représentent (C. trav., art. L. 2132-3).

Les associations agréées de consommateurs peuvent exercer les droits reconnus à la partie civile relativement aux faits portant un préjudice direct ou indirect à l'intérêt collectif des consommateurs (C. consom., art. L. 421-1).

Pour finir, signalons que la loi n° 2014-344 du 17 mars 2014, dite « loi Hamon », a introduit en droit français une **action de groupe**. Les associations représentatives au niveau national et agréées peuvent désormais agir devant le tribunal judiciaire en réparation des préjudices individuels subis par des consommateurs placés dans une situation similaire ou identique et ayant pour cause le manquement d'un professionnel à ses obligations légales ou contractuelles (C. consom., art. L. 623-1 et s.).

Depuis lors, le champ d'application de l'action de groupe a été étendu. D'une part, la loi n° 2016-41 du 26 janvier 2016 de modernisation de notre système de santé a introduit une action de groupe en matière de santé. D'autre part, la loi n° 2016-1547 du 18 novembre 2016 de modernisation de la justice du XXIe siècle a créé un cadre légal commun aux actions de groupe en matière judiciaire et administrative, ainsi qu'une action de groupe en matière de discrimination, d'environnement et de protections des données à caractère personnel.

Les conditions d'exercice de l'action en justice

En dehors du fait que l'action doit être exercée, à peine d'irrecevabilité, dans les **délais** fixés par la loi, son titulaire doit non seulement être **capable** d'ester en justice, mais encore disposer du **pouvoir** d'agir. À défaut, l'acte de procédure encourt la nullité pour vice de fond (C. pr. civ., art. 117).

S'agissant de la première condition, l'**incapacité de jouissance** du droit d'agir est assez rare, puisqu'elle suppose l'absence de personnalité juridique (personne physique décédée, groupement dépourvu de la personnalité morale). L'**incapacité d'exercice** est beaucoup plus fréquente et frappe les mineurs non émancipés ainsi que les majeurs placés sous un régime de protection (sauvegarde de justice, curatelle, tutelle). Il en résulte que le titulaire du droit d'agir ne peut agir seul et doit être assisté ou représenté. Les personnes morales sont dans une situation comparable.

ATTENTION

L'incapacité d'exercice des majeurs protégés varie en fonction du régime de protection qui leur est applicable. Plus le régime est strict, plus la capacité d'ester en justice est réduite. Ainsi, le majeur sous sauvegarde de justice a toujours la capacité d'agir seul (C. civ., art. 435). Le majeur sous curatelle est aussi capable, mais il doit se faire assister par son curateur dans l'exercice de l'action (C. civ., art. 468). Enfin, le majeur sous tutelle n'a pas la capacité d'ester en justice. Il doit se faire représenter par son tuteur (C. civ., art. 504).

S'agissant de la seconde condition, il est parfois nécessaire que l'une des parties se fasse représenter par une tierce personne. Ce représentant doit avoir le pouvoir d'ester en justice pour le compte d'autrui.

On distingue deux types de **représentation** : la représentation à l'action, en raison de l'inaptitude ou de l'empêchement de l'intéressé (représentation *ad agendum*), et la représentation à l'instance, pour l'accomplissement des actes de procédure (représentation *ad litem*).

La représentation *ad agendum* autorise une personne à agir en justice au nom et pour le compte d'une autre, comme demandeur ou défendeur, les effets juridiques de l'instance se produisant au profit ou à la charge de la personne représentée.

EXEMPLE

Tel est le cas du tuteur représentant le majeur placé sous tutelle ou de l'administrateur judiciaire lorsqu'il représente le débiteur dans le cadre d'un redressement judiciaire.

Le représentant *ad agendum* doit justifier d'un pouvoir. Celui-ci peut découler d'une loi (exemple : pouvoir des administrateurs légaux du mineur), d'une décision judiciaire (exemple : pouvoir de l'administrateur judiciaire en cas de redressement d'une entreprise) ou avoir une source conventionnelle (exemple : mandat écrit et spécial, statuts d'une société ou d'une association).

En revanche, la représentation *ad litem* confère au mandataire le pouvoir et le devoir d'accomplir, au nom du mandant (le plaideur), les divers actes de procédure nécessaires au déroulement de l'instance et emporte, sauf disposition ou convention contraire, mission d'assistance (C. pr. civ. art. 411 et 413). Dans ce cadre, la représentation est parfois obligatoire.

Le législateur a étendu la liste des représentants *ad litem*. Ainsi, devant le tribunal judiciaire, il peut s'agir notamment de l'avocat, du conjoint, du concubin ou partenaire pacsé, des parents ou alliés en ligne directe ou collatérale jusqu'au troisième degré inclus (C. pr. civ., art. 828). De même, en matière prud'homale, la loi Macron du 6 août 2015 a institué un représentant *ad litem* particulier : le défenseur syndical.

Ce droit à être représenté en justice est cependant tempéré par la règle selon laquelle « **nul ne plaide par procureur** », qui interdit à toute personne d'engager une action en justice à la place d'une autre sans en avoir reçu la procuration, le mandat. La règle fait donc dépendre la régularité de la procédure de la révélation de l'identité du représenté, ou de celle de la personne ayant confié la mission d'assistance en justice, sous peine de nullité de l'acte. L'identité du représentant doit aussi être révélée.

Texte de loi

Article 415 du Code de procédure civile : « Le nom du représentant et sa qualité doivent être portés à la connaissance du juge par déclaration au greffier de la juridiction. »

Article 416 du Code de procédure civile : « Quiconque entend représenter ou assister une partie doit justifier qu'il en a reçu le mandat ou la mission. L'avocat est toutefois dispensé d'en justifier. L'huissier de justice bénéficie de la même dispense dans les cas où il est habilité à représenter ou assister les parties. »

Ces conditions de capacité et de pouvoir mises à part, l'exercice de l'action en justice est **libre**. La partie au procès qui succombe n'engage donc pas *ipso facto* sa responsabilité civile. Néanmoins, la mise en œuvre du droit d'action peut parfois dégénérer en **abus**, que ce soit du fait du demandeur ou du défendeur. Dans ce cas, la sanction consiste en des dommages-intérêts au bénéfice de l'autre partie et/ou la condamnation au paiement d'une amende civile, recouvrée au profit de l'État (C. pr. civ., art. 32-1).

EXEMPLE

Il y a abus du droit d'agir en justice lorsque le défendeur résiste de mauvaise foi à la demande (Cass. 1re civ., 25 avr. 1984, n° 82-15.914).

B L'expression de l'action en justice

La demande en justice

La demande en justice est l'acte par lequel un plaideur soumet au juge ses prétentions. Le Code de procédure civile en distingue deux catégories.

La première catégorie est relative aux **demandes initiales**. La demande initiale, aussi appelée demande introductive d'instance ou demande principale, est celle par laquelle un plaideur prend l'initiative d'un procès en soumettant au juge ses prétentions (C. pr. civ., art. 53). Ses formes varient en fonction de la procédure applicable, gracieuse (absence de litige) ou contentieuse (présence d'un litige).

EXEMPLE

La demande initiale prend la forme d'une assignation devant le tribunal judiciaire statuant au contentieux.

La seconde catégorie est relative aux **demandes incidentes** qui viennent se greffer sur la demande initiale lors d'une instance déjà introduite. Elles supposent un lien suffisant avec la demande initiale et sont de trois sortes.

La **demande reconventionnelle** est une demande par laquelle le défendeur originaire prétend obtenir un avantage autre que le simple rejet de la prétention de son adversaire (C. pr. civ., art. 64 ; Cass. ass. plén., 22 avr. 2011, n° 09-16.008).

EXEMPLE

Dans le cadre d'une procédure de divorce pour faute initiée par une épouse trompée (la demanderesse), le mari (défendeur) peut à son tour reprocher des fautes à sa femme, par exemple l'abandon du domicile conjugal ou un adultère. Son intérêt est que le divorce ne soit pas prononcé à ses torts exclusifs avec toutes les conséquences financières que cela suppose.

Cependant, la jurisprudence interprète largement les dispositions de l'article 64 du Code de procédure civile en indiquant que la demande reconventionnelle peut émaner aussi bien du défendeur à la demande initiale que du demandeur initial qui se défend contre les prétentions reconventionnelles de son adversaire (Cass. 2e civ., 10 janvier 2013, n° 10-28.735).

L'**intervention** est la demande dont l'objet est de rendre un tiers parti au procès engagé entre les parties originaires (C. pr. civ., art. 66). Elle est recevable en tout état de cause, même si seule l'intervention volontaire accessoire est admise pour la première fois devant la Cour de cassation (C. pr. civ., art. 326 et 327).

Enfin, la **demande additionnelle** est la demande par laquelle une partie (demandeur, défendeur ou tiers intervenant) modifie ses prétentions antérieures.

Les moyens de défense

En réponse à la demande de son adversaire, le défendeur dispose de moyens de défense qui se répartissent en trois catégories.

La première regroupe les **défenses au fond**. Constitue une défense au fond le moyen qui tend à faire rejeter comme non justifiée, après examen au fond du droit, la prétention de l'adversaire (C. pr. civ., art. 71).

EXEMPLE

Face à une action en paiement, démontrer que l'on a payé est une défense au fond, de même que contester l'existence et le bien fondé des fautes reprochées face à une demande en divorce pour faute.

La seconde catégorie regroupe les **exceptions de procédure**, définies comme des moyens tendant soit à faire déclarer la procédure irrégulière ou éteinte, soit à en suspendre le cours (C. pr. civ., art. 73). Il s'agit des exceptions d'incompétence, de nullité, de litispendance, de connexité et des exceptions dilatoires. Elles doivent en principe être soulevées *in limine litis*, c'est-à-dire avant toute défense au fond ou fin de non-recevoir, quand bien même la règle invoquée serait d'ordre public (Cass. 2e civ., 29 octobre 1986).

EXEMPLE

Le défendeur peut soutenir que la procédure est entachée de vices de forme et de fond en arguant, par exemple, de la nullité de l'acte introductif d'instance, du défaut de capacité ou de pouvoir de son adversaire.

La dernière catégorie rassemble les **fins de non-recevoir** définies à l'article 122 du Code de procédure civile.

Texte de loi

Article 122 du Code de procédure civile : « Constitue une fin de non-recevoir tout moyen qui tend à faire déclarer l'adversaire irrecevable en sa demande, sans examen au fond, pour défaut de droit d'agir, tels le défaut de qualité, le défaut d'intérêt, la prescription, le délai préfix, la chose jugée. »

Aujourd'hui, il est acquis que l'article 122 du Code de procédure civile ne fournit pas une liste limitative des cas de fins de non-recevoir.

Tout d'abord, il existe des fins de non-recevoir prévues par des textes épars. Ces cas de **fins de non-recevoir d'origine légale** se retrouvent notamment en droit de la famille.

EXEMPLE

La réconciliation des époux intervenue depuis les faits allégués est érigée par l'article 244 du Code civil en fin de non-recevoir pour une demande en divorce pour faute fondée sur ces faits. Toute nouvelle demande en divorce formée ultérieurement devra donc s'appuyer sur des faits différents.

Ensuite, il existe des **fins de non-recevoir d'origine jurisprudentielle**.

EXEMPLE

Le fait de se contredire au détriment d'autrui peut emporter, sous certaines conditions, une fin de non-recevoir sur le fondement de l'article 122 du Code de procédure civile (Cass. ass. plén., 27 février 2009 : consécration de la règle de l'estoppel en droit processuel français).

Enfin, les fins de non-recevoir peuvent avoir une **origine contractuelle** : les parties peuvent, sous certaines conditions, stipuler des cas d'irrecevabilité de la demande dans le cadre d'un contrat (Cass. ch. mixte, 14 février 2003).

Les classifications de l'action en justice

La classification fondée sur la nature du droit litigieux	
Action réelle	Action en justice qui tend à la reconnaissance ou à la protection d'un droit réel (droit sur une chose) Exemple : l'action en revendication d'un bien perdu ou volé
Action personnelle	Action en justice qui tend à la reconnaissance ou à la sanction d'un droit personnel (droit de créance permettant au créancier d'exiger du débiteur l'exécution d'une obligation) Exemple : l'action en paiement
Action mixte	Action en justice portant à la fois sur un droit réel et sur un droit personnel Exemple : l'action tendant à l'anéantissement d'un acte juridique (droit personnel) et à la revendication du bien, objet de cet acte (droit réel)

La classification fondée sur l'objet du droit litigieux	
Action mobilière	Action en justice portant sur un bien meuble Exemple : l'action en recouvrement d'une créance
Action immobilière	Action en justice portant sur un bien immeuble Exemple : l'action en revendication d'un immeuble

Ces deux classifications se combinent, car la distinction actions mobilières/immobilières prolonge celle des actions réelles/personnelles. Dès lors, on obtient quatre types d'actions : les actions réelles mobilières ou immobilières, et les actions personnelles mobilières ou immobilières.

La détermination de ces actions est importante, car certaines de ces combinaisons ont un intérêt en matière de prescription et de compétence territoriale.

EXEMPLE

Les délais de prescription sont plus courts pour les actions personnelles et réelles mobilières (délai de cinq ans, C. civ., art. 2224) que pour les actions réelles immobilières (délai de trente ans, C. civ., art. 2227).

L'action réelle immobilière est portée devant le tribunal du lieu de situation de l'immeuble, alors que l'action personnelle immobilière relève de la compétence du tribunal du lieu où demeure le défendeur.

II. L'instance

L'instance est la période de temps s'écoulant entre le début du procès et sa fin, autrement dit le processus qui va permettre d'aboutir à une décision judiciaire. Elle désigne également le lien juridique de caractère procédural qui se noue entre les parties du fait de la demande en justice. Ce lien crée une série d'obligations légales pesant sur les parties et sur le juge.

A L'encadrement de l'instance

Les éléments constitutifs de l'instance

Le lien juridique d'instance est constitué d'**éléments subjectifs**, regroupant les différents protagonistes à l'instance, et d'**éléments objectifs**, tenant à la matière litigieuse elle-même.

Les **parties à l'instance** sont les personnes qui ont pris l'initiative d'exercer l'action en justice par une demande et celles contre lesquelles la demande est dirigée.

En matière contentieuse, les parties au litige - les « litigants » - sont au moins au nombre de deux. En première instance, le **demandeur** ou la demanderesse « attaque » le **défendeur** ou la défenderesse. Au second degré de juridiction, **l'appelant** interjette appel contre **l'intimé**. Devant la Cour de cassation, le demandeur au pourvoi s'oppose au défendeur au pourvoi.

On rencontre aussi des intervenants volontaires (tiers entrant volontairement dans un procès opposant deux parties pour y défendre leurs propres intérêts) et des intervenants forcés (tiers obligés de participer au procès car mis en cause par l'une des parties).

En matière gracieuse, le juge ne tranche pas un litige ; il contrôle un acte ou une situation juridique dans des cas déterminés par la loi (exemples : adoption, changement de régime matrimonial). Il n'y a donc pas d'adversaire. Partant, il n'y a ni demandeur ni défendeur. Celui qui saisit le juge prend le nom de **requérant** : il lui adresse une requête.

La **matière litigieuse** est constituée par l'objet et la cause de la demande dont le juge est saisi.

La matière du lien d'instance correspond d'abord à l'**objet du litige** (ce qui est réclamé), à savoir les prétentions respectives des parties en demande et en défense, éventuellement augmentées des demandes incidentes (C. pr. civ., art. 4).

Elle correspond ensuite au fondement de ces prétentions, ce que l'on appelle parfois « **la cause de la demande** » (ou du litige). En effet, il ne suffit pas d'émettre des prétentions. Encore faut-il préciser leur origine, leur raison d'être, et ce au regard de l'autorité relative de la chose jugée qui implique une identité de parties, d'objet et de cause (C. civ., art. 1355). Concrètement, la cause de la demande est constituée par l'ensemble des éléments de fait du litige (Cass. ass. plén., 7 juillet 2006, n° 04-10.672, arrêt *Cesareo*).

Les principes directeurs de l'instance

Les principes directeurs du procès sont un **ensemble de règles fondamentales communes à toutes les instances civiles**. Issus essentiellement de la Convention européenne des droits de l'homme (art. 6 : droit à un procès équitable) et des dispositions liminaires du Code de procédure civile (C. pr. civ., art. 1er à 29), ils organisent la répartition des charges processuelles entre les différents acteurs du procès (parties, juge) et expriment ainsi la « quintessence du procès civil » (Gérard Cornu).

Ces principes ont tendance à se multiplier ces dernières années : aux principes consacrés par les rédacteurs du Code de procédure civile de 1975 s'ajoutent des principes émergeant de la jurisprudence tels que la loyauté procédurale, le dialogue et la coopération des parties. D'ailleurs, la doctrine ne s'accorde pas sur le nombre exact de principes directeurs. On peut toutefois en citer quelques-uns.

Le **principe d'initiative (ou accusatoire)** confère aux parties la maîtrise de l'impulsion du procès. Ainsi, elles détiennent le pouvoir d'introduire l'instance et d'y mettre un terme si bon leur semble. Mais, bien que traditionnellement accusatoire (le juge reste neutre), la procédure civile contemporaine connaît un net développement du système inquisitoire dès lors que le juge dispose de pouvoirs accrus dans la direction du procès.

Selon le **principe dispositif**, le procès est « la chose des parties ». Ce sont les parties qui déterminent son contenu, l'objet du litige.

Le **principe de la contradiction** signifie que tout plaideur doit pouvoir être mis en mesure de discuter les prétentions, les arguments et les preuves de son adversaire. Il s'impose aux parties, mais également au juge, qui doit faire respecter et respecter lui-même le principe du contradictoire.

Le **principe de l'immutabilité du litige** signifie qu'une fois l'instance engagée, exprimée par l'acte introductif d'instance et les conclusions en défense, on ne peut plus la modifier dans ses éléments. Mais ce principe comporte des exceptions, par exemple les demandes additionnelles.

B Le déroulement de l'instance

L'instance trouve son aboutissement normal dans une décision de justice (ou jugement), qui pourra parfois être remise en cause par une voie de recours.

Un processus menant à une décision de justice

L'instance débute par la **demande introductive d'instance**, qui est la traduction de l'action en justice. Dans le cadre de la procédure contentieuse contradictoire devant le tribunal judiciaire (juridiction de droit commun), l'affaire est inscrite au registre des affaires en cours par l'enrôlement, à savoir le dépôt d'une copie de l'assignation au greffe. Cette assignation est signifiée au défendeur.

Une fois la juridiction saisie, son président détermine la chambre qui connaîtra de l'affaire et les jours et heures auxquels elle sera appelée. L'affaire est ensuite appelée au jour fixé devant le président de la chambre qui a été désigné.

ATTENTION

À peine d'irrecevabilité de la demande, la loi « J21 » du 18 novembre 2016 rend obligatoire, avant toute saisine du juge, la **tentative de conciliation** pour les petits litiges du quotidien inférieurs à 4 000 euros (litiges dévolus jusqu'à fin 2019 au tribunal d'instance, avant la fusion des TI et TGI). Cette obligation est étendue aux litiges portés devant le tribunal judiciaire (ex-TGI) par la loi n° 2019-222 du 23 mars 2019 de programmation 2018-2022 et de réforme pour la justice : toute demande tendant au paiement d'une somme n'excédant pas un « certain montant » fixé par un futur décret en Conseil d'État (5 000 € *a priori*), à l'exception des conflits de voisinage, seront concernés. Par ailleurs, la loi du 23 mars 2019 diversifie les modes de règlement des différends admis (tentative de conciliation, de médiation ou de procédure participative).

S'ensuit une discussion avec les parties ou leurs représentants (selon que la représentation est ou non obligatoire), qui permettra au président de la chambre de déterminer quel chemin procédural il convient de faire suivre à l'affaire. Il peut d'abord choisir un chemin court : l'affaire est alors renvoyée à l'audience, car elle paraît en état d'être jugée sur le fond. Il peut également décider qu'un ultime échange de conclusions ou une ultime communication de pièces est nécessaire pour mettre l'affaire en état d'être jugée. Il peut enfin décider d'ouvrir une phase de **mise en état** (ou d'instruction), avec un calendrier précis et la nomination d'un juge de la mise en état. Ce magistrat dispose de nombreuses attributions lui permettant de veiller au déroulement loyal de la procédure et de s'assurer que l'affaire sera effectivement en état d'être jugée.

À l'issue de l'instruction, les parties et leurs représentants sont appelés à une **audience** de jugement pour les débats contradictoires. Cependant, dans un double souci de simplicité et de célérité, l'article 26 de la loi n° 2019-222 du 23 mars 2019 prévoit une procédure sans audience devant le tribunal judiciaire, si les parties sont d'accord. En ce cas, elle est exclusivement écrite et les échanges dématérialisés. Toutefois, le tribunal peut décider de tenir une audience s'il estime qu'il n'est pas possible de rendre une décision au regard des preuves écrites ou si l'une des parties en fait la demande (COJ, art. L. 212-5-1).

Une fois l'audience terminée et les débats clos, le ou les juges doivent rendre leur décision. Celle-ci peut être donnée sur-le-champ, mais le plus souvent, l'affaire est mise en **délibéré** et la décision prononcée ultérieurement.

ATTENTION

Une décision de justice peut prendre différentes formes. Selon la qualité de son auteur, elle prend la forme d'un jugement (si elle est rendue par une juridiction du premier degré), d'un *arrêt* (si elle est rendue par une juridiction supérieure), d'une *ordonnance* (si elle est rendue par un juge unique). Indépendamment de sa forme, une décision de justice peut être contentieuse ou gracieuse, selon qu'il y a ou non un litige (et donc un adversaire). Cette distinction est importante, car chaque type de décision possède un régime juridique propre.

La décision rendue doit être notifiée aux parties, c'est-à-dire portée à leur connaissance. En principe, la **notification** s'effectue par voie de signification, autrement dit par acte d'huissier. Elle fait courir les délais d'appel ou de cassation.

Une fois notifiée, la décision de justice acquiert **force exécutoire**, ce qui signifie que le plaideur qui a obtenu gain de cause peut, avec la copie du jugement, imposer son exécution au besoin en recourant à la force publique.

En outre, l'acte juridictionnel est doté de l'**autorité relative de la chose jugée** et emporte **dessaisissement du juge** qui l'a rendu. Il ne peut donc plus revenir sur sa décision, sauf exceptions.

Définition

L'**autorité de la chose jugée** est un attribut du jugement. Elle interdit de remettre en cause une décision de justice en dehors des voies de recours prévues à cet effet. Cette autorité est dite « relative » car elle ne concerne que les parties au procès. Plus précisément, elle « n'a lieu qu'à l'égard de ce qui a fait l'objet du jugement. Il faut que la chose demandée soit la même ; que la demande soit fondée sur la même cause ; que la demande soit entre les mêmes parties, et formée par elles et contre elles en la même qualité » (C. civ., art. 1355).

Une décision de justice remise en cause par les voies de recours

Les voies de recours permettent aux personnes intéressées de critiquer une décision juridictionnelle en contestant sa régularité et/ou son bien-fondé. Le but est d'obtenir une décision plus favorable.

Par application du principe de **double degré de juridiction**, l'affaire est réexaminée en fait et en droit par une juridiction hiérarchiquement supérieure, sauf lorsque le jugement a été rendu en premier et dernier ressort. Dans ce cas, l'affaire sera portée directement devant la Cour de cassation qui, par principe, est juge du droit.

ATTENTION

Par opposition aux juridictions du fond qui rejugent l'affaire dans son ensemble (juridictions de première instance, cours d'appel), la Cour de cassation est juge du droit : elle vérifie uniquement si la règle de droit a bien été appliquée. Elle n'est donc pas une juridiction de troisième degré.

Toutefois, cette affirmation est à nuancer depuis la publication du décret n° 2017-396 du 24 mars 2017, pris sur le fondement de la loi « J21 » du 18 novembre 2016. Ce texte modifie l'article L. 411-3, alinéa 2, du Code de l'organisation judiciaire, qui dispose dorénavant que la Cour de cassation peut statuer au fond lorsqu'elle casse sans renvoi la décision qui lui est soumise, et ce dans l'intérêt d'une bonne administration de la justice. Il s'agit là d'une innovation majeure, mais la doctrine estime que la Cour ne fera qu'un usage limité de cette faculté.

Au niveau national, l'article 527 du Code de procédure civile oppose les voies de recours ordinaires aux voies de recours extraordinaires. Les premières sont ouvertes sans limitation et suspendent l'exécution du jugement attaqué, contrairement aux secondes.

Les **voies de recours ordinaires** sont au nombre de deux :

– l'**appel**, qui tend, par la critique du jugement rendu par une juridiction du premier degré, à sa réformation ou à son annulation par la Cour d'appel. (C. pr. civ., art. 542) ; le délai pour interjeter appel est d'un mois en matière contentieuse (litige) et quinze jours en matière gracieuse (absence de litige) ;

- l'**opposition**, qui permet à la partie défaillante de faire rétracter un jugement rendu par défaut (C. pr. civ., art. 571) ; lorsqu'une partie fait opposition dans un délai d'un mois, la juridiction ayant initialement statué est à nouveau saisie de l'entier litige, et une nouvelle instance recommence, qui peut aboutir à la confirmation ou à l'annulation de la première décision.

Les **voies de recours extraordinaires** sont au nombre de quatre :

- la **tierce opposition**, ouverte aux tiers (ni parties, ni représentés à l'instance) pour faire rejuger en fait et en droit un jugement qui affecte leurs intérêts (C. pr. civ., art. 582) ; le délai de recours est de deux mois à compter de la notification du jugement ;
- le **pourvoi en cassation**, qui tend à faire censurer par la Cour de cassation la non-conformité du jugement qu'il attaque aux règles de droit (C. pr. civ., art. 604) ; les cas d'ouverture du pourvoi sont : la violation de la loi, l'incompétence, le défaut de base légale, l'excès de pouvoir, la dénaturation d'un acte écrit, la contrariété de jugements, la perte de fondement juridique et l'inobservation des formes. Le délai de recours est de deux mois à compter de la notification de la décision attaquée, sauf disposition contraire ;

Une réflexion sur la réforme de la Cour de cassation a été engagée depuis plusieurs années, notamment sous la houlette de son premier président Bertrand Louvel (rapport de mars 2017). L'idée **d'un filtrage des pourvois** s'est rapidement imposée mais n'a pas été insérée dans le projet de loi de programmation 2018-2022 et de réforme pour la justice malgré une demande en ce sens adressée à la garde des Sceaux par le premier président en mars 2018.Cependant, en décembre 2018, Nicole Belloubet, ministre de la Justice, a chargé une commission présidée par Henri Nallet de se pencher sur ce dossier.

- le **recours en révision**, qui tend à faire rétracter un jugement passé en force de chose jugée pour qu'il soit à nouveau statué en fait et en droit (C. pr. civ., art. 593) ; il permet de réparer une erreur judiciaire à la suite d'une fraude ou d'un faux ; le délai de recours est de deux mois à compter du jour où le demandeur a eu connaissance du motif de la révision qu'il va demander.
- À la suite de l'arrêt rendu par la CEDH (voir *infra*), le justiciable peut se prévaloir de la condamnation de la France pour solliciter **le réexamen de la décision** rendue par la juridiction nationale. Cette procédure a vu le jour en matière pénale (loi n° 2000-516 du 15 juin 2000), avant d'être étendue à la matière civile par la loi

« J21 » du 18 novembre 2016 (art. L. 452-1 du Code de l'organisation judiciaire). Cependant, elle n'est applicable qu'à l'état des personnes (filiation, statut conjugal, capacité, etc.). Elle a été mise en œuvre pour la première fois en février 2018 en matière de gestation pour autrui (GPA).

Au niveau européen, les justiciables français peuvent saisir la **Cour européenne des droits de l'homme (CEDH)**, après épuisement des voies de recours internes (principe de subsidiarité), pour violation des droits civils et politiques énoncés par la Convention européenne des droits de l'homme du 4 novembre 1950 (ratifiée par la France en 1974). En cas de condamnation de l'État français par la CEDH, ce dernier doit, d'une part, réparer les conséquences que la violation de la convention a entraînées pour le requérant et, d'autre part, faire disparaître la source de cette violation.

Figure 21.1. Le parcours d'une affaire judiciaire

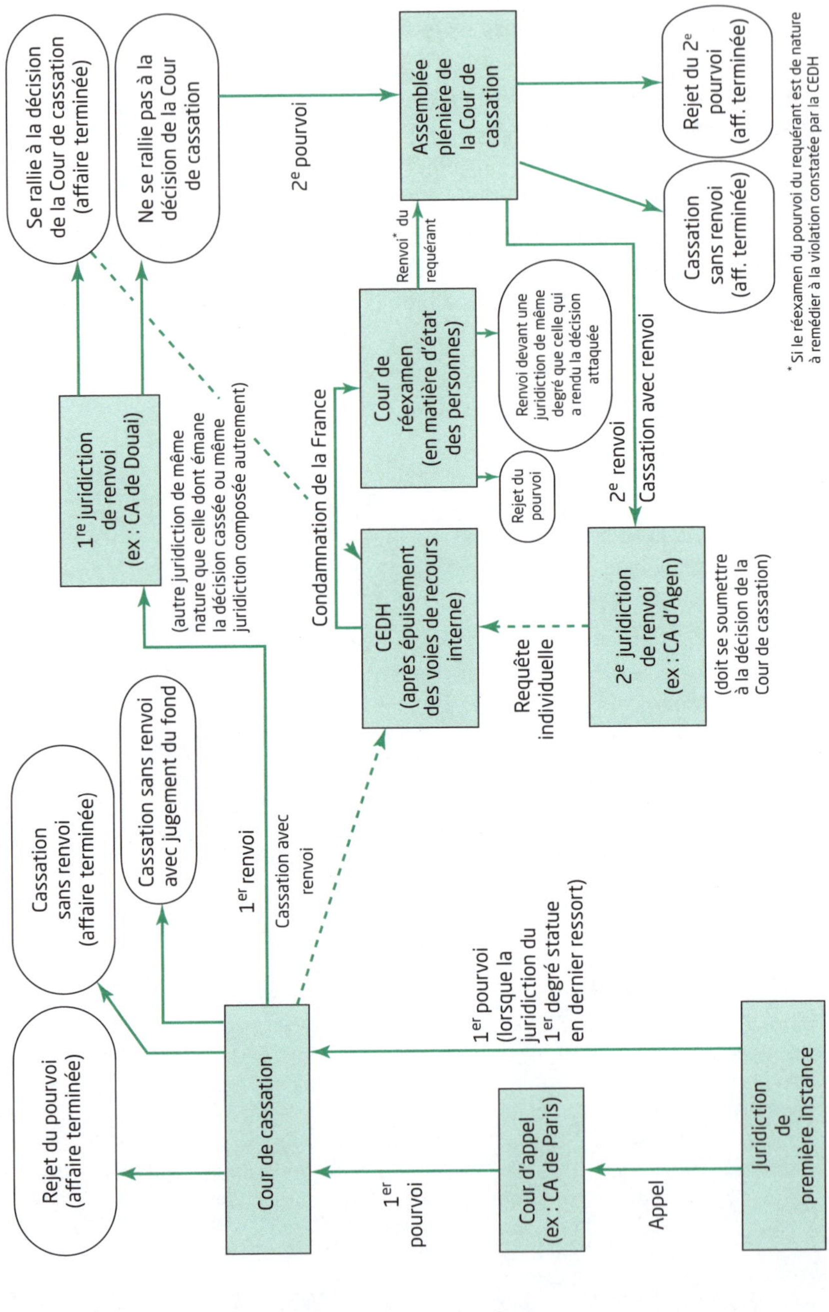

QCM

Choisissez, parmi les propositions suivantes, la ou les bonne(s) réponse(s).

1. La demande par laquelle une partie modifie ses prétentions antérieures constitue :
- a. une demande incidente.
- b. une demande reconventionnelle.
- c. une demande additionnelle.

2. Tout moyen qui tend à faire déclarer l'adversaire irrecevable en sa demande, sans examen au fond, pour défaut de droit d'agir constitue :
- a. une défense au fond.
- b. une exception de procédure.
- c. une fin de non-recevoir.

3. L'action en paiement est :
- a. une action réelle.
- b. une action personnelle.
- c. une action mixte.

4. Le délai d'appel est de :
- a. quinze jours.
- b. un mois.
- c. deux mois.

5. Laquelle de ces voies de recours n'est pas extraordinaire ?
- a. L'opposition.
- b. La tierce opposition.
- c. Le recours en révision.

EXERCICE

Résoudre le cas pratique suivant.

Julien Mabuse vient d'avoir 17 ans. Pour fêter son anniversaire, ses parents lui laissent la maison le temps d'une soirée. Il invite donc chez lui une dizaine d'amis à dîner, dont son ex-petite amie Tina. Mais celle-ci arrive accompagnée d'un nouveau petit copain, Miguel, qu'il n'apprécie guère. Au cours de la soirée, une altercation a lieu entre les deux adolescents. Julien demande alors à Miguel de quitter immédiatement les lieux. Devant des témoins médusés, ce dernier s'en prend violemment au scooter de Julien garé devant la maison et l'endommage gravement. De retour à la maison, le père de Julien, qui est garagiste, constate les dégâts et les évalue à 800 €. Son fils décide de porter l'affaire devant la juridiction civile.

Julien peut-il introduire une action en justice ?

CORRIGÉS

CORRIGÉS DES QCM

1. a. c. La demande par laquelle une partie modifie ses prétentions antérieures constitue une demande additionnelle, qui est une forme de demande incidente.

2. c. La fin de non-recevoir peut avoir une origine légale, jurisprudentielle ou conventionnelle.

3. b. Une action personnelle tend à la reconnaissance ou à la sanction d'un droit personnel (droit de créance).

4. a. b. Le délai d'appel est de quinze jours en matière gracieuse (absence de litige) et d'un mois en matière contentieuse (présence d'un litige).

5. a. L'opposition est une voie de recours ordinaire qui permet à la partie défaillante de faire rétracter un jugement rendu par défaut (C. pr. civ., art. 571). Comme l'appel, elle suspend l'exécution du jugement attaqué.

CORRIGÉ DE L'EXERCICE

L'article 30 du Code de procédure civile définit l'action en justice comme « le droit pour l'auteur d'une prétention, d'être entendu sur le fond de celle-ci afin que le juge la dise bien ou mal fondée. Pour l'adversaire, l'action est le droit de discuter du bien-fondé de cette prétention ». Or, la capacité à agir est requise pour exercer cette action.

Julien étant *a priori* un mineur non émancipé, il est frappé d'une incapacité d'exercice et ne peut donc introduire une action en justice. En effet, le défaut de capacité d'exercice implique l'impossibilité, pour la personne concernée, de mettre elle-même en œuvre les droits dont elle est titulaire. Il impose de recourir à une technique d'assistance ou de représentation.

En conséquence, Julien doit se faire représenter dans l'exercice de l'action (représentation *ad agendum*). Étant mineur, cette charge incombe naturellement à ses parents, qui sont ses représentants légaux. Ceux-ci disposent d'un pouvoir d'origine légale, mais les actes de procédure devront préciser l'identité du représenté et de son représentant, étant précisé que selon l'article 414 du Code de procédure civile, on ne peut se faire représenter que par une seule personne (donc soit la mère, soit le père).

Par ailleurs, Julien devra aussi se faire représenter dans l'accomplissement des actes de procédure (représentation *ad litem*). De prime abord, on pense à un avocat (mandataire *ad litem*). Cependant, l'action porte sur un litige de 800 €, de sorte que le tribunal judiciaire sera compétent pour connaître de l'affaire. Partant, l'article 828 du Code de procédure civile s'applique et permet aux parents en ligne directe de représenter la partie à l'instance. Le père ou la mère de Julien pourra donc remplir cet office.

Le contrôle des droits subjectifs

FICHE 22

NOTIONS CLÉS

- ✔ **Abus de droit**
- ✔ **Apparence**
- ✔ **Fraude à la loi**
- ✔ **Transsexualisme**

I. La protection des droits subjectifs : la théorie de l'apparence

L'exercice des droits subjectifs par les sujets de droit doit faire l'objet d'un contrôle social, dans la mesure où il doit respecter les objectifs du système juridique dans lequel il s'inscrit. Or, ces droits sont parfois détournés de leur finalité, parce que les personnes sont trompées par les apparences. L'application de la théorie de l'apparence se présente alors comme un correctif protecteur, car elle conduit à protéger ceux qui ont faussement cru en l'apparence d'une situation juridique.

A L'apparence comme correctif nécessaire des règles juridiques

Le recours à l'apparence peut être justifié dans certains cas ; encore faut-il que les conditions d'application de l'apparence soient respectées.

Le fondement de l'apparence

L'apparence désigne une « situation juridique imaginaire, démentie par l'analyse approfondie de l'hypothèse » (J. Ghestin). Ainsi, la définition juridique de l'apparence « oppose la réalité d'un droit ou d'une qualité à la perception erronée ou la croyance fausse - l'apparence - de cette réalité » (M. Boublot). L'apparence désigne donc tout à la fois ce qui se présente immédiatement à la pensée et qui peut être erroné et les modalités juridiques de la correction de cette perception fausse.

Les manifestations législatives éparses de l'apparence ont conduit la doctrine à généraliser le système retenu çà et là par la loi, en proposant une théorie de l'apparence.

EXEMPLE

Article 1156 du Code civil : « L'acte accompli par un représentant sans pouvoir ou au-delà de ses pouvoirs est inopposable au représenté, sauf si le tiers contractant a légitimement cru en la réalité des pouvoirs du représentant, notamment en raison du comportement ou des déclarations du représenté. »

Article 1201 du Code civil : « Lorsque les parties ont conclu un contrat apparent qui dissimule un contrat occulte, ce dernier, appelé aussi contre-lettre, produit effet entre les parties. Il n'est pas opposable aux tiers, qui peuvent néanmoins s'en prévaloir. »

Article 1342-3 du Code civil : « Le paiement fait de bonne foi à un créancier apparent est valable. »

Ces dispositions éparses présentent un point commun : on attache des **effets juridiques à la croyance** de ceux qui, de bonne foi, ont tiré des **conclusions légitimes de l'observation** d'une situation de fait visible. La consécration de la théorie de l'apparence conduit alors à rejeter l'application de règles juridiques normalement applicables.

Cela étant, certains auteurs ont cherché à rattacher l'apparence à la **théorie de la responsabilité civile délictuelle**, qui siège à l'article 1240 (ex-1382) du Code civil. Ils considèrent en effet que c'est par la faute du titulaire apparent du droit que les tiers de bonne foi ont été trompés.

Par la suite, la jurisprudence a consacré un fondement autonome de l'apparence, à propos du mandat apparent (Cass. ass. plén., 13 décembre 1962). L'élément essentiel n'est pas le comportement de celui qui est investi du droit, mais bien la croyance de celui qui s'est fié au seul examen des faits.

Le recours à l'apparence

La théorie de l'apparence a un **caractère subsidiaire**. Les juges ne doivent en principe y avoir recours que s'ils ne trouvent pas dans les textes existants un moyen adéquat de motiver la solution qui leur paraît nécessaire.

Ce caractère subsidiaire s'explique en outre par une **volonté de cantonner l'apparence** qui, comme d'autres mécanismes correctifs instillant une certaine souplesse dans les règles de droit, comporte un risque de subversion des solutions précises organisées par la loi.

À ce caractère subsidiaire s'ajoutent deux conditions d'application de l'apparence : un élément matériel et un élément psychologique :

– l'**élément matériel** est constitué par la réalité visible que l'observateur considère comme révélatrice de la situation de droit ;

– l'**élément psychologique** réside dans une croyance erronée : ne sont protégés en principe que les tiers qui, de bonne foi, se sont fiés à ce qu'ils ont pu voir.

EXEMPLE

Par application de l'article 1342-3 du Code civil cité plus haut, le paiement fait entre les mains du possesseur d'un écrit constatant une créance et se prévalant de celui-ci libère le débiteur, même s'il est ultérieurement démontré que c'était une autre personne qui était le véritable créancier.

Bien entendu, on discerne aisément les dangers que pourrait comporter une interprétation trop favorable de ces conditions au bénéfice des tiers de bonne foi. La jurisprudence s'emploie donc à cantonner la théorie, en subordonnant son application à l'existence soit d'une « **erreur légitime** » qu'aurait commise toute personne raisonnable placée dans la même situation, soit - ce qui est nettement plus restrictif - d'une « **erreur commune** », à laquelle aucune personne ne peut échapper (*error communis facit jus* : l'erreur commune fait le droit).

B L'apparence comme correctif dangereux des règles juridiques

Le recours à la théorie de l'apparence est nécessaire pour protéger ceux qui ont légitimement cru pouvoir se fier à ce qu'ils voyaient. Mais la situation juridique apparente ne l'emporte pas systématiquement et à tous égards sur la vérité : si les droits que les tiers ont cru acquérir du fait du titulaire apparent d'une prérogative ou d'un pouvoir sont maintenus, ce dernier ne peut, en principe, invoquer lui-même l'apparence à son profit.

L'apparence au profit des tiers

La jurisprudence a protégé l'apparence au profit des tiers dans des cas aussi divers que le domicile apparent, l'associé apparent, ou bien encore le commerçant apparent. Cependant, les illustrations les plus caractéristiques concernent la propriété et le mandat apparents.

La propriété apparente

À l'origine, la théorie de l'apparence s'est développée en matière de **propriété immobilière**. En ce domaine, la jurisprudence est venue combler certaines lacunes du dispositif légal, afin de renforcer la protection des tiers de bonne foi.

Ainsi, bien qu'en principe, « la vente de la chose d'autrui [soit] nulle » (C. civ., art. 1599), la jurisprudence consacre depuis 1897 (Cass. civ., 26 janvier 1897) la théorie de l'apparence afin d'offrir un titre d'acquisition légal au sous-acquéreur à titre onéreux de l'immeuble. Deux conditions sont toutefois requises pour que la propriété apparente soit reconnue : d'une part, la bonne foi du sous-acquéreur au moment de l'acquisition du bien et, d'autre part, l'existence d'une erreur commune, c'est-à-dire partagée par tous (Cass. 3e civ., 30 mars 2017, n° 15-21.790).

Le mandat apparent

Le mandataire exerçant les pouvoirs qui lui sont conférés oblige son mandant par ses actes. Il appartient donc à celui qui traite avec une personne se présentant en qualité de mandataire de vérifier l'existence et les pouvoirs conférés par le mandat.

Cependant, certaines circonstances peuvent suffire à faire croire à des pouvoirs qui, en réalité, n'existent pas. Aussi la jurisprudence a-t-elle accepté de faire jouer la théorie de l'apparence dans des cas distincts de ceux envisagés par le Code civil, c'est-à-dire en dehors des cas de révocation et d'extinction du mandat. Sa position est résumée par la règle suivante : « En fait de mandat, croyance légitime vaut titre » (P. Malaurie).

EXEMPLE

> Les tribunaux appliquent la théorie de l'apparence en cas d'absence totale de mandat, ou bien encore de dépassement ou de détournement de ses pouvoirs par le mandataire.

L'apparence au-delà des tiers

Il arrive que la théorie de l'apparence profite non pas aux tiers mais au titulaire apparent d'un droit. Le phénomène est patent non seulement en droit de la famille, mais aussi en matière d'état des personnes.

Apparence et droit de la famille

En matière familiale, la jurisprudence a eu l'occasion d'appliquer la théorie de l'apparence.

L'illustration classique concerne le droit des successions et, en particulier, le régime des actes de l'**héritier apparent**.

Le cas est le suivant : une personne, que son lien de parenté avec le défunt qualifie pour recevoir sa succession à défaut de parents plus proches, se met en possession de l'hérédité ; ultérieurement, un successeur de degré préférable, dont l'existence était jusque-là ignorée, se manifeste. Une jurisprudence ancienne et constante maintient l'efficacité des actes accomplis par l'héritier apparent sur les biens de la succession dans le laps de temps compris entre la prise de possession et la réclamation exercée par le véritable successeur. Ce faisant, l'application de la théorie de l'apparence profite à l'héritier apparent, mais nuit corrélativement au véritable héritier.

Une autre application nous est fournie en matière matrimoniale, en cas d'incompétence de l'officier d'état civil. Ainsi, dans l'affaire dite des *mariages de Montrouge*, la Cour de cassation a admis la validité d'unions célébrées par un conseiller municipal irrégulièrement délégué dans les fonctions d'officier d'état civil (Cass. req. 7 août 1883). En l'espèce, les époux sont bien les principaux bénéficiaires de l'apparence, dès lors que leur mariage n'est pas annulé.

Ce cas de figure ne doit pas être confondu avec celui du **mariage apparent**, qui peut faire naître des obligations (et non des droits) à la charge du titulaire apparent du droit. Il arrive en effet que des concubins se présentent comme un couple marié aux yeux des tiers, notamment pour obtenir un crédit. Cette apparence de couple marié crée alors pour les tiers les conditions d'une erreur légitime, dont les concubins doivent logiquement assumer les conséquences. Pour autant, la jurisprudence se montre très réticente à appliquer la théorie de l'apparence dans ce cas.

EXEMPLE

La théorie de l'apparence a été retenue pour permettre au créancier d'étendre ses poursuites auprès des concubins qui exploitent en commun une entreprise appartenant à l'un d'eux (Cass. com., 27 mars 1984).

Apparence et état des personnes

Le **transsexualisme** fournit une application remarquable de la théorie de l'apparence en matière d'état des personnes.

Le transsexualisme est caractérisé par le « *sentiment éprouvé par un individu normalement constitué d'appartenir au sexe opposé, avec désir intense et obsédant de changer d'état sexuel, anatomie comprise, pour vivre sous une apparence conforme à l'idée qu'il s'est faite de lui-même* » (J. M. Alby).

Après la condamnation de la France par un arrêt de la Cour européenne des droits de l'homme du 25 mars 1992, la jurisprudence française a opéré un revirement en admettant la possibilité d'un changement d'état civil du transsexuel sur le fondement de l'apparence, mais à des conditions très strictes (Cass. ass. plén. 11 décembre 1992).

Il a fallu attendre la loi n° 2016-1547 du 18 novembre 2016 de modernisation de la justice du XXIe siècle pour que soit facilité le changement d'état civil des transsexuels (C. civ., art. 61-5 et 61-6). Le fait de ne pas avoir subi des traitements médicaux, une opération chirurgicale ou une stérilisation ne peut plus motiver le refus de faire droit à la demande.

Certains voient dans l'exemple du transsexualisme un dévoiement de la théorie de l'apparence, instrumentalisée au profit des intérêts des personnes directement concernées et non plus des tiers.

Finalement, l'apparence en droit civil constitue un précieux correctif des règles écrites, garantissant la sécurité juridique à certaines situations de fait. Elle se présente comme un mécanisme protecteur.

II. La sanction des droits subjectifs : l'abus de droit et la fraude à la loi

À la différence de la théorie de l'apparence, l'abus de droit et la fraude à la loi sont deux mécanismes non pas protecteurs mais sanctionnateurs. L'abus de droit permet de condamner l'exercice excessif de droits subjectifs ; l'abus de fraude condamne l'utilisation maligne de droits subjectifs pour tirer un avantage indu des règles juridiques.

A L'usage abusif des droits subjectifs : l'abus de droit

L'abus de droit est le fait, pour une personne, de commettre **une faute par le dépassement des limites d'exercice d'un droit** qui lui est conféré.

La notion d'abus de droit est apparue au XIXe siècle. La jurisprudence de l'époque y fait implicitement référence, mais ce n'est qu'à partir de la loi du 27 décembre 1890 sur la résiliation unilatérale du contrat de travail que la notion d'abus de droit fait son entrée en droit français.

EXEMPLE

Dans l'affaire dite de « la fausse cheminée » (CA Colmar, 2 mai 1855), la cour d'appel a condamné un propriétaire qui avait élevé une fausse cheminée dans le seul but de priver son voisin de la clarté du jour. L'arrêt ne se réfère pas explicitement à la notion d'abus de droit, mais celle-ci est incontestablement présente.

La théorie sera ensuite développée par la doctrine en dépit d'une vive controverse opposant ses partisans et ses opposants.

En effet, selon un juriste célèbre, Marcel **Planiol** (1853-1931), « le droit cesse où l'abus commence ». Autrement dit, la notion d'abus de droit serait contradictoire : soit on exerce son droit et on ne peut pas en abuser, puisque cet exercice est encadré par la loi ; soit on dépasse les limites légales, mais on ne peut plus alors parler de droit. Un acte ne peut pas être à la fois conforme et contraire au droit.

En réponse à Planiol, le juriste Louis **Josserand** (1868-1941) affirme que l'expression « abus de droit » peut parfaitement se justifier, à condition de prendre en considération les deux significations du terme « droit » : droit objectif d'une part, droits subjectifs d'autre part. Selon lui, l'acte abusif est celui qui, accompli en vertu d'un droit subjectif dont les limites ont été respectées, est cependant contraire au droit envisagé en tant que corps de règles sociales obligatoires.

Cette opinion se rapproche de celle du philosophe romain Cicéron qui écrivait « *Summum jus, summa injuria* » (plus le droit est important, plus l'injustice est conséquente), laissant entendre par là que l'exercice des droits peut aboutir à des injustices.

La jurisprudence du xxe siècle a suivi ce raisonnement et consacré la théorie de l'abus de droit.

EXEMPLE

Dans la célèbre affaire Clément-Bayard (Cass. req., 3 août 1915), a été condamné, pour abus de droit, le propriétaire d'un terrain voisin d'un hangar pour ballons dirigeables qui, se disant lésé par les évolutions de ces dirigeables, avait édifié sur son fonds tout un système de défense, avec des carcasses en bois se terminant par une tige de fer, en vue de provoquer la crevaison des aéronefs.

La difficulté majeure de la théorie de l'abus de droit réside dans la **recherche d'un critère** opérationnel pour définir l'abus. La doctrine a multiplié les propositions. Selon une conception subjective, l'abus est caractérisé par une intention de nuire (G. Ripert). L'abus de droit est alors lié à la morale. Selon une conception objective, l'abus est caractérisé par un détournement du droit de ses fins, de sa fonction (L. Josserand). La jurisprudence ne prend pas parti et refuse de retenir un critère unique.

En revanche, les tribunaux admettent aujourd'hui que **tous les droits sont susceptibles d'abus**, sauf ceux que l'on qualifie de « discrétionnaires ». Cependant, l'existence de cette catégorie juridique est contestée par la doctrine moderne.

Enfin, l'abus de droit est généralement sanctionné sur le fondement de la **responsabilité civile délictuelle** (C. civ., anc. art. 1382 et 1383, nouv. art. 1240 et 1241). En effet, dès lors qu'une personne dépasse les limites d'exercice de son droit, sa responsabilité est engagée, car l'abus implique une faute. L'abus de droit peut donc être mis en œuvre par ce biais, dans la mesure où la commission de la faute a eu pour conséquence de causer un préjudice à autrui.

La sanction de l'abus de droit consiste essentiellement en une réparation en dommages-intérêts ou en nature.

B L'usage frauduleux des droits subjectifs : la fraude à la loi

La théorie de la fraude à la loi, émanation du principe *fraus omnia corrumpit* (« la fraude corrompt tout »), est née en droit civil et s'est particulièrement développée en droit international privé.

ATTENTION

La jurisprudence a élevé la fraude à la loi au rang de principe général du droit (PGD), que ce soit en droit civil (Cass. req., 3 juillet 1817) ou en droit international privé (Cass. 1re civ., 6 février 1985).

En droit privé, ses applications sont si nombreuses que la doctrine a eu beaucoup de mal à mettre au point une définition susceptible d'embrasser l'infinie diversité des manœuvres élaborées pour frauder la loi.

Néanmoins, on considère qu'il y a fraude à la loi « chaque fois que le sujet de droit parvient à se soustraire à l'exécution d'une règle obligatoire par l'emploi à dessein d'un moyen efficace qui rend ce résultat inattaquable sur le terrain du droit positif » (J. Vidal).

La fraude présente donc **trois éléments constitutifs** : le détournement d'une règle obligatoire, l'intention de tourner cette règle, c'est-à-dire l'intention frauduleuse, et l'efficacité des moyens employés.

EXEMPLE

Le phénomène du « tourisme procréatif », entendu comme un déplacement à l'étranger afin d'accéder à des pratiques (maternité de substitution, insémination artificielle) interdites sur le territoire français, constitue le cas de fraude le plus flagrant en droit de la famille.

Si elle est caractérisée, la fraude à la loi ne laisse pas le droit sans réaction, compte tenu du défi à l'autorité de la loi qu'elle représente. La réaction provient parfois du législateur qui, par exemple, consacre l'**action paulienne** à l'article 1341-2 (ex-1167) du Code civil. L'action paulienne permet à un créancier d'attaquer les actes faits par son débiteur en fraude de ses droits.

Texte de loi

Article 1341-2 du Code civil : « Le créancier peut aussi agir en son nom personnel pour faire déclarer inopposables à son égard les actes faits par son débiteur en fraude de ses droits, à charge d'établir, s'il s'agit d'un acte à titre onéreux, que le tiers cocontractant avait connaissance de la fraude. »

Mais il appartient surtout à la jurisprudence de tracer les contours de la fraude et de la sanctionner.

EXEMPLE

Il appartient ainsi aux tribunaux de tracer les limites entre la fraude et la simple habileté. Par exemple, en matière fiscale, la frontière est ténue entre l'optimisation fiscale et la fraude fiscale. Le droit n'interdit pas aux personnes de faire une application judicieuse des règles juridiques en vue de gérer au mieux leur patrimoine et de payer moins d'impôts. En revanche, il sanctionne les sujets de droit qui détournent la règle de droit dans leur propre intérêt et ce, dans le but de se soustraire à leurs obligations fiscales.

Il est admis depuis longtemps que la sanction de la fraude doit être sa propre inefficacité : la règle juridique rendue applicable par ruse pour en évincer une autre à laquelle le sujet est soumis ne produira pas le résultat attendu. C'est la raison pour laquelle la sanction la plus adaptée de la fraude est l'**inopposabilité** à la victime de ses conséquences. Cela signifie que l'acte est valable, mais que les personnes victimes de la fraude peuvent agir comme s'il n'existe pas.

Mais la loi prévoit parfois **l'annulation** de l'acte frauduleux, notamment en matière de divorce.

EXEMPLE

L'article 262-2 du Code civil prévoit la nullité des actes frauduleux accomplis par les époux au cours de l'instance en divorce : « Toute obligation contractée par l'un des époux à la charge de la communauté, toute aliénation de biens communs faite par l'un d'eux dans la limite de ses pouvoirs, postérieurement à la requête initiale, sera déclarée nulle, s'il est prouvé qu'il y a eu fraude aux droits de l'autre conjoint. »

ENTRAÎNEMENT

QCM

Choisissez, parmi les propositions suivantes, la ou les bonne(s) réponse(s).

1. Parmi ces théories correctrices visant à contrôler l'exercice des droits subjectifs, laquelle a une finalité protectrice ?

a. La théorie de l'apparence.
b. La théorie de l'abus de droit.
c. La théorie de la fraude.

2. L'élément psychologique de l'apparence est constitué par :

a. la réalité visible que l'observateur considérera comme révélatrice de la situation de droit.
b. une croyance erronée.
c. une croyance illégitime.

3. L'affaire Clément-Bayard illustre :

a. la théorie de l'apparence.
b. la théorie de l'abus de droit.
c. la théorie de la fraude.

4. La sanction la plus adaptée de la fraude est :

a. la nullité de l'acte.
b. l'inopposabilité de l'acte.
c. l'irrévocabilité de l'acte.

5. Laquelle de ces théories a un caractère subsidiaire ?

a. La théorie de l'apparence.
b. La théorie de l'abus de droit.
c. La théorie de la fraude.

EXERCICE

Traitez les questions de cours suivantes en moins de dix lignes.

a. Quel est le but de la théorie de l'apparence ?

b. L'apparence physique d'une personne peut-elle être prise en considération par le droit ?

c. Quel rôle joue la notion de bonne foi dans la théorie de l'apparence ?

d. Quels sont les effets de l'apparence ?

CORRIGÉS DES QCM

1. a. Par principe, la théorie de l'apparence assure la protection du tiers, victime reconnue d'apparences trompeuses. En revanche, les théories de l'abus de droit et de la fraude sont des correctifs sanctionnateurs.

2. b. La théorie de l'apparence vise à protéger les tiers qui, de bonne foi, se sont trompés. La jurisprudence exige donc une erreur légitime, parfois une erreur commune, c'est-à-dire partagée par un groupe de personnes.

3. b. Cette jurisprudence célèbre illustre l'abus du droit de propriété.

4. b. Cette inopposabilité signifie que l'acte est valable, mais que les tiers victimes de la fraude peuvent l'ignorer et faire comme s'il n'existait pas.

5. a. En principe, les juges ne peuvent recourir à la théorie de l'apparence que s'ils ne trouvent pas dans les textes existants un moyen approprié de motiver la solution qui leur paraît nécessaire.

CORRIGÉ DE L'EXERCICE

a. Le but de la théorie est d'assurer « la protection de la croyance de celui qui a été trompé par l'apparence » (J. Ghestin). Elle n'intervient que pour assurer une sécurité juridique menacée et de manière subsidiaire, quand il n'existe pas d'autres règles susceptibles de corriger les conséquences néfastes de l'apparence.

b. Oui, l'apparence physique d'une personne peut être prise en considération par le droit. Il en est ainsi des transsexuels : leur état civil doit être modifié afin qu'il corresponde à leur apparence (Cass. ass. plén., 11 décembre 1992).

c. Pour se prévaloir de l'apparence, le tiers victime doit être de bonne foi. Cela signifie au moins qu'il ne connaisse pas la réalité de la situation juridique. Son ignorance ne doit pas être le résultat de sa négligence. Les circonstances doivent lui avoir laissé croire aux pouvoirs du mandataire sans autre vérification (Cass. 1re civ., 29 avril 1969).

d. L'apparence permet, d'une part, de prévenir le dommage du tiers victime (absence de remise en cause des actes accomplis au bénéfice du tiers protégé) et, d'autre part, de le réparer s'il est survenu (les titulaires apparents des droits ou pouvoirs peuvent voir leur responsabilité civile engagée pour usurpation ou dépassement de pouvoirs).

SCHÉMA DE SYNTHÈSE

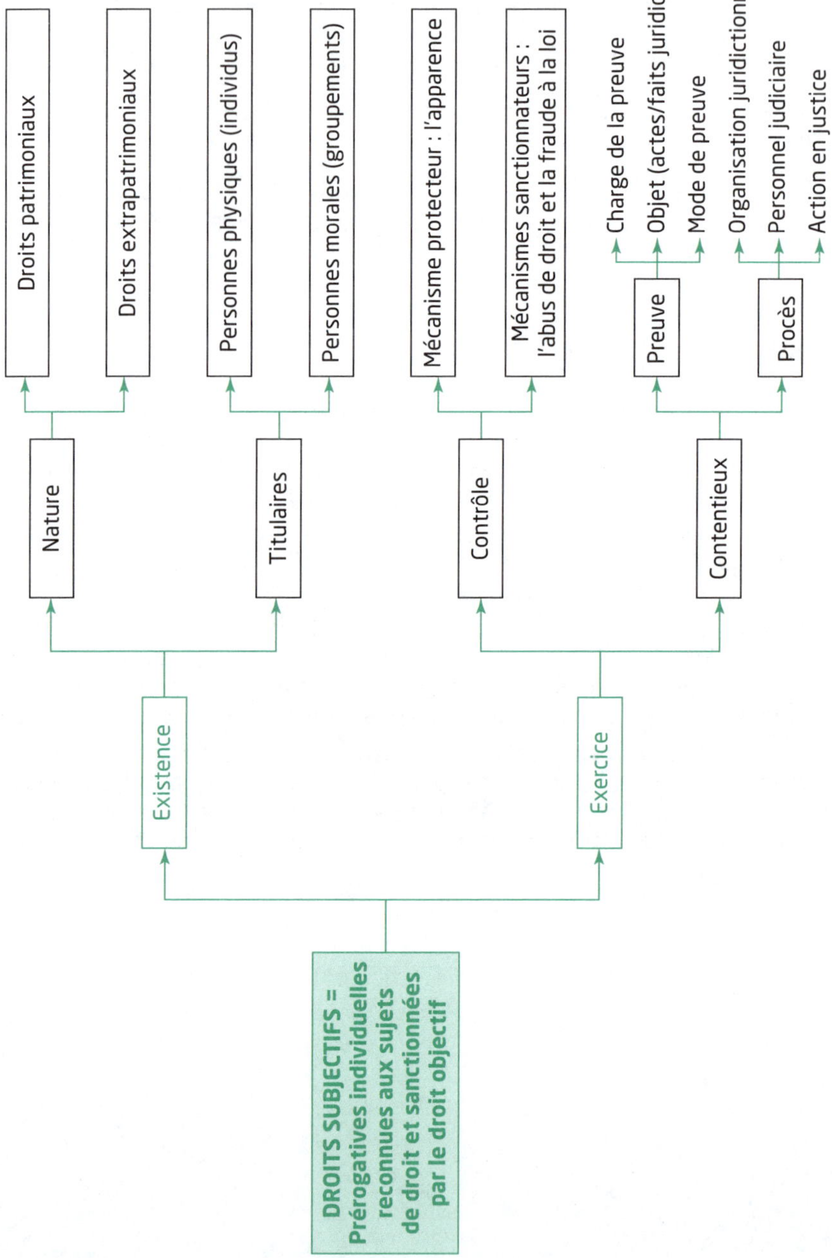

ÉTUDE DE CAS

La famille Delapoisse décide de passer les vacances d'hiver à Courchevel. Sur le trajet, la voiture est percutée par un chauffard et finit dans le fossé. Éjecté du véhicule, M. Delapoisse est tué sur le coup. Son épouse, enceinte de jumelles, est grièvement blessée.

Peu après, le journaliste Menvussa arrive sur place et porte secours aux survivants. Il en profite pour prendre, avec son smartphone, une photographie de la dépouille de M. Delapoisse, qui est partiellement défiguré.

Transportée au centre hospitalier le plus proche, Mme Delapoisse se voit prodiguer les premiers soins et subit une batterie d'examens. Quelques heures plus tard, elle apprend que l'une des jumelles qu'elle porte est décédée *in utero*. Sous le choc, elle accuse le médecin de garde de la mort de son bébé. En effet, le praticien s'est présenté ivre au service des urgences avec une heure de retard...

Le lendemain, Mme Delapoisse ne décolère pas, d'autant qu'une infirmière lui a transmis un exemplaire du journal local relatant l'accident en première page. L'article comprend une photographie du cadavre de son mari. On le voit gisant sur le bord de la route, le visage lacéré et ensanglanté. Mme Delapoisse fond alors en larmes et jure de faire payer celui qui est à l'origine de cet article.

De retour chez elle après plusieurs semaines d'hospitalisation, la veuve retrouve sa fille Nathalie âgée de 20 ans. Celle-ci ne va pas très bien. Son mariage avec Thierry n'a pas un an qu'il bat déjà de l'aile ! En effet, après avoir appris que son mari est volage et entretient une liaison avec sa secrétaire, Nathalie a décidé d'engager une procédure de divorce à son encontre. Ce faisant, elle s'est attiré les foudres de ses beaux-parents. Or, lors de son mariage avec Thierry, ces derniers lui avaient donné une somme de 30 000 € en guise de cadeau de bienvenue dans la famille. Cette remise s'était faite « en grande pompe » devant les convives le soir du banquet des noces. Maintenant, les futurs ex-beaux-parents réclament le remboursement des 30 000 € en arguant qu'il s'agissait d'un prêt.

Pour toutes ces raisons, Mme Delapoisse vient vous consulter. Lors de l'entretien, elle vous demande également si sa fille, la petite Mélissa, née quelques jours après le décès de M. Delapoisse peut partager la succession de son père avec sa sœur aînée.

I. La situation du médecin

Le médecin qui, par sa faute, a causé la mort d'un enfant *in utero* peut-il être condamné pour homicide involontaire ?

De manière constante, la Cour de cassation refuse de considérer la mort de l'enfant dans le ventre de sa mère comme un homicide involontaire (Cass. crim., 30 juin 1999 ;

Cass. ass ; plén., 29 juin 2001 ; Cass. crim., 4 mai 2004 ; Cass. crim., 20 novembre 2018). Elle fait ainsi une interprétation stricte de la loi pénale, précisément de l'article L. 221-6 du Code pénal. Il ne peut donc y avoir d'homicide involontaire sur un enfant à naître, solution jugée conforme à la jurisprudence européenne (CEDH, 8 juillet 2004, affaire *Vo c. France* : compte tenu de l'absence de consensus européen en la matière, la question du point de départ du droit à la vie relève de l'appréciation des États membres), car celui-ci n'est pas une personne au sens juridique du terme.

Par conséquent, il est peu probable dans notre cas d'espèce que le médecin soit reconnu coupable d'homicide involontaire à l'égard du fœtus. Toutefois, en se fondant sur les règles de la responsabilité civile pour faute (articles 1240 et 1241 du Code civil), Mme Delapoisse pourra obtenir réparation pour préjudice moral causé par la faute du médecin et la perte de son enfant, à la condition de prouver la faute du praticien, son préjudice et le lien de causalité entre les deux.

II. La situation du journaliste Menvussa

M. Menvussa a-t-il porté atteinte au droit à l'image de M. Delapoisse ?

Chacun dispose sur son image d'un droit exclusif lui permettant de s'opposer à sa fixation, à sa reproduction ou à son utilisation sans son autorisation préalable. Il s'agit là d'un droit de la personnalité qui, bien que commodément rattaché à l'article 9 du Code civil par la jurisprudence, est indépendant du droit au respect de la vie privée (Cass. 1re civ., 10 mai 2005, n° 02-14.730 : « le respect dû à la vie privée et celui dû à l'image constituent des droits distincts »).

Les jurisprudences française et européenne ont peu à peu forgé le régime juridique du droit au respect de l'image en essayant de concilier ce droit de la personnalité avec d'autres impératifs tels que la liberté d'information. Pour faire simple, l'utilisation de l'image d'une personne est subordonnée à son autorisation spéciale (TGI Nanterre, 8 décembre 1999), celle-ci pouvant être expresse ou tacite (Cass. 1re civ., 7 mars 2006, n° 04-20.715). Cependant, cette autorisation n'est pas requise lorsque la personne est impliquée dans un fait d'actualité ou lorsque l'image illustre un débat d'intérêt général. En effet, la liberté de communication des informations autorise la publication d'images de personnes impliquées dans un événement ou illustrant un débat d'intérêt général, sous la seule réserve du respect de la dignité de la personne humaine (Cass. 1re civ., 20 février 2001). La jurisprudence apprécie alors la légitimité du contexte de la publication de l'image et la pertinence entre cette image et l'information qu'elle illustre (voir en ce sens, CEDH, 24 juin 2004, *Von Hannover c. Allemagne*). Par exemple, la Cour de cassation juge que la publication d'une image à des fins commerciales ne poursuit pas un but informatif, de sorte que l'atteinte au droit au respect de l'image d'un artiste-interprète est caractérisée (Cass. 1re civ.,

24 septembre 2009, affaire *Henri Salvador*). En somme, la licéité de la publication d'une image est subordonnée à l'existence d'une autorisation ou d'une information.
En l'espèce, M. Delapoisse est impliqué dans un événement d'actualité, à savoir un accident mortel. La liberté d'information peut donc être invoquée par le journaliste. Par ailleurs, l'image publiée est pertinente, puisqu'il y a bien un lien direct entre la photographie publiée et l'article qu'elle illustre (Cass. 2e civ., 19 février 2004). Pour autant, il ne fait guère de doute que la publication porte atteinte à la dignité de M. Delapoisse en montrant sa dépouille et plus particulièrement son visage lacéré et ensanglanté. En effet, dans l'affaire *Erignac*, la Cour de cassation a considéré qu'il y avait atteinte à la dignité de la personne et que, partant, la publication de l'image était illicite : « Ayant retenu que la photographie publiée représentait distinctement le corps et le visage du préfet assassiné, gisant sur la chaussée d'une rue d'Ajaccio, la cour d'appel a pu juger, dès lors que cette image était attentatoire à la dignité de la personne humaine, qu'une telle publication était illicite » (Cass. 1re civ., 20 décembre 2000, n° 98-13.875). Il en découle que la publication constitue une atteinte illicite au droit à l'image de M. Delapoisse.
Le problème est que la personne titulaire de ce droit est décédée. En effet, on enseigne couramment qu'un droit de la personnalité s'éteint au décès de la personne concernée, seule titulaire de ce droit. Il n'est pas transmissible aux héritiers, mais ceux-ci peuvent s'opposer à l'atteinte s'ils éprouvent un préjudice personnel, déduit le cas échéant d'une atteinte à la mémoire ou au respect dû aux morts (Cass. 1re civ., 22 octobre 2009, n° 08-11.112). Il en va ainsi en cas d'atteinte à la dignité de la personne décédée, ce que nous révèle l'affaire *Erignac* (dans le même sens, Cass. crim., 20 octobre 1998, affaire *Mitterrand* : le président avait été photographié sur son lit de mort, sans autorisation préalable ; la Cour de cassation a rappelé que le respect est dû à la personne humaine, qu'elle soit morte ou vivante).
En conséquence, Mme Delapoisse pourra obtenir réparation, mais pas sur le fondement de l'article 9 du Code civil, dès lors qu'il s'agit de réparer son préjudice moral et non une atteinte à son propre droit à l'image. Elle devra rechercher la responsabilité civile du journaliste (et du directeur de la publication) sur le fondement de l'article 1240 du Code civil, à condition de prouver une faute, un préjudice et un lien de causalité.

III. La situation de Nathalie

Il s'agit ici de prouver la nature de l'acte à l'origine de la remise des 30 000 € à Nathalie. Or, toute question relative à la preuve implique trois étapes. Il convient tout d'abord de déterminer la charge de la preuve (qui doit prouver ?). Ensuite, l'objet de la preuve doit être identifié (quoi prouver ?). Enfin, le mode de preuve devra être déterminé (comment prouver ?).

A Sur la charge de la preuve.

Selon l'article 1353, alinéa 1er du Code civil, c'est celui qui allègue une prétention qui doit la prouver. En l'espèce, les beaux-parents de Nathalie prétendent que la remise des fonds correspondait à un prêt. Il leur appartiendra de le démontrer. S'ils succombent dans l'administration de la preuve, leur demande devra être rejetée. En effet, la charge de la preuve détermine également le risque de la preuve.

B Sur l'objet de la preuve.

Qu'il s'agisse des beaux-parents ou de Nathalie, l'objet de la preuve demeure identique. Il s'agira pour les premiers de prouver l'existence d'un contrat de prêt ; il s'agira pour la seconde de prouver l'existence d'un don. Dans les deux cas, il s'agit d'actes juridiques, c'est-à-dire d'une manifestation de volonté destinée à produire des effets juridiques. Le contrat de prêt implique la volonté de remettre de l'argent avec une obligation de remboursement ; le don implique une volonté de remettre de l'argent avec une intention libérale (sans contrepartie). Il convient dès lors de déterminer comment prouver un acte juridique.

C Le mode de preuve.

En vertu de l'article 1359 du Code civil, les actes juridiques se prouvent en principe par écrit quand leur valeur dépasse le montant de 1 500 €. C'est bien le cas en l'espèce. Ainsi, qu'il s'agisse des beaux-parents ou de Nathalie, un document écrit devra être produit pour prouver l'existence qui du prêt, qui du don. Aucun acte sous seing privé ou authentique n'a été établi. Néanmoins, l'article 1359 du Code civil admet un certain nombre d'exceptions. En particulier, l'article 1360 du Code permet de déroger à l'exigence d'un écrit quand les parties se sont trouvées dans l'impossibilité morale de se préconstituer un écrit. La jurisprudence considère notamment que cette impossibilité morale peut être caractérisée par les relations familiales qui lient les parties. La relation de belle-fille à beaux-parents s'inscrit dans ce cadre. Toutefois, l'existence de relations familiales ne suffit pas en soi. Les juges doivent apprécier si les relations et les circonstances de l'espèce sont suffisantes pour expliquer que les parties n'aient pas osé se demander un écrit. En l'occurrence, l'acte s'est déroulé le jour des noces, ce qui peut expliquer que ni les beaux-parents ni Nathalie n'aient osé solliciter un écrit. En conclusion, il y a de bonnes chances que l'impossibilité morale soit retenue.

L'intérêt de se situer sur ce terrain est de permettre une preuve libre par tous moyens. Le cas évoque un don fait en présence des convives. Nathalie aura donc la possibilité de solliciter des témoignages pour prouver que c'est bien à titre de don que les 30 000 € lui ont été remis.

IV. La situation de Mélissa

Pendant la durée de la grossesse, le père venant à décéder, l'enfant recueille-t-il sa succession ?

A Le principe : l'acquisition de la personnalité juridique à la naissance

Jusqu'à sa naissance, l'enfant n'a pas d'individualité distincte. Il est *pars viscerum matris*, partie intégrante du système biologique de la mère. Il n'acquiert la personnalité juridique qu'à partir de la section du cordon ombilical, qui lui donne son autonomie. Mais ce phénomène n'est pas suffisant pour conférer l'aptitude à être sujet de droit. Deux conditions sont en outre requises : il faut que l'enfant naisse vivant et viable. La première condition aboutit à l'exclusion de l'enfant mort-né, car il n'a eu aucune vie propre. La seconde exigence, la viabilité, suppose que l'enfant soit pourvu de tous les organes nécessaires à la vie et qu'ils soient suffisamment développés pour donner la capacité naturelle de vivre.

B L'exception : la rétroactivité de la personnalité juridique à la conception

Par dérogation, la naissance n'est pas toujours la condition nécessaire de la personnalité. Pour être capable de recevoir entre vifs ou par testament, il suffit d'être conçu au moment de la donation ou du décès du testateur (C. civ. art. 705 et 906). À partir de ces dispositions exceptionnelles, la jurisprudence a affirmé le principe général suivant lequel on doit considérer l'enfant comme une personne dès sa conception, chaque fois qu'il y va de son intérêt, sous la condition qu'il naisse ensuite vivant et viable : *infans conceptus pro nato habetur quoties de commodis ejus agitur* (Cass. 1re civ., 10 décembre 1985). Cette maxime a donné lieu à des divergences d'interprétation. Selon certains, elle signifierait que l'enfant, dès sa conception, aurait une personnalité conditionnelle que la naissance ne ferait que confirmer ; selon d'autres, la personnalité ne serait attribuée qu'à la naissance et l'adage la ferait remonter fictivement à la conception pour sauvegarder les intérêts de l'enfant. En d'autres termes, convient-il d'analyser l'*infans conceptus* dans le sens de l'anticipation ou de la rétroactivité de la personnalité juridique ? La doctrine moderne opte majoritairement pour cette seconde théorie.

En l'espèce, Mélissa est née quelques jours après le décès de son père. En application de l'adage *infans conceptus*, elle entre dans la succession de ce dernier dès lors qu'elle est née vivante et viable.

Index

A

Absence 148
Abus de droit 242
Acte
- authentique 182
- juridique 169
  - unilatéral 170
- sous signature privée 181
Action en justice
- classification 226
- conditions 219
- définition 219
- de groupe 221
Apparence 237
Appel 231
Arrêt de règlement 97
Autorité
- de la chose jugée 99
- relative de la chose jugée 231
Auxiliaire de justice 212

B

Bloc de constitutionnalité 55

C

Conflit de lois
- dans l'espace 77
- dans le temps 69
Conseil constitutionnel 62
Constitution 55
Contrat 170
Contrôle
- de constitutionnalité 61
- de conventionnalité des lois 60
- de légalité des règlements 64
  - exception d'illégalité 64
  - recours pour excès de pouvoir (REP) 64
Cour
- d'appel 197
- de cassation
  - rôle dans la formation de la jurisprudence 102
  - saisine pour avis 89
Coutume 106
- contra legem 110
- praeter legem 109
- preuve 172
- secundum legem 109

D

Demande en justice 224
Déni de justice 87
Disparition 149
Doctrine 116
Droit
- définition générale 5
- extrapatrimonial 140
- intellectuel 139
- objectif
  - commun 50
  - définition 34
  - mixte 49
  - privé 46
  - public 46
  - substantiel 51
- patrimonial 136
- personnel 138
- réel 136
- subjectif 125
  - classification 134
  - contrôle 237
  - définition 128
  - justification 125
Droits de la personnalité 140

E

État
- civil 151
- personne morale 157

F

Fait juridique 169
Fraude à la loi 244

H

Hiérarchie des normes 54

I

Incapacité juridique 153, 222
- de jouissance 153, 221
Instance 227
Intérêt à agir 220
Interprétation 86
- argument 91
- auteur 87
- loi interprétative 87
- maxime 92
- méthode 90
- recours 86
- référé législatif 87, 98
Intervention des tiers 224

J

Juge
- obligation de motivation des décisions 102
- pouvoir normatif 101
Jugement 230
Juridiction 194
- administrative 202
- civile 194
- Conseil 203
- Cour de cassation 198
- Cour européenne des droits de l'homme 233
- des mineurs 201
- pénale 199
Jurisprudence
- définition 97
- revirement 100
- source de droit 100
Justice
- définition 27
- organisation juridictionnelle 194

L

Laïcité 40
Loi
- application immédiate 71
- définition 56
- non-rétroactivité 69
- public 74
- rétroactivité in mitius 70
- variété 56

M

Magistrature 210
- assise 210
- debout 211
Majeur protégé 153
- curatelle 154
- habilitation familiale 154
- mandat de protection future 154
- sauvegarde de justice 154
- tutelle 154
Matière gracieuse 228
Mesure d'instruction 176
Méthodologie 7
- cas pratique 14
- commentaire d'arrêt 11
- dissertation 7
Mineur 152
- administration légale 153
- émancipation 153
Ministère public 211
Morale 34
Mort 148
Moyen de défense 225

O

Obligation naturelle 31
Ordonnance 58

P

Parquet 211
Patrimoine 134
Personnalité juridique
- adage infans conceptus 147
- personne morale 157
- personne physique 146
Personnel judiciaire 210
Pourvoi en cassation 232
Pratique 120
Présomption 174

Preuve 180
- administration 168
- admissibilité 180
- charge de la 172
- droit à la 177
- liberté de la 190
- loyauté de la 191
- mode de 180
- objet 168
- risque de la 174
- système de 185
Principe
- directeur de l'instance 228
- général du droit (PGD) 57
Procédure
- accusatoire 176
- inquisitoire 176
Procès 219

Q

Qualité à agir 220
Question
- préjudicielle 89
- prioritaire de constitutionnalité (QPC) 63

R

Règle
- de droit 24
  - caractère abstrait 25
  - caractère extérieur 26
  - caractère général 24
  - caractère obligatoire 29
  - coercition étatique 28
  - finalité sociale 27
  - impérative ou supplétive 29
- religieuse 38
Règlement 58
Règles de bienséance 42
Représentation 222

S

Sécurité juridique 72
Séparation des pouvoirs 98
Sujet de droit 146
Syllogisme judiciaire 95
Système juridique 16
- bijuridisme 21
- common law 18
- droit coutumier 21
- droit religieux 19
- droit romaniste 16

T

Taux de ressort 198
Traité international 55
Transsexualisme 152, 241
Tribunal des conflits 205
Tribunal judiciaire 194-210

U

Usage 106

V

Voie de recours 231
- appel 232
- opposition 232
- pourvoi en cassation 232
- recours en révision 232
- tierce opposition 232